《新周刊》
2017
年度佳作

和生命里的美好
击掌相笑

《新周刊》杂志社 选编

漓江出版社

图书在版编目（CIP）数据

《新周刊》2017年度佳作·和生命里的美好击掌相笑 /《新周刊》杂志社选编 . —桂林：漓江出版社，2018.3
　　ISBN 978-7-5407-8411-9
　　Ⅰ . ①新… 　Ⅱ . ①新… 　Ⅲ . ①文摘—中国—丛刊 　Ⅳ . ① C55
中国版本图书馆 CIP 数据核字（2018）第 023683 号

《新周刊》2017 年度佳作·和生命里的美好击掌相笑

选 编 者　《新周刊》杂志社
责任编辑　杨　静
助理编辑　谷　磊
装帧设计　石绍康
责任监印　周　萍

出 版 人　刘迪才
出版发行　漓江出版社
社　　址　广西桂林市南环路 22 号
邮　　编　541002
发行电话　0773-2583322　010-85891026
传　　真　0773-2582200　010-85892186
电子信箱　ljcbs@163.com
网　　址　http://www.Lijiangbook.com.cn
印　　制　北京大运河印刷有限责任公司
开　　本　710×960　1/16
印　　张　21
字　　数　235 千字
版　　次　2018 年 3 月第 1 版
印　　次　2018 年 3 月第 1 次印刷
书　　号　ISBN 978-7-5407-8411-9
定　　价　55.00 元

目　录

古典范儿

银色最爱——劳伦斯·阿尔玛－塔德玛（Lawrence Alma-Tadema）

一种精神，一种审美，一种生活

突然，我们和古典频频遭遇。

青春版《红楼梦》、诗词大会、玄幻古装片、各种西游影视片劈面而来，热度不断。

但我们又在古典面前频频尴尬。

古装影视剧只剩权谋、宫斗、爱情，美术、造型混乱大拼盘，天雷滚滚。

诗词大会被批"没有创作，只是死记硬背"。

其实，真正的古典范儿不需再次流行，因为，在漫长的岁月里，它从未远离。

那些从小背诵的古诗词一直潜藏在我们的灵魂深处。

与古诗里的意境总在某时某刻电光火石般相通。

王小波说：一个人只拥有此生此世是不够的，他还应当拥有诗意的世界。

生命力的延长，不是靠延年益寿，而在于以学识和思想连接古今，打通中外。

古典范儿不是背诗，不是汉服，不是一种行为艺术；

而是无论时代如何变化都能自信笃定地过自己选择的生活，有"一种稳定的情趣与文化涵养"。

古典范儿不是衰朽，不是古板，不是禁欲，不是死气沉沉；

而是不为外物所役，按自己的步调和节奏行走，为自己，而不是朋友圈让生活讲究而有序。

古典范儿不是做派，不是标榜，不是人来疯；

而是古今之人情感相通，肉身死去而精神永存，是"历久而弥新"，是"放之四海而皆准"，是从容，是干净，是清明，是有趣，是典雅，是节制，是条理，是秩序，是自由，是中西贯通，是精神开阔，是大山大河。

诗歌不一定能改变一个人的命运，但诗歌会改变一个人对命运的看法。

我们改变不了时间，但潮流易逝，而风格永存。

没有一种风格比古典更为稳定。

古典范儿，如同人类文明夜空中的恒星。

潮流易逝，而古典永存

文 / 邓娟

　　歌德说，"凡是美的，即是古典的"。古典范儿不需要再次流行，因为它在足够长的时间跨度里从未沉寂。喜欢的人自然喜欢，相逢的人总会相逢。不是所有人都有机会与古典精神款曲相通。

　　里尔克说，星辰都是一团旧火，而更新的火焰在熄灭。同样的意思，用时装大师伊夫·圣罗兰的话来表达，那就是"潮流易逝，而风格永存"。

　　没有一种风格比古典更为稳定，如同人类文明夜空中的恒星，哪怕在讲究眼球效应的喧嚣时代，也不时被推出来成为话题。

　　潮水总在击打礁石。最近，两桩以"古典"之名的事件，在社交媒体引发了争议——

　　《中国诗词大会》第二季火了武亦姝，或者说，这个女孩让口味善变的观众关注了《中国诗词大会》。微博网友纷纷热捧：武亦姝满足了现代人对古代才女的所有想象。也有学者两手一摊：少年人，背个诗词算什么本事。

　　号称"225年出版史上最优质版本"的"青春版《红楼梦》"，推出主题曲《戏台》。"押着韵作着词，最后沦落成婊子""千金散尽就能睡"，据说歌词唱的是秦可卿，旨在表达人生如戏。知乎上有人质疑：全无古典之意，毫无灵魂之歌，也敢和《红楼梦》扯上关系。

　　一切突如其来的狂热都是叶公好龙。多少热闹，多少营销，披古典的皮，唱自己的戏。

　　真正的古典范儿不需要再次流行，因为，在足够长的时间跨度里，它从未沉寂。

"真正的古典精神是富有朝气的、快乐的、天真的、活生生的，像行云流水一般自由自在，像清冽的空气一般新鲜。"

在标榜"前卫"和"后现代"的人那里，仿佛用古典范儿形容一个人，就等同"缺乏活力"的委婉批评，扑面而来衰朽之气。

这种误解属于望文生义。1694 年的《法兰西学院大字典》（第一版）对"古典"的定义是"一个被称许的在他的本行内为权威的古作家"，但在 1835 年的修正版中调整为"任何成为模范的作品都是古典的"。

古典即经典，所以歌德说，"凡是美的，即是古典的"，"古典艺术是理想的符合本质的表现，是美的高度达到金瓯无缺的情况，没有什么比它更美，将来也不会有"。

古典范儿在精神上是开阔的。它不唯东方，也不唯古希腊、古罗马——事实上，最出类拔萃的古典主义者，往往中西贯通。于古典文学和音乐皆有心得的傅雷就认为，希腊精神所爱好的健康、自然、活泼、安闲、恬静、清明、典雅、中庸、条理、秩序，具有孔子"乐而不淫，哀而不伤"的一切属性，后世追求古典精神最成功的艺术家如拉斐尔、莫扎特，达到的也是这些境界。

傅雷说，将古典精神误解为古板、严厉的人，实际是中了宗教与礼教、禁欲主义与悲观主义的毒。"真正的古典精神是富有朝气的、快乐的、天真的、活生生的，像行云流水一般自由自在，像清冽的空气一般新鲜。"

古典范儿的趣味有丰富的层次。一个非古典范儿的人可能也会掉掉书袋，引用"久旱逢甘霖，他乡遇故知，洞房花烛夜，金榜题名时"显摆"人生四大喜"。但一个古典范儿的读书人，却能够提炼出"清溪浅水行舟、微雨竹窗夜话、雨后登楼看山、隔江山寺闻钟、月下东邻吹箫、接客不着衣冠、抚琴听者知音"等"赏心乐事"十六件，这个人，叫苏东坡。古典范儿，可以看山不是山，看水不是水，也可以看山是山，看水是水。

古典范儿的鲜活，无法生搬硬套、照本宣科。西子捧心是古典范儿，但东施效颦不是；曲有误、周郎顾是古典范儿，但欲得周郎顾、时时误拂弦不是。台湾作家张大春跨界为周华健"水浒三部曲"的填词，并不刻意用冷僻字，甚至还称得上通俗易懂，却又"字字从古典走来"。其中一首唱浪子燕青，张大春设计了李师师自怜"不及那一身花绣，贴着身儿，伴君四海逍遥游"的意象。张大春说，他还联想到日本极道女子身旁的壮汉，也是一身花绣，却没人用过这个比喻，"所以这个意象就会非常鲜活"。文学经验与天赋灵感，是今天泛滥成灾、拼凑辞藻、似是而非的"中国风"所无法山寨的。

外在范儿来自内在素养，正如冯唐所说："周树人的文字，凌厉如青铜器；周作人的文字，内敛如定窑瓷器。他们用功的地方不是如皮肉的文字本身，而是皮肉下面的骨头、心肝、脑浆。"

动人的不是苦难，而是在苦难之中仍然闪光的爱、美和悲悯。

古典范儿有充沛的精神世界，这世界不是躲进小楼成一统、管他春夏与秋冬，而是大隐隐于市，在尘埃中能开出花朵——问君何能尔，心远地自偏。

《巨流河》是一部伤痛史，作者齐邦媛以细腻、克制和坚韧的情感，记录了国难与家变的艰难岁月。

遭遇毁谤、孤立之际，她在大江大河的汇流处大声背诵济慈。"那一年我二十岁，面对重重威胁的人生，觉得随时可能失去一切，孤苦无依。唯一必须留下的是自己的心灵，这一颗切切思慕知识、追寻善和美的心灵。"

生逢乱世是不幸，但得以接受美学家朱光潜和西洋文学家吴宓等名家影响，是不幸中的万幸。对美的思慕与追寻，来自古典文化的滋养，让齐邦媛在遍地狼藉中得以保留了精神的一方净土。

她在书中记录了朱光潜课上讲华兹华斯诗歌的片段：朱老师读到"the fowls of heaven have wings……Chains tie us down by land and sea"（天上的鸟儿有翅膀……链紧我们的是大地和海洋），说中国古诗有相似的"风云有鸟路，江汉限无梁"之句，语带哽咽。念到最后两行"If any chance to heave a sigh, they pity me, and not my grief"（他们怜悯的是我，不是我的悲苦），取下了眼镜，眼泪流下双颊，突然把书合上，快步走出教室，留下满室愕然，无人开口说话。

整部《巨流河》，最触动读者的不是苦难，而是这份在苦难之中仍然闪光的爱、美和悲悯。

另一位台湾老太太叶嘉莹的遭遇，和齐邦媛颇有相似之处，同样是婚后去台，同样命途多舛。台湾"白色恐怖"时期，她的丈夫被抓走，自己也遭到审问，失去了工作和住所。那时的叶嘉莹，比齐邦媛更艰难的是除了遭遇精神上的痛苦，还有物质的捉襟见肘。哪怕后来成为大学讲师，她依然疲于生计，白天在三所大学讲课，晚上还有兼职。家中厕所堵了，她戴上手套就去清理，但只要一上讲台就神采飞扬。

家国之痛中，给予齐邦媛心灵宁静的是西洋古典文学，是济慈和雪莱；而在生活的磨难里，支撑叶嘉莹保持乐观的是中国古典诗词。叶嘉莹说，诗词的研读不是她追求的目标，而是她"走过忧患的一种力量"。

无论忧患还是死亡，都夺不走古典范儿的翩翩风度。博尔赫斯有一首诗题为《不能再现的往事的哀歌》，字里行间却充满庄严和从容——"我多么怀念／透纳那片如同乐曲一般／宏大的金瓦／我多么怀念／作为陪审官／面对那位在喝下毒酒之后的那个下午／当蓝色的死神／正缘着已经冰冷了的双脚爬升的时候／还在镇定自若地援引神话与推理探讨不朽问题的苏格拉底……"

古典范儿自有门槛，不是每个人都有机会与美好精神款曲相通。

温文尔雅是认同度最高的古典范儿，如李安所说："我觉得任何一样东西，做到比较好的层次，都是儒雅的，至少我们讲，它有一种儒雅的气质。"

没有人会否认魏晋人物的痛饮狂歌、放浪形骸也是古典范儿。但在今天，却很难将一些穿唐装、戴佛珠、言必称儒释道却声色犬马混场子的机会主义者看作古典爱好者。

古典范儿是有门槛的。它首先要求一种审美洁癖。旅法画家林鸣岗在《仰望古典精神》有精准的概述："古典主义者永远使用优雅的手法去塑造愉悦视觉、震荡心灵的作品。即使表达死亡、血腥、恐惧、愤怒、暴力也仍然从容不迫，感觉像是在花园里遇到的事。而不仅是一张张污面垢发的再现，呆头、傻笑的描述。即使表达情色，也绝不是两腿分开的架势。"

精神上永远优雅的古典范儿，在生活方式与趣味上必然也是讲究的。梁文道说："夸赞一个绅士，说他是那种老派，一件大衣穿了 20 年，一双鞋，尽管可能是花 1 万块钱定制的，但他穿了 10 年，这就要求他走路的姿势端庄，走时不乱踢硬物，穿后拂尘拭灰，添油补色，按季收藏保养。"

如果说绅士精神、贵族精神是西洋古典范儿的精髓，那么士人精神就是东方古典范儿的核心。易中天说真正的士人，总归是有肝胆的，他们的圈子叫清流，他们的声誉叫清誉，士人最看重清，不仅是清廉，还有清白、清纯、清淡、清静、清朗、清明、清雅、清正，以及甘于清贫；此外，爱惜羽毛也是他们的特点，"不但不肯'同流合污'，甚至连一般的世俗也会拒绝"。

类似易中天所举的士人精神的例子——反对白话文，或者拒绝上电视，古典范儿的人，总会有一些旁人眼中拒绝"与时俱进"的怪癖。他们不是没有长袖善舞的智慧，但一定不会为了左右逢源而放弃原则。他们的眼眸中、脑海里、胸臆间，有更宽广壮阔的天地，一如瑞士心理学大师卡尔·荣格的自白："我们生于一个野蛮、残忍但同时又极美的世界。判定这世界无意义成分还是有意义成分居多，这由个人性情决定……有这么多东西溢满了我的心：草木、鸟兽、云彩、白昼与黑夜，还有人内心的永恒。我越是对自己感到不确信，越有一种想跟万物亲近的感觉。"

人生一世，草木一秋，选择以何种状态存在是个体自由。这个世界上可以有商务范儿、土豪范儿、网红范儿，但古典范儿就像阁楼上的光，总得有人去把星星擦亮。"那些八哥、海鸥和老鹰，都抱怨星星又旧又生锈。"

古典范儿注定无法普及。那位对"青春版《红楼梦》"提出批评的知乎网友"花仲马"写道：经典之所以为经典，是它并不需要再次流行。喜爱的人自会喜爱，相逢的人也总会相逢。有些东西并不需要每个人都懂，正如曹公在《红楼梦》开篇中所言："所以我这一段故事，也不愿世人称奇道妙，也不定要世人喜悦检读，只愿他们当那醉淫饱卧之时，或避世去愁之际，把玩一回。"

"这曼妙之处，就在于并不是每个人都有机会，与作者款曲相通。"

止庵：和时间里不灭的东西击掌相笑

文 / 苏马　图—李伟 / 新周刊

喜欢现代生活方式与向往古典志趣，在止庵身上并不矛盾。他相信，一代代人死去而古典精神不死，它或多或少地存在于人们心里，并在某一时刻共鸣着。

作家止庵的作品似乎总和当下有时差，他研究庄子、老子、义和团，为周作人写传，编周作人、张爱玲的书，点评西方印象派之后的油画；他今年新出版的首部小说《喜剧作家》创作于 30 年前；连他的笔名也是来自《庄子》"人莫鉴于流水而鉴于止水，唯止能止众止"，并与一位清朝文人同名。

但他从不觉得自己脱离时代，他习惯并喜欢现代的交通、居住、饮食、服饰等生活方式。"根本不用买什么旅游书，上网查一下轮船公司的班次时间，哪天该住哪，一清二楚。"曾有出版社请他沿孔子一生的足迹走一遍，写本书，他告诉对方完全没走的必要，找辆小汽车或吉普车，用不了多少时间就走完了，"山东西边、河南东边、安徽北边，孔子一辈子周游列国，主要就在这么大个地方转"。

若说物见其人或道在器中，止庵骨子里无疑是个向往古典志趣的人。北京望京一高层住宅，他的住所里，最醒目的家具是数面依墙而立的大书柜，书柜是原木制，与地板颜色相和谐，满满当当上万本书，除此之外，家中其他地方皆空旷，茶几上仅有待客的茶器和一个半截木头做的日式手工台历。止庵口中嫌这台历用起来麻烦，但边介绍边演示时，轻巧熟练的动作却透露着对这小玩意的喜欢。台历每次调整要倒出里面的小木块重装，方块上印着的"月火水木金土日"依次对应周一至周日，"可不能随便乱来"。

不用多少时间可以走完孔子一生的路，花费时间郑重对待一个早有先进替代品的传统台历，在止庵眼中，这两者并不矛盾。他说真正的生活就在它们中间，真正的古典精神也在其中。"我们每个人都在往前走，如果回头一看，后面还有孔子、庄子，等等，若干人由远及近一直到我们，然后我们继

止庵

续往前走，我们也会变成别人背后的一个人。"止庵觉得，一代代人死去，但确实有种东西不死，或多或少地存在于人们心里，并在某一个时刻共鸣着。

"宋代的诗人说'有约不来过夜半，闲敲棋子落灯花'，这个情感跟我们在家里等爽约的人有什么区别呢？只不过你不是敲棋子而是玩手机罢了。"坐在装满古今典籍的屋子里，止庵开始讲他接近古典精神的往事。

故事是他的，观点是他的，但他总在强调，每一个观点都是重复前人。"你看，那边有一个声音，他举着手，你给他拍一下吧。"

我问他，这感觉是不是像钱锺书写过的：一个幽默的人对沉闷的人生冷然微笑，可能要几百几万年后，才有另一个人与之莫逆于心相视而笑？

止庵笑笑，说正解应是早了钱锺书不知道多久的庄子。《庄子·齐物论》有云："万世之后，而一遇大圣知其解者，是旦暮遇之也。"意思是，万年之后遇见一个理解你的人，彼此所隔的"万世"就跟短暂的"旦暮"一样。

听止庵聊起这一桩桩故事，在他这间小小的现代居室内，仿若与古今中外无数名人逸事邂逅，与他们隔着时间空间，击掌相笑。

"古今之人情感相通，是我理解的最深的古典精神"

口述/止庵　采访/苏马

庄子说的"万世"能成"旦暮"，其实是我们和过去的一种相通。"知其解者"就是你理解他，他也理解你，哪怕你们相隔万年。所谓真正的古典正是如此。

我觉得古典精神不在于一种标榜，而是一种心心相通，像是在我们血肉里边有一种天然会共鸣的东西，而不是说今天朗诵唐诗明天穿个长衫布鞋，如果有人愿意这样，我会尊重他们的选择，但要说这就是古典范儿，也太皮毛了。

回头看到遥远的同类，他跟我们是同一个人。

有个例子我在《惜别》里举过。《礼记》有个《檀弓》篇，里面讲孔子生病了，一大早起来，拖着手杖，在门口唱歌："泰山其颓乎！梁木其坏乎！哲人其萎乎！"唱完他就回到自己的房子，当户而坐。孔子的学生子贡一听这歌，着急坏了，"趋而入"，赶紧跑去看老师。孔子见他，直言"尔来何迟也"，怪他来得晚。这个地方特别有意思，一个人知道自己要死了，特别想见到他的这个最亲近的人，于是唱了个歌，而他最亲近的人一听到歌立刻明白是怎么回事，马上就想到去看老师，老师见到了想见的人，但感觉到自己时日无多，相聚恨短，终于见面却怪人来得晚。这个场景现代人很容易就能想象到，因为我们现在失去或即将失去一个亲人，与子贡的心情完完全全一样。

古今之人情感相通，是我所理解的最深的一种古典精神。

《论语》里边记载，曾子要死了，跟他的学生说"你们摸摸我手，摸摸我脚"，然后说自己这一生过得非常艰难。一个人要离开世界的时候跟身边人说这些，也跟我们现在的情感完全一样。为什么我们回过头去能看到那个遥远的人？因为那个人跟我们是同一个人。司马迁在《史记·孔子世家》中记载，孔子死后弟子们都守孝三年，"三年心丧毕，相诀而去"，只有子贡"庐于冢上"，一共守了六年才走，因为他跟老师这个情感是三年不够的。我们平时给一个朋友送行也一样，有时候送人送到小区门口，依依不舍于是再走两步，最后走得远了送到机场、火车站。现在没有守孝的规定了，但这个送别的情感还继续存在。

以往许多人流传到现在，他们有的是通过一些行为，有的是通过一些文字，有的可能是通过其他没有形式的东西，不管怎样，我们无意中会跟他有一种共鸣，这种共鸣可以是远远地相视一笑，也可能是一哭，或者一个感慨，甚至是一种相对无言。

唐诗里有这种呼应。比方读"君问归期未有期，巴山夜雨涨秋池"，你会被那种孤寂、飘零、想念所打动。你读"夕阳无限好，只是近黄昏"，所处的环境早就和作者不在同一个环境之内，但他描述的他的情感，与某时某刻的你有一种心心相通的地方。

我喜欢古典，喜欢的不是某种范儿，而是承认我们在情感、智慧、知识、思想上，对人生的认识上，对世界的感受上，和古代的人在某些地方一致。我们可以呼应古人说过的话，呼应他们有过的情绪，有时甚至相当于重新把他们想过的东西想了一遍。

这种呼应不仅限于同族古人，也不仅限于说话想事情。一个 18 世纪的西方音乐家作了一首曲子，现在的人一听，眼泪哗地流下来。为什么这样呢？还是因为我们跟他们之间有一种相通的东西。在人类进程中，表面上科技物质、生活方式变得非常快，实际上人心进化得很慢很慢。也就是说，一代一代人都死了，但确实有一种不死的东西，它永远存在，只是可能被我们忽略了。

稍微留心一点，它就会冒出。你去美术馆看一个高更作品，或者其他内心情感很丰富的人的画，你会有一种触动。高更画的塔希提岛上的生活，塔希提那地儿我也没去过，塔希提人什么样我不知道，他当时待的塔希提是什么样我更不清楚，可是，你从他画的塔希提妇女表情所感受的情感因素，跟他当时表达的可能一模一样。

人类就是有某种精神上可传承的东西，这个东西如果概括为古典，我想有两个句子可以来形容，一个是时间意义上的，我们可以称为"历久而弥新"，另一个是空间意义上的，可以称为"放之四海而皆准"。因为，整个人类是一个人类，大家的文明是一个东西，贝多芬的音乐、米开朗基罗的雕塑、古希腊悲剧或柏拉图的著作，等等，这些也是我们的古典，也一样会有某种契合。

不读《论语》，你意识不到这句话别人早就说过，好似一个邮递员不知道信往哪儿送。

这种契合正是真的古典，与我们的生活形式没有关系。即便你每天吃汉堡包，坐地铁，用 iPhone，发微信，身上仍然或多或少存在着一些古典的东西，每个人有每个人的方式去接触和觉知它，只是觉察与对话的程度不同。

我们现在说某人不讲信誉，不能跟他来往，以免被他坑。这话不就跟孔子说过的"人而无信，不知其可也"一回事吗？同样的道理，人们会觉得"逝者如斯夫，不舍昼夜"讲得太好，其实你站在一条河边，望着眼前景致，同样会感受到过去的事情像这流水一样离去了，只是你的语言可能没孔子那么深刻凝练。《论语》里的好多话都是谈论日常生活，现在的人也还那么想，不过咱们的语言习惯和当时不太一样。当然，如果不读《论语》，你意识不到这句话别人早就说过，好似一个邮递员不知道信往哪儿送，但实际上这个信是确实存在的。

这也是我那么爱读书，了解很多"无用"知识的原因。我们生活在现代，但我们身上好多东西跟古代有千丝万缕的联系，当你了解得比较多时，你就有更多与世界，尤其是那些美好的古典精神发生对话的可能，你会意识到在很多方面你都不是一个原创者，都是人家的一个响应。

我们与古代人的惆怅、孤独、快乐、伤感几乎一样，连躁动与无知也是一样。我写《神拳考》时的一个感受是，义和团运动时期的人们急于对未知事件做出的反应，和一百多年后的网络时代几乎一模一样。举一个好玩的小例子，当年的医院附属于教堂，人们传说教堂里边拿活人做标本，又说教堂里面堆着一筐筐的小孩眼珠，大家非常愤怒，结果一看呢，都是广东那边送来的荔枝，当时普通北京人不知道荔枝是什么东西，都以为是小孩眼珠。

《圣经》讲日光底下无新事，确实是这么回事。汉朝有个故事叫"向隅而泣"，说一屋子的人吃吃喝喝特别开心，但有一个人对着墙角哭，弄得大家都不快乐，我们现在不经常有这种情绪吗？现在聚会的环境跟古代人的房子可能不一样，但是这种情感没有多大隔阂。

所以如果要什么建议的话，我会希望大家多读读书、写写文章，古今中外都涉猎一些，知道多了就能推开你和过去和远处的那扇窗，和很多你本身生命之外的东西打通。

最近我出了本写于三十年前的小说《喜剧作家》，有人感兴趣，其实我也不是为了写出什么，就想努力多做点事情。那时，我有自己的医学专业课，特别忙，分配上班之后更忙，但这不影响我看书，身上时不时带本罗兰·巴特或谁的书。有次去长春出差，冬天坐飞机，飞机迟迟飞不了，我身上带着本哈维尔自传，看完了飞机还没来，于是看第二遍，看完第二遍它依然不飞，就开始看第三遍，哪怕这书已经连着看了几遍，也不愿意浪费时间干等着。我好多书都是在上学放学的路上看的，公交上挤得没缝隙，我就把书举起来搁在头顶上仰着看。

这种时间焦虑症估计跟我小时候看了格拉宁的书有关。他是苏联作家，写了一本像纪实文学的传记，书名《奇特的一生》，讲的是一位叫柳比歇夫的科学家。论科学成就，柳比歇夫并不是很有名，但他的生活方式很奇怪：他是个昆虫学家，活了 80 多岁，做的事情却非常多，生物、科学、哲学、历史、数学、文学，什么都做，研究成果也很丰富，一般人会觉得一个人怎么能在一个生命之内做这么多事呢？柳比歇夫死了以后，人们发现，他每年的日记是一个账本，他每天把时间做一个结算，他把浪费的时间称为"负时间"，有效时间称为"正时间"，他用"正时间"补"负时间"，比方坐火车时看小说，开会时演练数学，所以他能做这么多事。

读了这书后，我就知道，一个人应该努力使自己的时间增多，不是靠延年益寿来完成，而是平常尽量抓紧时间多了解东西，变成一个知识面相对广泛的人，脑子里重要的东西多，活着就有意思。我当年最喜欢的作家加缪在《西西弗的神话》里也说过，"重要的并不是活得最好，而是活得最多"，生命是有限的，有些人比他实际的生命活得多得多。

我不太愿意说当下，因为它们可能没有说的必要，时间会淘汰掉不值一提的东西。

周有光还没去世之前，我就讲，他已经活了"两个鲁迅""三个徐志摩""四个李贺"的岁数了。可是，你看鲁迅这一生做的事可不是周有光的1/2，那李贺的成就也不是他的1/4，我这么说不是贬低周有光，是想说人活得短，同样可以干好多事，了解好多东西。

古典很美好，我们要抓紧时间去和它对话，这并没有什么捷径，至少在学知识这个环节上是如此。最近我一直在想，现代人的一个毛病就是太急功近利，太想很快地做成一件事，于是心急火燎地把知识分得清清楚楚，好专挑有用的来学。我的生活经验是，世界上根本没有什么彻底无用的东西。

我学医出身，本专业口腔科是我真正需要了解的，按理说这以外都是和专业无关，但我从小就希望知道点不相干的事，想知道一条江河，也会好奇它蔓延出的小溪流，历史、文学、艺术都想了解一些。后来我研究庄子、义和团、周作人都是这么好奇出来的。我写《周作人传》的时候，市面已经有好多版本，我都看了，其中有一本的参考资料列写着"周作人的全部著作"。这句话很奇怪，因为当时周作人的著作还有些从来没出版过，后来经我手首次整理出版的就有好几十万字，从来没人见过，怎么会参考了"全部著作"呢，所以我确定这事我还是可以再做一次。

学医这件事也给了我很大的好处。以前不懂，总觉得学医对我的人生是"入不敷出"——学了五年多只做了两年多的医生。过了好多年以后，我才发现这段看似无用的经历给我的好处，是别人得需要别的方法去补的。医生这个职业，不能妄言妄断，妄断后会出事，一个病人来了之后，他说什么你都得好好听，听之后还得做好多检查，检查之后跟他的症状加在一起分析，得出一个结论，然后你对症下药进行治疗，这个过程前边是实证的方式，后边是逻辑的方式，这两个东西让我终身受益。

所有无用终将变成有用，这话也是古人讲过的。《庄子》里有段对话，惠子跟庄子说：你说那话没有用。庄子说：什么叫有用，什么叫没用？你看你一个人站在这地上，这大地对人来说，有用的就是容足这么一小块地方，周围都没有用，但假如你从这往下挖，挖到黄泉，只给你留这个容足之地，你的这块地还有用吗？（"知无用而始可与言用矣。天地非不广且大也，人之所用容足耳。然则厕足而垫之，致黄泉，人尚有用乎？"）惠子听完答：嗯，没有用。于是庄子说：这样你知道什么叫无用之用了吧。

说半天，我们整个人生中那些目前看似无用的东西，正像大地一样支持着我们，使得有用真的成为有用。放眼看去，这世上并没有那么多需要我们去全新创造的，更大程度上，我们只需要去倾听、去响应。

当然，我们回过头看时，也不是谁都能看着，古典之所以深刻，是因为淘汰了中间的芸芸众生，只留下极少数的"极好"与"极坏"。比方刚才谈了好多古代的人，人们回过头看到孔子、庄子、杜甫、苏东坡，别忘了，在这些身影与我们之间，有太多太多人已经倒下消失。

大概十六七年前，我想写本关于唐诗的书，后来没写，但当时把《全唐诗》从头到尾读了好几遍，现在书页里还夹着纸条。我发现，《全唐诗》本就是经过筛选的，不知道有多少唐朝的诗已经失传，可作品录入这《全唐诗》里的一些作者，如今也是很少有人提到，不大知道他们是谁。没有办法，历史就是这么无情，它就是把一个时代的人不断淘汰，最后剩一点。

淘汰之后留下的多是精华，但也不见得全是精华，一些特别坏的东西也留下了，历史上那些大奸大恶，秦始皇焚书坑儒什么的，咱们不都还记得这事嘛。特好特坏的留下来了，太多不重要的一般的事情就被忽略了。

为什么我不太愿意说当下呢？因为它们可能根本没有说的必要，时间会淘汰掉好多根本不值一提的东西。每年年底，大家都在评比，这个那个的奖，实际上等不到第二年你就全忘了。再举一个简单的例子，在我小时候，有好多作家非常有名，比如郭沫若、巴金、茅盾、曹禺、艾青，等等，现在的人都不大看他们的书了，这确实是现实，是特别残酷的一件事。

你得承认，古典精神里就是有这么种精英意识，也许正是这样，它本身才有能抗衡时间的魅力。当我们谈到古典，也许不能限于一己之所知，还得想方设法多知道点儿。人应该多去了解各种知识，接触历久弥新的古典，变成一个不无知的人。知道得越多，潜移默化与世界发生联系的可能性就越大。古典里面好的坏的联系都存在，但如果你什么都不知道，那你什么也联系不了，这跟人的眼睛一样，闭上就瞧不见，睁开就看见了。

古典范儿

至于怎么睁开眼，科技也许让方式不同了。比如现在的人用电脑写作，古人是在甲骨上刻字，然后用竹简、帛、纸，又从毛笔到钢笔，但工具不一样，做事的精神应该是一样的。又比如旅行，你要想从中国最南边到北京，过去的人花一辈子的功夫只能来一次，现在几个小时就飞来了，但不管怎样，你都得从南到北，不可能凭空穿越，现代生活方式只是把路程缩短。

所以，谈到古典精神，我最大的担心是现在的人实在太着急，知识上的古典精神比较容易懂，真能做起来的古典精神太少太少。

李健：有生活才有诗意

文 / 郑依妮

在李健看来，古典范儿意味着严谨、周到，对朋友有礼数、很讲究、有仪式感。这需要对自我严格要求，"快节奏生活是很难孕育古典范儿的"。

"他这么年轻，忧伤的质量就这么高。"段子手李健回归《歌手》，他评价迪玛希的金句，毫无意外地又引发了社交媒体一阵刷屏。

李健自带一种冷幽默与书卷气，这种反差感，总能为他参加的娱乐节目增添几分厚重。好友钟立风说，李健有非常冷静的状态，看上去不动声色，但其实有很多真情实感，只是他把感情藏在更深的地方，一碰到就融化了。

3月4日的节目中，李健演唱的是自己10年前的歌曲《异乡人》，但对内容进行了更新，在"把他乡当做了故乡"之外，添上了"故乡却已成他乡"。乐评人耳帝说，这个版本"比曾经承载着更多的思考和沉淀"。

这首歌也让人想到两年前的插曲：决赛候场时，镜头拍到李健手边带着一本加缪的《异乡人》。另一个更有趣的细节，是那本被安放在椅背上的莱昂纳德·科恩的《渴望之书》。

人们已经习惯用"音乐诗人""人文歌手"形容李健，因为他身上透着一股毫不做作的、娱乐圈稀缺的古典范儿。

不过，李健本人想说的却是："我的一些特点被媒体夸大了，媒体对我的描述应该再缩小十二倍，那才是真正的我。"

快节奏生活很难孕育古典范儿。

一个人的精神气质多少能找到源流。在清华大学的演讲上，李健谈到过大学时代那些感染过他的氛围：校园里有许多人文协会，有诗社、古典音乐协会、吉他协会、国标舞协会，等等。1996 年的夏天，他住在清华北门的民房，遇到了一些流浪的诗人和画家，"他们的说话方式、生活方式和作品，都给了我不太一样的感觉"。他看《梵高传》，看《麦田守望者》，看博尔赫斯，后来开始听古典音乐。"到今天为止，我每天听的音乐有一半以上都是古典音乐。因为它是所有音乐的一个源泉，是海洋；所有的音乐类型都和它有关。"

钟立风曾经在文章中描述李健的生活场景："有天约我去他家做客，我从后海宋庆龄故居附近的住所骑车欣然前往，到了之后，看见的是一个干净明亮的院子，是夏天清风蝉鸣、芳菲悠闲。李健与女友（现在的太太）门口相迎，郎才女貌、脱俗明亮。客厅书柜整齐摆放着 CD、书籍、精美物件，主人品味一目了然。"

李健太太小蓓也在自己的微博上记录了一些他们的生活片段。比如听曲读诗，逗猫小憩，品茶闻香，或与知己谈心叙谊。比如洒满阳光的冬日，小蓓随性写下的短句："山晴空阔，疏疏一树果；逗喵猫躲，雪未下，甜不落。"又比如李健隔着纱窗对在小园浇水的小蓓说："与你在一起的日子才叫时光，否则只是无意义的留白。"他们深居简出，不慌不忙。在外人眼中，他们把日子过成了诗。

李健说，小蓓的微博并非是与人分享，"仅仅是私人日记般的如实记载而已"。他也不认同把日子过成了诗，只不过"可能有诗意的眼睛而已"。

"我们也尚未修炼到看待生活的所有都充满诗意，我们只是愿意和有兴致欣赏生活中的诗意。我们有时也会喜欢喧嚣的人群，也会喜欢热闹的早市，这些接地气的生活恰恰是我们生活中真正的诗意。诗意并非狭义到只能跟安静、淡然相连，诗意无处不在，由态度和心灵觉知。"

谈到古典范儿，李健的理解是，那意味着严谨、周到，对朋友有礼数、很讲究、有仪式感。"但古典范儿的人非常少，需要对自我严格要求，一种是自我要求的，另一种是与生俱来的。这种古典范儿，在台湾见过一些，身边越来越少了。快节奏生活是很难孕育古典范儿的。"

永远保持好奇心、学习的冲动和愿望。

即便在当下飞速运转的娱乐工业环境下，恐怕也没有人会把李健和"快节奏生活"联系在一起。李健曾说，他喜欢可控的生活，喜欢隐藏在生活里当一个旁观者。林语堂那本《生活的艺术》，李健觉得写得特别好。

他的团队也尽可能地保护他的生活空间。工作人员曾经透露："我们为他选择通告的时候，尽量安排每个通告都能说出不一样的东西。但不能多，你必须给李健留出生活、休息、看书的时间，他不喜欢每天密集的生活，他追求的是自在的生活。"

7 年前接受《新周刊》采访时，李健说，他要与生活平起平坐，既不做生活的主人，也不能被生活打倒。如今，年过不惑的李健早已获得了更多的生活自由，但现在他更希望澄清人们对他的"误读"。

"现代生活可以让一个人分身很多面，一些潮流是无法抵抗的。在游刃有余和力可从心的时候，可以选择自己向往的生活方式，这样的一个社会里，做到只有一种状态，几乎不可能。"李健说，"我并非像媒体强调的那么淡定和岿然不动，那里有夸张的误读。其实我也经常会随人潮人海、随波逐流，只不过拥有自己的一片天地而已。"

被视为淡泊名利的他，还是常常被问到对名利的看法。李健特别想说的是，人们对娱乐圈常有一种误解，认为只有"一心向名利"才是娱乐圈的主流，但这恰是一种本末倒置。

"娱乐圈很多人是热爱内核的，比如演员热爱表演的，歌手热爱音乐的，大有人在。放下自我，以真我来面对世界，大多问题可以迎刃而解。所谓真我，就是能表达真实的自我、体现真实的生活。道法自然，人的自然状态就是最佳状态，尽管某些时候，你的自然状态还没达到你所向往的高度。"李健说，这是"个人经验之谈"。

虽然感觉具备古典范儿的人越来越少，但李健依然相信，生活处处皆可修行。

"有人觉得修行一定要去深山老林里清净、吃素、打坐，并非如此。繁重的工作、忙碌的生活，包括一筹莫展、身陷囹圄都是修行。不能刻意将某些概念个人化、固执化。如果想修行，对自我尊重，有所追求，无处不修行，行即为修。"

"我的生活愿望就是保持现在的生活状态，这一方面意味着我对现在生活很满足，另一方面我希望通过不断的学习来维持这样一个学习和生活状态。"李健说，"我希望永远保持现在的好奇心、学习的冲动和愿望。"

"李健说" 关于如何看待网络文化

"一概的否认和一概的接纳都是荒诞的，网络里面也有精华，也有闪光的亮点。文化态度怎能有形式和阶级区分呢？某一种文化诞生于网络就予以否认，这也是极端和粗暴的。人无贵贱之分，知识和文化更不能有门第之见。网络有好的，网络有很多便捷，正因为便捷才产生大量垃圾，就像吃饭一样，人并没有那么多时间和条件总去餐馆吃筵席，偶尔也需要吃快餐。当然了，快餐没什么好处，但也不会马上让你死。"

"真正的学习是漫长无比、无时无刻的；学习有不同的方法，法门不同，各种方法都可以提升。现代社会提供了更快捷的方法，在网上、在其他地方，可以学习一切知识。"

关于东方古典和西方古典

"我觉得东西方殊途同归，柏拉图和释迦牟尼有诸多观点是相像的，都是人，东方、西方只是人的不同镜像而已。人的思想都在追求同一点，使用不同的语言和方法达到。如果刻意地割舍东西方文化，那是一种没有文化的表现，拒绝、排斥永远是文化最大的敌人。古典知识探求人、探求自然、探求人与自然的关系，柏拉图、苏格拉底、释迦牟尼、老子，都在讲同一个道理，只不过生在不同的环境，人们对他们表述方式的认知性、倾向性、亲切性各有不同。东西方好的东西都应该容纳，就好像你一定要穿中装拒绝西装，或只穿西装拒绝中装一样，虽然我现在还不穿中装。就像龙应台写过紫藤庐和星巴克的关系，咖啡和茶可以共存。"

张岂之：像石匠和拓荒人乐此不疲

文／邓娟

1927 年出生的张岂之有一种淡泊、温和的东方式古典范儿，有时也会迸发"一根筋"的倔强。过去从民国学人身上师承的风度，他一直努力向年轻人传递。

拜访张岂之先生是 4 年前，86 岁的他腰背挺直，身材高且瘦，面容清癯，口音犹带一点江南软糯的拖腔。在清华园教工宿舍区的那方斗室里，阳光透过窗玻璃打进来，照亮了一摞摞书册，有种光阴沉淀的况味。

从我带去的报刊中，他抽出一本时政杂志，封面上是国家机构领导人的肖像。"这是副总理马凯；这是教育部长袁贵仁；这位，外交部长王毅，原来北二外毕业的嘛。"他的语气平淡，像在谈论年轻的学生。

事实上，他也当得起一声"先生"。1927 年出生的张岂之，经历过张伯苓治下的南开中学，又在北大、清华哲学系受教于多位名师，毕业后留在校园，如今的职务是西北大学名誉校长、清华大学双聘教授。他的学生中，最有影响力的是王岐山。

中纪委书记王岐山曾就读于西北大学历史系，2011 年，时任副总理的他到陕西考察，下飞机就去看望了张岂之。

"见面后我问他，你最近读什么书？他说读《旧制度与大革命》。"那天的会面在陕西宾馆，张岂之记得，王岐山谈得最多的是托克维尔的两本书，他们还交流了对吕思勉、严耕望关于中国典章制度论著的读书心得。

公开的新闻图片上，王岐山双手搀扶着送老师上车。临别前，张岂之赠送了自己编撰的《中国历史》六卷本和《中国思想学说史》。

时隔两年，我问及送那两套书的寓意，老先生不好意思地笑了："没有其他东西可以送给他，送保健品不合适，很庸俗嘛。只有送自己的书，让他知道老师这几年做了些什么，他如果想看一看，在这方面增加一些知识，那也是好事情。"

毕生和文化教育打交道的张岂之，有一种淡泊、温和的东方式古典范儿，譬如他并不愿多谈这位身份特殊的学生，唯恐沽名钓誉；即使请他评价自己的其他学生，他也保持谨慎，唯恐厚此薄彼。

但他也会迸发"一根筋"的倔强。北大讲席教授俞可平曾提及张岂之"一件崇尚学问、看轻官位的趣事"：有次校庆，主持人介绍西北大学的业绩时，大谈培养了多少官员，不谈培养了多少人才，"身为校长的张先生实在听不下去了，居然不留情面离席而去"。

虽然被授予"国学终身成就奖"，但张岂之早就表示过对"国学大师"一类称号的拒绝。"我的老师季羡林先生，他有几顶桂冠，其中一顶就叫'国学大师'，季先生公开跟媒体讲这个桂冠对他不太合适。"张岂之说，他的老师 90 多岁尚且不敢用，自己当然更不能用。

他甚至提醒慎用"国学"概念。他认为，自 1927 年王国维沉湖之后，由于学科分类，中国可以有文学史专家、思想史专家、哲学史专家和美术史专家，但笼统的"国学大师"已经不存在了。

有责任把故事留给下一代人，因为今天的学界没有了那样的趣事。

张岂之更愿意分享教过自己的北大教授们的趣事。那些故事听起来充满古典风度。

1946 年，他考入北大，大二时选修了任继愈的"隋唐佛学"，同学只有 5 个，但任先生没有请过假。某个学期，西方哲学史专家齐良骥的"英文哲学名著选读"更是只有张岂之一人选修，系里也未因此停开这门课。结课后，齐先生还向张岂之询问自己讲课的不足。

中国哲学史专家石峻"热情奔放，随时挥洒，听得人天宽地阔"，但他湖南口音重，有些地方听不明白，张岂之就整理出来，写信请教。石先生有时留下书，用纸条附上阅读提示，还把张岂之带到自己的宿舍，让他挑书。张岂之提出写借条，石先生不要。

被《大英百科全书》称为"与冯友兰为中国当代哲学之杰出人物"的熊十力，年纪很大，讲"新唯识论"。"他讲的是佛学方面的东西，我们年纪很轻，大部分听不懂。他拿着拐棍，点点头问你：悟了没有？"因为害怕先生的手杖，教室前排几乎没有学生去坐，但熊先生把学生当小孩子看待，从未发过脾气，也不打分数，"因为北大听课太自由了"。

"贺麟先生，也是一位老先生，也有这样的风度。他讲黑格尔哲学，有些我们听不懂，直接告诉他。他点点头：'回去查资料，下次再讲，现在讲得不清楚。'他虚怀若谷，让我们更加敬重。"贺先生翻译了中文版《小逻辑》，让学生每周抽一天到他书房，根据外文版对中译本加以校正。张岂之据英文版，他的英文是在南开中学跟美学家方东美的夫人学的，考北大时完全不在话下；另外4名同学据德文版。每次正式话题结束，他们在贺先生书房，着着贺夫人准备的茶点，海阔天空闲谈。张岂之记得，贺先生提到，陈康译注的柏拉图作品不但注释精准，而且用词考究，例如将《巴曼尼底斯篇》中的"idea"不译成"理念"而译成"相"，是很重要的再创造。

当时最让张岂之如沐春风的，就是北大文学院这份中西贯通的风气。院长汤用彤开了魏晋玄学、英国经验主义、欧洲大陆理性主义和印度哲学史四门课，他希望学生知道，研究中国哲学史，必须懂得外国哲学史。中文系教授杨振声讲荷马史诗，将《伊利亚特》与屈原《离骚》作部分比较，神采飞扬。而外文系的朱光潜讲雪莱、拜伦、济慈时，也会对比中西诗歌艺术美学的异同；冯至除了精通德国文学，也对杜甫诗歌有系统研究。

后来到清华读研，张岂之一直想听金岳霖的课，可惜那时候金先生已经不讲课，因为思想批判开始了。如今，谈到年轻人对金岳霖的关注点，张岂之说："不要想太多，我觉得他们是一种友谊。"他理解人们对名教授私生活的兴趣，但他认为，金岳霖和林徽因、梁思成的友谊维持到了最后，这是美谈。

他喜欢读西方人物的传记，傅雷的翻译"有特殊的味道"。冯唐翻译的《旧制度与大革命》，张岂之是在王岐山推荐后开始读的。"冯唐这个人很有才，他译完还请北大外国史的专家校正过，非常好读。"

"我从事史学研究，就像石匠和拓荒人的乐此不疲。"

虽然怀念北大文学院当年那栋灰色小楼，但张岂之并不羡慕过去。"我更喜欢现在，自由的、竞争的，学生思想更加解放。每个时代都有它的贡献，后来者不要否定以前，前者也不要否定后来。时代总是向前，我喜欢现在这些大学生。"

过去，从学问大家身上师承的风范，他一直努力向年轻人传递。

上海交通大学教授葛岩毕业于西北大学，他描述张岂之夫妇讲课时的风度：张夫人孟昭燕教戏剧，"时而《雷雨》，时而《玩偶之家》，时而《茶馆》，如水泄般地诵出大段的台词，加上她好听的北京腔，就让你像是身临剧场"，而"古代思想史课的老师是张岂之，斯文儒雅，很少看教案，却能把古人原话大段写下来，一写一黑板，意犹未尽，擦掉再写出一黑板"。

深圳大学传播学院原院长吴予敏同样记得，孟昭燕悠然自得，抑扬顿挫，将戏剧艺术概念和名作赏析水乳交融地结合起来，姿态就好像永远做着一个优雅的观众，幽默而又略带嘲讽地窥透戏剧的秘密；张岂之的"中国思想史"则是当时全校最热门的课程，每堂课 45 分钟，每句话、每个板书，都精确到读秒、精致到方寸。"他述说着汉儒董仲舒、竹林七贤、六祖慧能和程朱理学的故事，娓娓动听，丝丝入扣。中国思想的涓涓流脉顺着他那略带拖腔的江浙口音在教室里盘旋。"

吴予敏后来读文艺学研究生时，写了一篇文章被内部审查。"那时岂之先生已经是校长了，一天他唤我到他办公室，除了问问学习近况，就聊起来近期他看过的《芙蓉镇》。"张岂之告诉他，那部小说写得好，要相信历史终究不会倒退。

这份师者之心，张岂之并非仅向门下学生开放；对素昧平生的路人，同样以温文尔雅的善意相待。

有网友曾分享"偶遇张岂之"的经历：在万圣书园看书，遇到一位瘦高老者与人交谈，老者说自己元旦在国家图书馆文津讲坛讲老子。"我晓得国图那天确有一场讲演，题为《读任继愈先生的〈老子绎读〉》，主讲人是大名鼎鼎的史学泰斗张岂之先生。"于是他"不假思索，冒昧上前向张先生问好"，张岂之态度随和，与之品评了架上书籍的优劣，相谈甚欢，还邀请他上门做客，临别殷殷叮咛，令人受宠若惊。

在同一间书房，我问张岂之可有遗憾之事，这位浑身书卷气的老先生认认真真回答：遗憾就是觉得自己学问不足，对经济学、法学缺少研究，对中国历史的文献学、语言学也缺少较好的知识储备。"在我年轻时，许多时间浪费了，在年龄最好的时候没有条件扎实地学习。我不敢和老一辈学人相比，也不敢和现在的年轻学者相比，所以我对自己的评价是过渡时期的学人，有热情，有毅力，但是根底不足。我羡慕现在的年轻人，我想如果我现在正在大学读书，那就好了。"

他引用了对自己影响最大的恩师侯外庐的话："我从事史学研究，就像石匠和拓荒人的乐此不疲。"

田艺苗：小心那些"正确"但无趣的琴声

文/宋爽　图/由被访者提供

从小学习古典音乐，长时间在家练琴，这使得田艺苗很早就洞悉自处的奥妙，她说，周围的音乐家朋友都特别不怕孤独，有一颗强大而恬淡的心。

古典风范早已淹没在当今社会的湍流中，那些克制的、崇高的、朴素自然的道德情操经常被误以为格格不入、不识大体，又或者是知识分子的虚伪。

但总有一些"不识相"的人，他们对潮流无感，既不追随，也不抵触，只不过充耳不闻。这些人按照自己的想法生活，他们从未想过追随别人，却最终成为被人追随的对象。

上海音乐学院副教授田艺苗就有点这种感觉，不论外面世界如何变幻，她仍然一如既往，穿什么衣服、听哪些音乐、追哪部剧，都和"现实"无关。

从小学习古典音乐，长时间在家练琴，这使得田艺苗很早就洞悉自处的奥妙，她说，周围的音乐家朋友都特别不怕孤独，有一颗强大而恬淡的心。

从写乐评、出书再到去年入驻喜马拉雅电台做节目，田艺苗一直在做古典音乐普及，但这项工作并不简单。"最难的问题

田艺苗

就在于，古典音乐不是中国的东西，它来自西方，和我们有文化隔阂，而且是几百年前的东西，离生活太远了。"

在田艺苗看来，中国的古典音乐是一种韵味，是流动且单线条的；但西方的古典音乐像建筑，是立体的、成体系的，甚至被划分为自然科学的一种。这让很多中国人对西方古典音乐望而却步，听不进去。"很多人把古典音乐当成一个需要克服的难题。"田艺苗说，"有些人跑去剧院听音乐会，会觉得撑不住。的确，四个乐章的交响乐听下来是挺累的。"

更多的人则请教她"如何激发孩子的音乐天赋""能不能介绍一下放松的音乐，因为上班压力太大了"之类的问题。这些问题听上去令人沮丧，但田艺苗却不介意。对于普罗大众而言，音乐的功能性很重要，说白了，如果一种音乐自己不是特别喜欢，那么它总得有点好处才会去听。古典音乐就这样成了维生素药片，不好吃，但要是有用、对身体好，也不妨一吃。

她了解这种心理，虽然这绝对不是让人喜闻乐见的理由，但无论如何，能接触到哪怕一点点古典音乐总是好的。田艺苗会在电影里选取一些音乐段落，比如《色·戒》里采用的勃拉姆斯《A 大调间奏曲》，拿来让大家听。

这招颇为有效，一般电影里选取的古典音乐，情感更为热烈丰富，更容易让人产生共鸣。很多人通过田艺苗选取的音乐段落爱上了古典音乐。"一个人爱上古典音乐，是从他第一次感受到古典音乐的那一刻开始的。有的人不论听多少次，都有可能感受不到；但一旦感受到，他就会从被动变主动，自己去挖掘里面的奥妙。"

这个过程既偶然又漫长，但田艺苗坚定地认为，国人听古典音乐的时代已经到来。"人们的生活不缺钱了，就想提升自己的精神世界，希望自己的孩子有艺术修养。在欧洲，听古典音乐是老贵族的事情，从某种角度而言，这是对生活品质的追求。"

不能否认，一部分人把听古典音乐当作一种包装手段，就和打高尔夫、学马术一个道理。一位网友在某网站回答"如何听音乐让你更像中产阶级？"时写道："在音乐类型选择上熟练占据鄙视链上游地位。"显然，古典音乐属于鄙视链的上层，如果能避开贝多芬、莫扎特这些妇孺皆知的音乐家，像躲瘟疫般逃离《卡农》这种快手上的乡镇青年都能熟练演奏的曲目，并选择一些鲜为人知的现当代音乐家，如肖斯塔科维奇、约翰·凯奇、勋伯格等，则会牢牢占领鄙视链的上层地位而不动摇。

流行音乐大行其道，让人听着有感觉、舒服，又能轻松契合一个人的情感生活，但古典音乐所带来的东西确实是流行音乐无可比拟的。"当庄严的音乐响起，你能感到生而为人的庄重和骄傲，这是真正的文明，是古典音乐最了不起的地方。"

田艺苗出过好几本和音乐有关的书，其中《温柔的战曲》是她在多家媒体上发表的乐评的集结，所评点的音乐家从莫扎特、巴赫到久石让和坂本龙一，甚至还有现代舞大师皮娜·鲍什，虽然纷乱杂糅，但田艺苗的文字如同她的人一样，从头到尾流露出一种坦荡自然，最重要的是，她从不愿意把自己的观点强加给读者。

田艺苗所注重的，是她个人的审美体验及其表述，至于别人是否认同，自己的观点是否辛辣煽情，都不太重要。有读者觉得田艺苗的书"没文采"，又或者"过于甜腻"，但他们都不能否认她对音乐的感受。

而这正是目前古典音乐教育缺失得最严重的一块。"很多孩子只是在练技术，但并不理解音乐是什么，他不知道如何把音乐中的美表达出来。那些音符一个个被弹出来、拉出来，却和他的心灵不相通。"

田艺苗认为很多孩子被老师耽误了。"这是一个普遍现象。老师如果不把音乐中那些最美好的情感告诉学生，学生可能就永远都领悟不到。我们不能只想着天赋这个事情。很多天才的诞生，往往是因为家里有这个环境的熏陶，或是很早就遇见特别出色的老师。"

眼下，各式各样的音乐培训班铺天盖地，"野路子"出身的老师不在少数，有些人只弹过三五年钢琴就出去为人师表了，更多的人则奔着赚钱而去。另一方面，即便是受过音乐学院系统培训的正规教师，也不见得"合格"。如何演绎一首曲子的风格和内在情感，经常被抛诸脑后，想必我们都听见过楼上传来的那些"正确无误"但枯燥生硬的琴声。

不论什么事情，田艺苗都能找到一种"合理性"，在她看来，眼花缭乱的时髦东西太多了，反而能促使人发现自己的热情所在，"因为你不喜欢的东西也坚持不了"。

她的可贵之处在于，尽管不愿意跟这个喧闹的世界掺和，但她对周遭一切却始终抱有一种发自内心的理解。

"我是一个内心强大的人，好像很少抱怨什么事情，对周围人的眼光和评价不太在意。但我也知道有很多人不是这样的，他们可能不那么自信，或过于敏感，总是希望获得周围人的赞许，这都是正常的。就比如我不是追逐名利的人，那我就过朴素的日子；那些喜欢名利甚至爱慕虚荣的人也应该大大方方去追求他们喜欢的东西，这有什么错呢？人总是说要对别人诚实，其实对自己也要诚实，一个没有缺点、弱点的人，可能会缺乏活力、缺乏俗世生活的滋味。即使有些人既追求名利和成功，又极力否认自己是这样的人，就这么纠结地活着，也没什么不对，这样才有张力。"

《中国诗词大会》亚军

彭敏：诗歌会改变你对命运的看法

文／邝新华、黄素蓉

"古典文化把我变成一个不切实际的人，在现实中容易碰壁，却也给了我一个比别人丰富很多的精神空间，让我能够驰骋天地任逍遥。"

《中国诗词大会》有这么一幕：飞花令环节，董卿笑问守擂的彭敏——要不要试着单挑在座的各路高手？彭敏应允，随后，以行云流水般的节奏，撂倒场上 26 位种子选手。镇定自若、对答如流的表现，给这位北大才子赢得了"背诗机"的称号。

但古典诗词之于他，并不只是背诵而已。相比于崭露头角的中学生武亦姝，34 岁的彭敏读到"少壮能几时，鬓发各已苍"时，已经有了"刻骨铭心的感触"。

他的成长之路带着 80 后乡村学子的印记。对于和古典文化的亲近，彭敏的心态其实有些矛盾，甚至透露着几分"情非得已"。

如今，他明白：诗歌不一定能改变一个人的命运，但诗歌会改变一个人对命运的看法。

喜欢诗词、选择文学，是他"作为一个乡下孩子不得已的选择"。

因为《中国成语大会》《中国诗词大会》小有名气以来，彭敏从不避讳谈论自己成长岁月的拮据。他甚至说，喜欢诗词、选择文学是"作为一个乡下孩子不得已的选择"。

他出生的村庄，无法提供如画画、练字和打乒乓球等课外兴趣培训班，当彭敏开始认识大千世界时，"文学，特别是没有太高门槛的诗词"成为理所当然的途径。他会辛苦攒上几个月的零花钱买一本盗版《唐诗三百首》，会从各处借五花八门的史籍。古文作品成为彭敏想象外部世界的依凭，也成为他最奢侈的娱乐。

对他童年影响最大的是《千古绝唱》，"一个大杂烩"，把唐诗、宋词、元曲、明清小说以及现代散文——不同时代的中国文学经典作品都汇集到一本书里，"给了我一个中国文学的千年全貌"。

在彭敏看来，这也框定了自己"未来几十年的人生走向"："以我的成绩，如果不是因为小时候喜欢文学，我大学会读理工科，现在也会从事技术性工作。但因为小时候读了这些诗词歌赋，后来就学了中文，从事了文学行业。"

人生与爱情，就这样与诗词绑定。南朝女子为寄托相思，来西洲折下一枝梅，寄给远在江北的情郎，这是彭敏最喜欢的情诗《西洲曲》开头的一幕。"我最喜欢情诗里纯粹的儿女情长、缠绵悱恻的部分。"

他的第一首诗作也始于爱情。情窦初开的年纪，心头有思慕已久的女孩，却始终找不到合适的方式来表达爱意。有一天，彭敏看一部叫《日月神侠》的电视剧，男主人公将自己对女主人公的情意写成一首诗。彭敏记得，电视中那首"特别烂的打油诗"是这样写的："天下美女多如云，我心独爱你一人。天长地久有时尽，爱你之情似海深。"

诗特别烂，但从反面启发了不得其法的少年。"古诗词在表达爱情上，比现代诗要给力一点。"彭敏把第一首情诗工整地抄写在日记本上，托一位要好的男同学递过去，始终未能等来女孩的回复。

"也许那位男同学也喜欢那个女生吧。"这是彭敏式自嘲，他的冷笑话，在节目上总能制造出欢乐的效果。去年成语大会，其他人叫他"敏叔"，当年纪更小的选手纷纷选择用古诗词宣誓时，"敏叔"大呼一声："老娘拼了！"

古典文化把人变得不切实际，却也给了比别人丰富许多的精神空间。

在北京大学读研期间，是彭敏古典范儿最快意之时，那时，他能感受到北大里古典文学的传统氛围。当时他还是北大诗词古文社"北社"社长。"我们在一起就会玩酒令，会诗词接龙，就连写情书都用古文，相互之间经常诗词唱和。"

现代社会，喜欢古诗词的人少。"幸好在北大，我们还可以相拥取暖，能有一帮知己聚在一起不容易。"彭敏说，古代文人雅士可以像《兰亭集序》里的王羲之那样"曲水流觞"，但现代文人一般比较寒酸，"我们不可能像那样玩，那是王谢巨富之家，有身份的人才能玩的游戏，我们只能聚在一个小酒馆里你一句我一句，玩下飞花令罢了"。

他最好的几个朋友还是在人大本科因为写诗而认识的。"虽然现在已经没有一个人在写诗，但我们共同的精神纽带还在一起。除了打牌、唱歌、打排球，有时我们在吃饭时会玩诗词接龙。"

朋友圈里的文人雅士，彭敏把他们分为外在和内在两种。前者穿汉服、唐装，品茗，把房间装饰得古色古香；后者写诗词、写书法、画国画、弹古琴。"前者生活在古典范儿之中，后者则亲身参与到古典范儿的创造中去。"后一类在他身边有不少，尤其是一些古典文学博士和研究者，"因为有内在的古典范儿的支撑，他们的外表和言谈也往往给人一种古人的感觉"。

古典范儿有时会跟商业社会格格不入，"古代文人都有一种落落寡合的气质，不愿意做自己不喜欢的事，对世俗的规则会有抵触的心理"。彭敏有过出世与入世的纠结，但现在他看开了。"如果我学了一个热门专业，毕业后找一份赚钱而极度繁忙的工作，我肯定也会时常哀叹生活无趣，想要突围。古典文化于我，也是如此。它把我变成一个不切实际的人，在现实中容易碰壁，却也给了我一个比别人丰富很多的精神空间，让我能够驰骋天地任逍遥。"

人生的各种喜怒哀乐皆浮云，只有时光流逝才算得上大事。

毕业以后，彭敏成为中国作家协会《诗刊》杂志编辑。最近几年兴起的古典文化综艺节目，让他多年积累的才华，得以借着央视，从很小的专业圈子里"飞入寻常百姓家"。

为了准备成语大会，他花了五个月时间啃下《新华成语词典》；为了准备《中国诗词大会》，又花了三个月时间，重温过去学习的上下五千年的古诗词。他把《诗经》《楚辞》《唐诗三百首》《宋词三百首》《千家诗》《毛泽东诗词》，以及散落的名家名作，都整理到一个文档里，"一共有十一万字"。

名气带来很多争议，有人批评这些流行的古典文化综艺节目"没有创作，只是死记硬背"。彭敏经常听到别人转述这些言论，但他认为："任何一个火起来的节目，都应该允许有人去批判和质疑。很多人觉得背诗词不算什么本事，写诗词才算本事，但比赛写诗词是《诗刊》《中华诗词》该做的项目，针对的受众也更加专业化、小圈子化。央视为诗词推广能做的最好的事情就是《中国诗词大会》了。"

彭敏说，背诗词的节目早已有之，河北卫视《中华好诗词》2013年至今已经举办五季，因为不火所以没人去质疑。"质疑者质疑的不是背诗词，而是《中国诗词大会》它凭什么火，这些背诗词的人凭什么火。这质疑里面有种英雄寂寞而竖子成名的不爽。"

"至于诗词教育，我觉得有当然很好，没有也不觉得可惜。因为世上没有一种东西非有不可，人人都有权利选择热爱一样东西，同样有权利忽略一样东西。相关声音不会影响我的生活，我又不是只活在诗词大会里。"

有很多人问彭敏，怎么进入古典诗词世界。他回答，第一要义当然是背诵。
学研究里的艾宾浩斯遗忘曲线，在最容易忘记的时候反复巩固"。

也并不是什么书都要看。"有时候我们在看一名著，心里会想，这是一本名著，我一定要把它看完。但世界上名著千千万，我们永远看不完。诗也一样，世界上有很多名诗，如果你不喜欢，你也没有必要把它背下来。"

背诵之后才可能融会贯通。"诗确实会进入你的灵魂深处，当你在面对生活中一个情境时，一些诗句会油然而生，这种感觉令人陶醉。"彭敏说，"诗歌里有很多人对人生的领悟。有一个诗人说过，诗歌不一定能改变你的命运，但诗歌会改变你对命运的看法。"

工作多年，一帮诗友、好哥们还经常聚会。大学时候，只要兴头来了，一帮人玩到凌晨三四点是家常便饭，但这几年，彭敏感到熬夜心有余而力不足了。"不仅仅我一个人，当年的兄弟们都陷入了这样的体力衰退。"意识到这个念头的一刻，彭敏心头一震，心里浮现"少壮能几时，鬓发各已苍"。年少时他不止一次读过这句诗，但从来没有这样深刻的体会。韶华不再，读起诗来，心里却有了刻骨铭心的感触。

"我越来越体会到，人生的各种喜怒哀乐都只是浮云。相比而言，只有一件大事：时光流逝，我们终将老去并将死亡。年轻的时候，考试成绩不好、工作不顺心、失恋，都会让我们烦恼很久。但今天，当我翻开诗词篇章，里面最大的烦恼是伤春悲秋、时光流逝、岁月难再。"

九大伪古典行为批判

文 / 阿饼

所谓的新发现，可能意味着你根底浅。

一个人或许可以一夜暴富，却不可能一夜之间养成自己的格调。底层或新贵阶层，往往急切地想要摆脱昨日的苍白本色，于是推崇古典就成了一条终南捷径。戴上所谓古典的面具，在种种古风、国学、中式、简欧的符号语境中左右逢源，自以为长袖善舞，殊不知贻笑大方。

"速成古风填词"：不知所云

首先请搞清概念：古风≠中国风≠古典。不要因为喜欢方文山，喜欢游戏的同人歌，就说自己喜欢古典文化或中国风。看看各种古风贴吧——所谓古风，仅仅是拿一堆不讲任何文法的辞藻随意堆砌——什么"残阳暮雪长安白头昔年尘土"，确定不是抓阄组合？倒是有一种快速摸清词作者斤两的方法，就是看能否忍住不用"殇"字。

当然，古风圈友并不同意这个说法，一句"自娱自乐、不喜勿喷"就让别人闭嘴——这一点也不文明，一点也不古典，没看出建安风骨，谈不上汉唐风度。

"古风"作为一种当代流行文化被年轻人喜欢，本身并没有错，就怕更年轻的人错把这种便利的快餐当成集诗词歌赋于一身的饕餮盛宴，从中认识历史和传统文化。对古典文化真有那么热爱，不妨买楚辞汉赋书籍来看，学学古筝、二胡、琵琶、笙箫，何必在无病呻吟的歌词里纸上谈兵？

高端贵气"古典"家具：人傻钱多

在品牌地图炮中，服装品牌偏爱意大利，红酒以法国为尊，快餐祖籍通通是美国，面膜代言人都是长腿欧巴。然而树大招风，打着古典名义圈钱的高端家具品牌"达芬奇"被央视曝光揭了老底。紧接着，类似的"假洋品牌"被脱马甲的事情不断发生——香武仕音响，号称"皇家哥本哈根标志品牌"，产自东莞卢村；欧典地板，广告称"真的很德国"，实际上既不存在德国总部也非德国制造；施恩奶粉，号称"100%进口奶源"，调查发现真正奶源地在黑龙江和山西……

但有多少人为"达·芬奇"30万一张的床掏了腰包？一种典型心态是有钱就应该用洋品牌，还得是高端大气上档次、低调奢华有内涵的洋品牌。低调是假，高价是真。当越来越多的人陷入对伪古典风格家具品牌的痴迷中时，精明的商家制造一些"陷阱"也就在所难免了。

"欧洲宫廷风"装修：国际笑话

大多数新鲜事物都是顶层社会先接受，然后普通民众再学习接受的，比如象征着奢华富贵的欧洲古典宫廷装修风格，进入中国寻常百姓家，倍儿显门面、上档次。这种审美甚至成了一个闭合循环：大多数人的审美取向一致—开发商做市场调研后决定产品类型—迎合多数人的偏好—销量上升—更多人趋之若鹜……

但很多业主压根儿不了解也不想了解，这些设计对天花板、地板、墙柱、家具、布艺，包括装饰物等一系列的搭配，要求其实极为讲究。比如，要忍住别给家用电器戴上保护套，戴也别选碎花、卡通、动物图案或蕾丝的；客厅吊顶别装七彩霓虹灯，也别在房间里贴墙纸加软包，不然，夜幕降临，灯红酒绿，五光十色，绚丽无比……最后，所谓原装欧式古典，都入乡随俗进行过"本土化改造"。噢，此处应尬舞《劲爆迪斯科舞曲串烧》。

形形色色"国学"培训：南辕北辙

任何"国"字辈儿的东西都是博大精深，更何况包含了古汉语、文献学、博物馆学、图书馆学、考古学、哲学等十几个专业的国学。平时无人问津，一热起来就跟传销一样，一代代学人的思考、辩论、砥砺、传承、变革、书写，最后被缩水和偷换成"国学大师"的畅销书。一时间，人人背完《弟子规》又背《逍遥游》，觉得自己很古典范儿、很仙气儿，觉得从此少年强而中国强了；而那些大热天还穿长袍假装民国范儿的民科、职业骗子、鸡汤厨子、培训老湿、神棍等人群，也赚得盆满钵满。

中国几千年来的学术，各家各派，百花齐放。古代做学问的人，道不同不相为谋；而现代生意人把它们一股脑儿包装成"国学"出售。

高级会所、沙龙：文化口红

真正有钱有身份有地位的人，是不会去什么"高级私人会所"的。如果有需要，他们会在"西湖边上建个自己喜欢的禅院"，会在"长城脚下建个属于自己的公社"。他们在里面喝茶、焚香、冥想、把玩古董，顺便谈几桩"小生意"。

古时候"爷"们是啥样的，今天也差不离。比方许多外国友人点名要来的"北京中国会"，就在清朝亲王的宅第里，青砖灰瓦、雕梁画栋、宫灯古槐，保留了康熙二十四子府邸静默而斑驳的原貌，让人恍如回到当年皇家金盏玉碗的古意中。这里的会员经常说："中国会的一切都是古董，只有人是新的。"上海名流富人爱去的"九间堂会馆"由日本著名后现代建筑大师矶崎新操刀，却也强调中式设计，营造一个象征永恒的风格，毕竟，长生不老是历代权贵的共同愿望。

东搬西抄"汉服热"：假装是仙女

花样少女身穿抹胸，拿着团扇，露出温婉笑容，独自荡舟湖上，一边 45°仰望天空，一边做吟诗状，中场捧出一把做旧古琴，弹一曲《死了都要爱》……此时，请写真摄影师务必跟上客人的表情节奏，按下连拍快门。

本来是挺赏心悦目的一幕，偏偏有人要赋予其"复兴传统文化""提升民族精神"的历史重任。汉服表示：臣妾做不到啊！说句大实话，那些时代久远的高度复古的周制、汉制服饰，在当时都是贵族专用，一般人一般场合镇不住。即便是唐宋以后的平民款式也很讲究，不谈文化背景，光是昂贵繁复的工艺造价就限制了汉服只能成为一种礼服或少数人的玩物，何况还需发型、妆面、饰品和鞋子的整体搭配——别随便拿影楼、cosplay或自己改良的廉价款假装仙女。

"你若安好便是晴天"：无病呻吟伪才女

林徽因，好好的一位女建筑师，被从"电视诗歌散文"和大众读物出身的鸡汤作家给毁了——在某"才女"的《你若安好便是晴天：林徽因传》里，林徽因是一个一辈子心里有初恋（徐志摩）的矫情绿茶婊。而这位现代才女还毁人不倦，书名连起来可以绕地球一周：《世间所有相遇都是久别重逢》《因为懂得，所以慈悲》《岁月静好现世安稳》《你是锦瑟我为流年》……另一位才女安意如也不甘示弱，专业扩写古诗词一百年：《人生若只如初见》《陌上花开缓缓归》《当时只道是寻常》……安妮宝贝和郭敬明都没有那么矫情。

格局有限不是女作家们的错，但乌合之众捧杀了那些句子。鸡汤拥趸们太过容易的陶醉和太过廉价的感动，拉低了古典诗词鉴赏的底线。来，说说你的QQ签名是哪一条？

修行是个筐，事事往里装

这是一个戴手串取代戴大金链的时代，这是一个"修行""供养""放生"与"共享经济""KPI""天使基金"并存的时代，这是一个可以在线查询"藏传佛教活佛"辨真伪的时代，这是一个因为"断舍离"所以又可以"买买买"的时代，这是一个某天傍晚不饿就"过午不食"结果半夜猛吃夜宵的时代，这是一个关闭朋友圈两小时不到就以春晚开场白"朋友们我想死你们了"回归的时代，这是一个参加禅修营只为混人脉结果却被神棍坑钱的时代……喝茶是修行，跑步是修行，单身是修行，做家务是修行，关闭朋友圈是修行，轻断食是修行……当代修行，不过是借助需要投入时间以及精力的各类时髦活动，寻求心灵上的净化而多半以失败告终的一种行为。

哪来那么多"匠人""匠心"

自从被打上政治正确的标签，各行各业不管原来干什么的都变得"工匠"了起来。国产文娱节目念诗读信了，做手机的讲工艺了，卖烧饼的讲情怀了，连隔壁大妈家的保姆最近也开始"择一事终一生"了——一颗匠心，带好每一个孩子。

就怕这只是一场表面的繁荣，正如荷尔德林诗中的低吟："哪里有危险，哪里就生拯救。"匠人从心所欲、专注所爱的生活方式，正是在欲望和焦虑中挣扎的青年所向往的，如痴如醉的观看背后，是心向往之和求而不得。不管是一二线的文艺青年，还是三四线的小镇青年，"逼格"已经成为新刚需。我们越来越重视那些符号性的元素：它们是属于什么风格什么流派的，够不够纯正和正宗，真的是纯手工制作吗？而不是它们带给自己的直接感受：味道真好，用着真舒服。

古典范儿养成指南

文 / 谭山山

所谓"古典范儿"，并不体现在穿汉服或长袍马褂上，而是某种程度的"不合时宜"，在今天这个快时代保持自己的步调和节奏，并且内心笃定。

自律和克制

建筑师王澍说他当年去同济大学读博士，是因为觉得生活需要更自律。"你像学生一样更加井井有条，会整理，你的心会更平静。"

按自然的节律生活

不要熬夜，像古人那样日出而作，日落而息；按自然的节律生活，比如吃应时的食物、什么季节做什么事（像日本人夏天必放花火）。这样，你自然就慢下来了。

做大时代边上的浅唱者

李健自谦为"在大时代边上浅唱的歌手"，很多人喜欢他的理由，就在于他的"慢"，他的"清澈"，他的"自在"，他的"讲究"，他的"坚持"。

腹有诗书气自华

进行大量的、有益的阅读。"腹有诗书气自华"的意思是，你读过的东西，会化为养分，充实你的内心，塑造你的三观，升华你的气质。

不读死书

检验一个人是不是真读书，就看他 / 她对书中的篇章段落、细节能否信手拈来。作家亦舒说自己当年和金庸诸才子聚会，谈及《红楼梦》时总会互相考校一些刁钻问题，如"梨香院十二个女伶分别叫什么名字""宝玉是二爷，那么谁是大爷"，等等。

懂一点版本学

亦舒甚为推崇"戚本大字版《石头记》"，即乾隆年间由戚蓼生收藏并作序的版本，虽然今人看到的多是影印本，但仍能从其版式、字体中体味质感。最好也懂一些关于线装书、毛边书的知识，可以买一点毛边书，体会自己慢慢裁开书页的乐趣。

做一个知道分子

读过《诗经》，就知道屠呦呦的名字来自"呦呦鹿鸣，食野之苹"，木婉清的名字则来自"有美一人，婉如清扬"；读过两汉乐府诗，就知道琼瑶奶奶在《还珠格格》里把"山无陵"写成"山无棱"是个可怕的错误。

读一点诗

古今中外的诗歌都行，比如卞之琳的"友人带来了雪意和五点钟"，佩索阿的"我的心略大于整个宇宙"。海德格尔说，"诗意是栖居的根本"，有了诗意，人就保持了性灵。

参加一个读书会

也可以是小型的摄影分享会、文艺沙龙之类的，那种找到同道者的喜悦，以及开诚布公的讨论所带来的久违的温暖和密切之感，会让人感觉幸福。

不妨写写信

正如诗人翟永明的诗句——"在古代，我只能这样 / 给你写信，并不知道 / 我们下一次 / 会在哪里见面"，不妨学一学古人，提笔写一封信。哪怕像电影《情书》中的藤井树一样，问候一句"很久不见，你还好吗"也行啊。

像鲁迅那样讲情趣

鲁迅先生生前写信时喜欢用精心收集来的笺纸，以示对通信这件事的郑重其事和对收信人的尊重。他还和郑振铎合作，编了一本《北平笺谱》。学者王得后评价说，这是"一种稳定的情趣与文化涵养"。

写一手好字

把字写好没有秘诀，熟能生巧而已，据说书法大家赵孟𫖯每天要写一万字以上，所以他把书法写成了艺术。今天我们肯定做不到，但至少也要抽时间练字，不然手就生了。

拥有至少一支钢笔

如果说马克笔、圆珠笔是笔具中的休闲装，那么钢笔就是正装，总得备着。用钢笔（什么牌子其实无所谓）写字，会有一种自然而然就认真起来的姿态。

听古典音乐

《三联生活周刊》前主编朱伟酷爱古典音乐，虽然他没有学过专业的乐理知识，不会乐器，亦无耐心学谱，但听的念头多了，从一个作品知道另一个作品，从一个作曲家知道另一个作曲家，天长日久，也就成了"资深"爱乐者。

看歌剧

语言并不是问题，事先做好功课了解情节，歌词有字幕呢；着装也并不是问题，英国国家歌剧院（ENO）就表示，歌剧院的大门向所有人敞开，既欢迎盛装礼服，也欢迎牛仔裤运动鞋。

学古琴

上世纪 60 年代，当时还是瑞典留学生的林西莉成为北京古琴研究会第一位也是唯一一位学员。通过学习古琴，她打开了通向神秘的中国文化的大门。今天学习古琴、古筝等乐器，最好有点文化底子，学得会更快。

看英剧

在影视剧鄙视链中，制作严谨的英剧一直处于比较高的地位。《唐顿庄园》能播到第六季，就说明英伦古典范儿有多受追捧。

不为外物所役

你拥有物质的方式决定了你是什么样的人。那种一件大衣穿了 20 年（看得出岁月的痕迹，但保养上佳，极其熨帖）、有一个朴实无华但舒适的家的人，才是难得的老派绅士。

学习如何做绅士

一两百年前的欧洲人把古罗马哲学家西塞罗的《论责任》视为绅士教育教科书，因为它告诉他们，生而为人，应当承担哪些责任；要成为绅士，又该如何追求高尚。

保持自己的步调

一手打造路易威登集团（LVMH）的亨利·拉卡米耶说"我有的是时间，我会按我的节奏来"；爱马仕品牌的调香师让 – 克劳德·艾雷纳也说自己"有的是时间来创作一款香水"。在一切都进行得太快的世界保持自己的步调，这很古典。

衣着中的古意

日本生活家松浦弥太郎说，要想让衣服契合自己的身体，至少要穿用两年。到了第三年的某一天，你会突然觉得这件衣服好像吸附在身体上一样贴合。"质量上乘的衣服穿旧了之后，自然而然生出一种盎然古意。"

保持有型

在涨鼓鼓的羽绒外套和轻、暖、款式经典、做工扎实的羊毛大衣之间，当然选后者。松浦弥太郎甚至说，只要生活在都市，就不需要能抵抗冰点以下气候的衣物，所以他无论如何都不喜欢羽绒外套那种东西。

向古人学习精致地生活

《红楼梦》第八回，描述薛宝钗家常穿着"蜜合色棉袄，玫瑰紫二色金银鼠比肩褂，葱黄绫绵裙"，"一色半新不旧，看去不觉奢华"；第四十回，贾母看到潇湘馆的窗纱旧了，让凤姐儿找出银红色"软烟罗"（又称"霞影纱"）来换上——这都是古人生活的精致之处。

随身带手帕

随身带一条干净的、熨烫平整的、优美的手帕，就像电影《实习生》中罗伯特·德尼罗扮演的老派绅士所说："使用它的最好理由就是把它借出去。女人会哭啊，你就可以把手帕递给她们。这是仅存的绅士风度之一了。"

好东西不怕等

爱马仕总裁克里斯蒂安·布朗卡特讲过一个玫瑰色鳄鱼皮手袋的故事：多年来，它一直待在货架上无人问津，直到有一天，一位女士看中了它，说要"找回我的梦"。有价值的东西不怕等待。

一个人时也要讲究

有一部记录芭蕾舞者生活状态的纪录片，片中的舞者，哪怕粗茶淡饭，用餐时仍然坚持桌布整洁、装盘考究，完全像坐在高级餐厅里一样端庄优雅地享用。在别人看不见的地方也要花心思，这种姿态既超脱又美好。

为当下而活

日本作家浅井了意如此描述江户时代颓废派"为当下而活"的生活哲学:"赏月,赏雪,赏樱,赏枫,唱歌,饮酒,恍恍惚惚,解闷作乐,不在乎前途茫茫,贫穷近在眼前。逍遥自在而无忧无虑,犹如一只随波逐流的葫芦。"

像谷崎润一郎那样复古

在《阴翳礼赞》中,谷崎润一郎将东西方文化进行对比、玩味之后,最终捍卫了日本的老派作风。他告别西化的东京,搬到古旧的大阪,还穿起了和服。他喜欢"泛着古色古香的光泽,带着晦浊的光芒"的古物,一如他捍卫的老日本。

像彼特拉克那样沉迷于"古典"

14 世纪意大利诗人、文艺复兴先驱彼特拉克沉迷古典的表现在于:搜集罗马古钱,四处探访古代遗迹,写信给久已作古的古典偶像如西塞罗、塞内卡等。

掌握一些历史冷知识

比如,路易十四把传统的"皇家起床式"演绎成长达一个半小时、有逾百人围观的浮夸个人表演。也应该听得懂一些中世纪冷笑话,具体请参考耶鲁大学历史学博士伊丽莎白·阿奇柏德的《餐桌上的中世纪冷笑话》一书。

不是在博物馆,就是在去博物馆的路上

可以去博物馆与古人对话,见识他们的智慧与可爱。而且,博物馆要求你屏息静气,不可高声喧哗,让你的举止不由得优雅起来。

去看月光下的斗兽场

歌德于 1787 年造访古罗马斗兽场。他写道:"在罗马月下散步之美,未曾亲眼目睹的人无从想象。""月光下的斗兽场"一直是文人墨客阐发的意象,亨利·詹姆斯在小说《黛西·米勒》中让女主人公如此说道:"嗯,我看过月光下的斗兽场了!这是一件好事呀!"

掌握清谈的艺术

古希腊学者阿忒纳乌斯著有《晚宴清谈家》，记录 3 世纪初时的桌边谈话。文艺复兴时期，意大利人重拾希腊人的传统，出了《礼节》一书，推崇谈话的艺术。风雅清谈的最大禁忌，就是一言不发。

在饮茶中体味仪式感

生活中需要仪式感。就像《小王子》中小狐狸对小王子说，如果约了下午 4 点见面，那从 3 点开始就会感觉很快乐；但"如果你随便什么时候来，我就不知道在什么时候准备好迎接你的心情了"，所以，"要有一定的仪式"。

不用社交媒体

有限的时间应该用在更有意义的事物上，而不是频频被朋友圈消息（还有红包）打乱你的节奏。其实不用手机也不会有太大影响，学者葛剑雄就是至今不用手机的人。

不使用网络词汇

对于有语言洁癖的人来说，"小鲜肉""傻 ×""草泥马"这类网络词汇，并不代表与时俱进，而是一种对语言的冒犯。

别看了节目就摁着孩子背古诗

文 / 李树波

有家长说，我们要的就是审美固化！我们要的就是孩子看到落叶就说"无边落木萧萧下，不尽长江滚滚来"！不过，这显示的是家长的境界，并不是孩子的水平。

在《中国诗词大会》中，参赛选手各种诗词信手拈来，加之其中不乏内外兼修的小姑娘，让这档电视节目一下子就火了。众家长摩拳擦掌，觉得诗词能提升孩子的气质，令孩子变得博学，对摁着孩子背诵古诗词这事犹如打了鸡血般磨刀霍霍。

冷静！本质上，这是一个是否听任益智类电视节目引领文化和教育潮流的问题。上世纪八九十年代，中学生智力竞赛节目很火，从中央台到地方台都在办，各个学校也纷纷选拔种子选手参赛。其实那只是一种百科知识竞赛，也就是英语里的 trivia game 或 quiz，考点以杂碎而无关紧要的冷知识为主，和智力无关，火了一阵之后，大家就慢慢失去了兴趣。

太阳下没有新鲜事，成语大会、诗词大会是这个类型的新变体，看起来很益智、学了很多知识，本质还是喜闻乐见的民间娱乐。民间看一个人是否有才华，只看你能否在大庭广众下把对方砍下马来。古代比试才华的最低门槛是作对制联，现代电视里这样难免冷场，只好比机械记忆。

几千年过去，如今诗歌在教育中的地位从入门之根本退到了锦上添的花。

人们因为对中国古代文化不太了解，有距离感，所以总有种挥之不去的神秘感，也因为神秘就有了很多不切实际的幻想，比如诗词背多了就可以"腹有诗书气自华"——别人张嘴就大白话，你张嘴就是诗词，多么有气质！

诗词真能提升人的气质吗？

中国人对诗的迷信，孔子说得明白。儿子鲤见他就低头贴墙根走，他问：你学诗了没有？儿子说：没有。孔子说：不学诗，无以言。这里的诗指《诗经》。《诗经》就是当时的朝野文化大全，里面有各国风俗民情、历史掌故、战争外交、针砭贤愚，不学诗都没法和士大夫阶层交谈。

几千年过去了，社会改变了，诗歌在教育中的地位也从入门之根本退到了锦上添的花。中国当代作家背诗词最多、在作品里使用最频繁的，非琼瑶莫属。古代诗词和琼瑶作品之间的关系，就是兰花装饰的一盘炸虾片，兰花铺得再多，虾片也依然是虾片啊。气质的内核是思考能力和价值观。阅读思考和逻辑是骨肉，文章辞藻是皮毛。搞不懂这一点，抄了整本精美诗词，作文也不算入门。

背了很多诗词的人，作起诗词来未必好。这是什么原因呢？看看中国古代文学史沿革，从唐朝到清朝，文化遗产和文化创造力并不成正比。唐人相对来说文化遗产较少，他们对先秦散文的奇绝瑰丽、两汉辞赋的铺张扬厉、六朝歌谣的华艳风致，采取的是一种扬弃的态度。他们另起炉灶，不屑用典，多用自己的眼睛去观察、去感受，所以清新可喜，直入心扉。用现在的话来说，唐代的教育结构最符合"开放原则"：科举制未发展完全，文化是精神的盛宴而非心灵的包袱，诗词是创作的媒介而不是复述的材料。有才与否，不看你的背诵能力，而在于能不能随心应景制新诗。

"熟读唐诗三百首，不会作诗也会吟"，是这样的吗？看看诗歌自晚唐到两宋、明清，每况愈下，就知道这话不过是哄人的。宋、明、清的诗药味、尘味渐浓，水准越写越低，一大原因也是脑袋里塞的东西太多，窠臼泛滥，要不落俗套也难。背得太多还可能造成审美固化。所谓审美固化，就是你看一个东西，脑袋里就自动跳出来一段前人的话，且前人说得比你好好多倍，你这一刻的体验，就被别人的表达定义了。于是出现一种次文化活动：集句。集句者，集前人之成句而成的"作品"，古来皆有，晋代人集《诗经》，王安石集《胡笳十八拍》，文天祥集杜甫，汤显祖集唐诗，冰心集龚定庵。这是百里挑一能写也能集的，剩下 99% 写不出诗的，集句则可表明咱也认得几个字。明末清初和晚清改朝换代之际，诗人辈出，痛楚沉着，泼辣接地气。而现代堪称旧体诗第一人的聂绀弩更是以血为墨，最大限度地抛开了因袭和套路。

有家长说，我们要的就是审美固化！我们要的就是孩子看到落叶就说"无边落木萧萧下，不尽长江滚滚来"！不过，这显示的是家长的境界，并不是孩子的水平。

你会说：这叫思通千古，融入了古人壮阔的精神世界。那么请听听写了 17 本关于儿童创造性和审美的专著（其中还有再版 10 次的）的专家、杜克大学教授玛丽·马耶斯基的话："如果教师指出美给儿童看见，那并不利于培养儿童审美感觉的发展。他们只是在鼓励统一和顺从。儿童只有在能自行选择、自做评价时才能真正发展他们的审美感觉。所有创造性儿童美育最重要的基础，就是让孩子们能无所顾忌地说出他们关于艺术的意见、态度和见解。"这个艺术，我觉得也可以包括文学和诗歌。在孩子具备了批评的能力、八九岁的年纪时，再让他们自己选择去接触、消化诗词之美。

与其谈培养记忆力的黄金时段，不如说读诗的黄金时段。

背诵对于"文化"来说是好的。为了自身的传播，获得更多寄主，施教者当然希望文化越早进入寄主的心灵越好。

但是背诵对"孩子"来说是不好的。首先，一味强调背诵和复述的教育结构，有可能造成一种文化偏向：这个是最好的，所以我背这个；因为我背了这个，它就是最好的。这种自我肯定的循环对小孩的心智发展是不利的。世界上还有很多好东西呢，并不是只有你会背的才是最好的。在这种情况下，孩子会形成的气质，说得好听一点就是自命清高，说得不好听一点就是"偏执""唯我独尊"。

其次，背诵未必有用。说的不是功利之用，而是能否形成有效记忆之用。对记忆的科学研究告诉我们，记忆建筑在对自身认知之上——只有和我们相关的那部分信息才会沉淀下来，变成长期记忆。大量儿童读物和教材都用了很多篇幅来创造知识点与孩子们的相关性。只强调复述的背诵可能只给孩子留下一个依稀的印记，未必形成长期记忆。

家长普遍关注的一件事，是记忆力的黄金时段。这也是缺乏科学依据的。人的记忆力在 25 岁达到巅峰，之后就慢慢衰退。也就是说，童年大量的背诵，并不能延缓记忆机能在 25 岁以后的衰减。但是，记忆是一门竞技运动，有世界排名的。记忆大师们有自己的训练方法，他们把记忆点挂靠在有形、有结构的方位想象里——也就是自己的记忆宫殿，就能永久收藏，迅速定位。

我们要相信科学。用科学的记忆方法可以更好、更快地背诵古诗词，死记硬背古诗词并不是提高记忆力的科学方法。

与其谈培养记忆力的黄金时段，不如说读诗的黄金时段。很多人说，真正对古诗词有感是进入青少年以后的阶段。这就对了。唐宋大家年轻的时候忙着取仕谋生，等有了闲情逸致才写诗，写出名篇时，大多已步入中年。

"江州司马青衫湿"和"洛阳访才子，江岭作流人"里的官场失意和人生莫测，需要有了一些背景知识后，才能产生同情和理解；而"大道直如发，春来佳气多"，十一二岁的少年人更能领会那不问青红皂白的好心情。

"知道"是好的，"知道主义"是不好的。

学诗好不好？开蒙的时候学一些讲究韵律的东西，比如儿歌（各国文学里都有给孩子读的韵律歌谣），真是朗朗上口，便于传诵和记忆。

与其逼着孩子背诗，不如让孩子学一些诗词的规律，比如对仗、平仄和简单的格律，鼓励孩子学着作诗。教会他们规则，然后玩文字游戏。在英语国家的小学一二年级，并没有让孩子去背莎士比亚，而是让他们学押韵规律和技巧，尝试作诗。只要写出来的是孩子自己感受的，就挺好。

上了小学高年级和初中，学文学了，可以把诗放在文学赏析的长河里来学。不光是历史背景，器物的背景也要了解。"床前明月光"的"床"是什么，要跟孩子讲胡床和井床的区别，那就说来话长啦，就好像你要推销一碟醋，还得买整只螃蟹来配。

版本的选择很重要。要学就从《千家诗》开始，最好是三民书局邱燮友、刘正浩注译的版本，每首标明平仄，讲解、翻译简明扼要。

总之，教育要"避免肤浅地知道"。不是说我会背这首诗、我会用这个典，就有文化上的优越感。"知道"是好的，"知道主义"是不好的。把知道当作"知识"，是一种畸形。教育要鼓励求知、求真和求实。"求知"就是你不知道的东西你想知道，"求真"就是模棱两可的东西你想知道一个确定的结果，"求实"就是分辨真伪。我们应该看重"求"的行为、精神和方法，而不是背诵别人提供好的"知""真""实"。

我不反对背诗，但是反对鼓吹背诗的作用，更反对把它变成一种默认的教育规范。

爱背古诗词也好，爱科学小知识也好，爱画画也好，教育最好的办法就是：熏。

不管中国的诗还是西方的诗，它们好比"盐"。盐让生活有味道，但量不能太大。

首先要避免独沽一味的倾向：盐好，所以糖不好，从今天起我们只吃咸的。"盐"再怎么好、再怎么重要，得在一个健康的膳食结构里才能发挥作用。教育本身要均衡，要正确认知古诗词在文科教育、文化教育、身心教育里的合适比例。

其次，要尊重孩子的口味偏好。孔子说要因材施教，有的孩子对文字敏感，有的孩子对诗歌就是没兴趣。强迫大家都背就不好了。背不背诗，应该是可选项。

爱背古诗词也好，爱科学小知识也好，爱画画也好，教育最好的办法就是：熏。重视文化的人家，大量书籍在那摆着，小孩儿觉得什么好，就去自己翻看，自然耳濡目染，兴趣是最好的老师。

教育要科学，要按照科学的规律来，不能脑袋发热盲目跟风。

现在强调要重建文化的根。根，是一个有生命的东西，要按照"以人为本"的原则，观照当下的文化生态，尊重孩子自身的需求，从里往外往深里找；而不是拿来一段老木头，就说是咱们的根。

对于担负教育责任的我们来说，核心就是要厘清一件事情：文化如何才能不是包袱。让孩子背了这个背那个，就变成柳宗元所说的蝜，见什么就往自己身上背什么，最后会把自己压垮的哟。

什么样的古典范儿最迷人

文 / 陈艳涛

古典范儿没有时代性，甚至没有地域性。无论放在彼时还是今天，放在太湖还是伦敦，都一样魅力四射。

作家林语堂称《浮生六记》里的芸娘是"中国文学及中国历史上一个最可爱的女人"。他在《浮生六记》的英译本序中说："你想谁不愿意和她夫妇，背着翁姑，偷往太湖，看她观玩洋洋万顷的湖水，而叹天地之宽，或者同她在万年桥去赏月？而且假使她生在英国，谁不愿意陪她去参观伦敦博物院，看她狂喜坠

茶道

泪玩摩中世纪的彩金钞本？"

芸娘的这种"可爱"，就是一种古典范儿，没有时代性，甚至没有地域性。无论放在彼时还是今天，放在太湖还是伦敦，都一样魅力四射。

到底什么才算是古典范儿？

古典范儿是一种情趣。

在林语堂看来，芸娘是因情趣而可爱。她邀月畅饮，联句遣怀；她发明了"活花屏"：在花架子上种扁豆，让枝蔓盘延屏上，夏时透风蔽日，恍如绿荫满窗。她用旧竹帘做平台栏杆，既节俭又雅致。她将茶叶放到纱囊中，置荷花花心，荷花晚含而晓放，次日清早取出，烹天泉水泡之，香韵尤绝。她和丈夫呼朋唤友恣情畅饮，联诗作画，喝到没有酒钱的时候"拔钗沽酒，不动声色"。她把生活过成了艺术，有声有色，有滋有味。

《红楼梦》里不识多少字的贾母也颇有生活情趣，她会吃、懂茶，爱热闹、爱说笑，她让黛玉以银红窗纱来衬托潇湘馆外的翠竹，她送给宝钗四样东西——石头盆景、纱桌屏、墨烟冻石鼎、水墨字画白绫帐，来冲淡她住处的寒素之气，这几样东西高雅古朴，简约大气，让宝钗"雪洞一样"的屋子顿时有了灵气。

贾母喜欢被年轻人围绕，玩也玩得雅致有品位，她时时花样翻新，猜谜语，说酒令，赏花弄月，各有精彩。元宵家宴，贾母让芳官清唱，只用箫伴奏。中秋赏月又提议"如此好月，不能不闻笛"，还说"音乐多了，反失雅致，只用吹笛的远远吹起来就够了"，"须得拣那曲谱越慢的吹来越好"。明月清风之下，天空地净，笛声清越悠扬，从远处的桂花树下传来，让众人杂念顿消，物我两忘。

古典范儿是一种武器。

有古典范儿的人大多是性情中人，情之深者更易被世事的粗粝所伤。但情深又是一种武器，可以用来抵挡世事变幻和风雨无常。

清代文人归庄以"古风妻似友"这五个字道出了中国文人最理想的夫妻关系。李清照和赵明诚这种可以对酒吟诗、猜书斗茶的夫妻是典范。对沈复而言，芸娘就亦妻亦友，是亲密爱人，也是灵魂伴侣。归庄自己，也有着很幸福的婚姻。他的书房门上有联云："一身寄安乐之窝，妻太聪明夫太怪；四境接幽冥之宅，人何寥落鬼何多！"（《归庄门符》）——他对妻子的欣赏和他们夫妇相处的谐趣跃然联上。在现代，钱锺书、杨绛那样的夫妻，也是这种意义上的神仙眷侣。他们甚至愿意退出时代的、社会的大舞台，躲进一家三口的堡垒里，自成一统，有自己的学术事业，有属于一家人的小情趣，甚至属于他们自己的语言系统。

这些人的共同点是无论外面的世界如何，都能有自己的一个天地、一份情趣。如余光中的《伞盟》：如果死亡是一场黑雨凄凄 / 幸而我还有一段爱情 / 一把古典的小雨伞 / 撑开一圈柔红的气氛 / 而无论是用什么做成 / 用绯色的氛围或橙色的光晕 / 愿你与我做共伞的人 / 伴我涉过湿冷的雨地 / 如果夜是青雨淋淋 / 如果死亡是黑雨凄凄 / 如果我立在雨地上 / 等你撑伞来迎接 / 等你。

古典范儿是一种不合时宜。

他们不懂得与时俱进，无论时代如何演进，科技如何日新月异，他们都保持一种钝感，活在自己的时间和生活方式里。就像台湾著名作家舒国治，"他的人就走在他自己的文字里，闲散淡泊，品味独具"（梁文道）。在互联网时代里，舒国治坚持一种"家徒四壁"的生活，不用微信、没有微博、不装冷气，很少接受媒体采访，写文章不用电脑，手写再传真给编辑。他的理想生活是"容身于瓦顶泥墙房舍中，一楼二楼不碍，不乘电梯，不求在家中登高望景，顾盼纵目"，"穿衣惟布。夏着单衫，冬则棉袍……件数稀少，常换常涤，不惟够用，亦便贮放，不占家中箱柜，正令居室空净，心不寄事也"。

舒国治并非井底之蛙。他曾在美国游历七年之久，归来之后却变得更古老也更中国。他的人生哲学是"流浪的艺术"，就是用尽所有姿势，享受旅途中的孤寂与满足，去千山万水熬时度日，不受人生种种羁绊与干扰。读者称其为"终身的晃悠者"。而他大半辈子所过的生活，正是多少文艺青年心心念念想达到的自由境界。

古典范儿是一种远离。远离权力，远离主流，远离庙堂。

合肥的张武龄家是中国近代史上的名门，张家四姐妹被称作"最后的大家闺秀"，在中国近代史上的知名度仅次于"宋氏三姐妹"。然而与宋氏不同的是，合肥四姐妹远离权力和政治，分别嫁给了著名昆曲演员顾传玠、语言学家周有光、文学家沈从文和德裔美籍汉学家傅汉思。作家董桥认为"张家四姐妹是当代中国大家闺秀的典范，境遇也许各异，吉凶祸福中流露的却始终是书香门第贞静的教养"。但作家杨早不认同这个说法，他觉得在传统文化中，大家闺秀最重要的特质是守礼，而张家四姐妹嫁的人在当时社会中全都是"非主流"。比如作为昆曲演员的顾传玠，当时优伶地位低下；沈从文则没有任何学历，与张兆和当时还是师生关系，两人的婚姻非常大胆；四姐张充和直接嫁了老外——德裔美籍汉学家傅汉思。合肥四姐妹没有在政界呼风唤雨，也没有在商界叱咤风云，甚至不是社交界的所谓名媛。但她们有着很好的艺术修养，都找到了自己专业上的归宿，如昆曲、文学、书法等，一生平凡而丰富。

古典范儿是一种情绪，有点感伤，但更多的，是一种笃定和坚持。

英剧《唐顿庄园》将两次世界大战放在了剧中，一战以后，日不落帝国已是几度夕阳红，新世界带着不可扭转的势头直逼而来，罗伯特伯爵和他的母亲依然想努力维系贵族世界的秩序，可惜时代的脚步谁都无法阻挡，伯爵投资失败，即将失去唐顿庄园的时候，来自美国的外婆上场了。她像个暴发户一般出现在庄园的门前，言辞犀利，思想前卫，她一直强调"The world has changed"。虽然她想帮助唐顿的家人，但她不会再为唐顿投入钱财，她希望唐顿人能适应新时代。这个美国富婆出现的一个很重要的作用，是衬托英国贵族精神，既用她的彪悍无理衬托她们的优雅，也用她的强悍生命力衬托她们的无用和过时。美国老太太和英国老妇人斗法时，她们身后是上个世纪初期欣欣向荣的美帝国和渐渐日暮的大英帝国。

但我们仍然热爱那个英国老夫人，在保留传统与适应时代的冲突背景下，更突出了老夫人所代表的英式文化的丰富厚重。在每一个时代来临，每一个变故发生时，老太太都有符合她价值观和性格的反应，或强硬，或无奈，或变通，世事洞明又固执保守，睿智清醒又温暖可爱。她是唐顿庄园的定海神针，也是某种英式古典范儿的捍卫者及代言人。正因为我们知道她行将日暮，所以更平添了一份感伤和珍惜。

新周刊
NEW WEEKLY
2017 年度佳作

越读越性感

香港出生的艺术家 Andrea Wan 创作的插画作品

你不需要去迎合这个世界，你可以自己创造一个世界。

这是写作的神奇力量。

经由阅读，我们也能去往神奇之地，抵达任何一个理想栖息地。

让玛丽莲·梦露最性感的不是全身只剩下钻石和香水，而是她捧读《尤利西斯》的样子。

歌手李健最让人疯狂的，是他带了莱昂纳德·科恩的诗集《渴望之书》上台演出。

阿什顿·库彻说：聪明是这个世界上最性感的事情。而深度阅读是接近智慧的过程。

在人人都因疾驰而无暇的互联网时代，阅读，是这个世界上最性感的事情。

阅读，能把生活中的寂寞，转换成巨大享受的时刻。

阅读，能让你穿越时空和国界，随时随地感受另一种人生。

阅读，能让你站在巨人的肩膀上，多少人类的经验都成为你生命的延展。

阅读，能为你"筑起一个避难所，几乎可以避开生命中所有的灾难"。

阅读，能让你拥有深沉而持久的乐趣，让生活更丰富、更充实而圆满。

阅读是知音者共有的灵魂密码，是活着的另一种意义，是天涯若比邻，是孤独者的心灵慰藉，在生命的每个阶段让你与这个世界和解。

世事纷乱，但阅读者清醒。

时代越是速朽，阅读者越能保持从容和安全感。

阅读，是最低价最保值的投资，是最好的化妆品，最深层地改变着你的容颜和气质。

在无边的书海里，在无涯的时间里，去读书吧！

越读越从容，越读越性感。

阅读是生命的化妆

文 / 孙琳琳

你不读书依然游走自如、顾盼生姿，但那些高明的见识、思辨的乐趣、神交的文明、精神愉悦的高潮体验，通通与你无关。

不读书死不了人。

不读书，你照样可以刷微博、微信、公众号。你被早安帖、晚安帖闪闪发光的句子惊艳到，你被公众号文章一套一套的说辞打动，你转发、点赞、收藏，然而你收藏的只是小编们从经典书籍的瀚海中舀出来的点滴。那些让你惊艳的句子和说辞，在经典书籍里密集排列着，还有成千上万躺在图书馆里、书店里，然而你不知道，你永远无法亲手打捞那些好东西。

诺贝尔文学奖得主大江健三郎，专门写过一本《读书人》来教人读书——他自认不仅是一个作家，更是一个花半生来阅读的人。而他人生阅读的起点，是 9 岁时母亲让他读的鲁迅作品。2006 年，大江健三郎来华访问 6 天，做了三场演讲，全是关于鲁迅的。"十二岁时第一次阅读的鲁迅小说中有关希望的话语，在将近六十年的时间内，一直存活于我的身体之中。"而鲁迅一生阅读过 4233 种书籍（见金纲《鲁迅读过的书》）。通过读书，扎根本土的鲁迅与希腊、英美、德国、日本、苏联、东欧的文明神交。

你去旅行，在巴黎逛卢浮宫，在伦敦逛大英博物馆，在五大洲看名胜古迹。你的耳能听到的，只是导游的仓促介绍；你的眼能看到的，只是标签上的介绍文字，你对它们的前世今生都说不出口；你的脑中如同白纸——如果之前你不曾了解与之相关的历史、文学、地理知识。在发完朋友圈之后，附着在那个地方的光环就会像打过的酱油一样，从此与你没有一毛钱关系。

越读越性感

瞧，你不读书依然游走自如、顾盼生姿，但那些高明的见识、思辨的乐趣、神交的文明、精神愉悦的高潮体验，通通与你无关。演过乔布斯的阿什顿·库彻说："聪明是这个世界上最性感的事情。"没有阅读，便没有这种性感。

读书如神游。

人类的诸多习性之中，最先突破次元壁的是阅读，它让人穿越时空和国界，随时随地感同身受。读书者像一个旅人，来到在现实中根本无法抵达的折叠世界。

当一般旅行者热衷于去巴黎，如果你去的是巴尔扎克《人间喜剧》中"巴黎生活场景"的街道，吃到的是大仲马《烹饪大辞典》点评过的美食，光顾的是海明威《流动的盛宴》中推崇的莎士比亚书店，那么你所经历的，将是一个完全不一样的巴黎——阅读中的世界更加私人、更加迷人。

人生不同阶段有不同的读书趣味。年轻时读书如饕餮，尤其爱读小说，常常沉浸在故事中不能自拔；到了中年，你最想啃读的可能是哲学书，为的是参透人生的道理；而到了晚年，眼力不济的你也许只想读历史书了，算是千帆过尽之后的回望和感悟。

杨绛将读书比作串门儿。"要参见钦佩的老师或拜谒有名的学者，不必事前打招呼求见，也不怕搅扰主人。翻开书面就闯进大门，翻过几页就升堂入室；而且可以经常去，时刻去，如果不得要领，还可以不辞而别，或者干脆另找高明，和他对质。"

很多领域的一流作品，要做足准备才能领略它的妙处。比如陈寅恪的《柳如是别传》，历史系一年级本科生读起来会辛苦死，但对于博士生来说，这应该是必读书。

最终，阅读之旅有什么收获呢？俄国文学评论家什克洛夫斯基形容读书"就像树木增高、海底珊瑚伸展一样"，以便"获取其中的人类经验，让它们变成你的想法"。

读书是更高级的装扮。

再精湛的医学美容，也无法像读书一样，令你整个人都脱胎换骨。

2016 年 12 月，位于乌镇西栅的木心美术馆里，人们在安静地读书。
（图—阿灿）

作家林清玄干脆直接将阅读描述成"生命的化妆"，"再深一层的化妆是改变气质，多读书、多欣赏艺术、多思考、对生活乐观、对生命有信心、心地善良、关怀别人、自爱而有尊严，这样的人就是不化妆也丑不到哪里去，脸上的化妆只是化妆最后的一件小事"。

宋代文人黄庭坚说："士大夫三日不读书，则义理不交于胸中，对镜觉面目可憎，向人亦语言无味。"有了阅读，便有李白与你对酌，苏东坡为你画眉，徐霞客陪你旅行，曹雪芹为你挑衣，袁枚为你做饭。"腹有诗书气自华"，你读什么书就有什么气场。

普鲁斯特的《追忆似水年华》是你的风衣，托尼·朱特的《战后欧洲史》是你的高靴，J.K.罗琳的哈利·波特系列是你的帽子，罗兰·巴特的《恋人絮语》是你的人鱼线。经过这些杰作的精心装扮，你的知识储备、思考能力、逻辑条理以及待人接物方式都变了，读书让你变成了更精致、更性感的人。

拥有 430 本书，热爱乔伊斯、惠特曼和塞缪尔·贝克特的玛丽莲·梦露，也许是世上留下最多读书照片的女人。在最著名的几张里，她翻到了《尤利西斯》的后半部分，难以相信这位性感尤物竟然可以啃下如此难懂的著作。

对梦露的美貌贡献最大的，正是乔伊斯。梦露也有别的美丽形象留在公众记忆里，但她最美的瞬间，毫无疑问是捧读《尤利西斯》的样子。据说无论走到哪里，她都会带着乔伊斯的书，并且在日记里像个单恋的小姑娘一样抒发对这位作家的热爱之情。1999 年，梦露照片中的那本《尤利西斯》在佳士得拍出了 9200 美元。

读书如化蛹成蝶。

爱书成痴可以到什么程度？陆游是这样描述自己的"书巢"的："吾室之内，

或栖于椟，或陈于前，或枕于床，俯仰四顾，无非书者。吾饮食起居，疾痛呻吟，悲忧愤叹，未尝不与书俱。宾客不至，妻子不觌，而风雨雷雹之变，有不知也。间有意欲起，而乱书围之，如积槁枝，或至不得行。"

身处"书巢"之中，最坏的结果是作茧自缚，读成了一个书呆子，自己躲在茧里面，隔绝外面的世界。但如果读书读通了，就会化蛹成蝶，破茧而出，长出翅膀，变得更加美丽性感，更加自在、自信地面对这个世界。

傅斯年虽然主张"上穷碧落下黄泉，动手动脚找东西"，但他读书之多，为同时代学者之冠，他甚至说："凡一种学问能扩张他研究的材料便进步，不能的便退步。"美国历史学家芭芭拉·塔奇曼则坚持"最好的作家才是最好的历史学家"，她将大量史料的阅读转化为生动的写作，绝不肯做两脚书橱。

胡适谈到读书的方法时写道："理想中的学者，既能博大，又能精深。精深的方面，是他的专门学问。博大的方面，是他的旁搜博览。博大要几乎无所不知，精深要几乎唯他独尊，无人能及。"（《胡适文存》）做到了这两点，便能"大其心使开阔"（程颢语），也就是化蛹成蝶了。

沈从文只读过小学，14岁就投身行伍，他的成就与勤读书有莫大的关系。若不是因为学会了阅读，失明又失聪的海伦·凯勒只是一个可怜的残疾女孩。

很多人生问题，其实症结都差不多，杨绛回应倾诉人生困惑的年轻人，只用了一句话就说清了关键所在："你的问题主要在于读书不多而想得太多。"

世界这么乱，但阅读者持身不乱。

阅读看似务虚无用，却直接影响一个人的生存品质。意大利学者艾柯认为不会阅读的人好像得了动脉硬化，"既不明白他人的过错，也不了解自己的权利"。

陶渊明在《读〈山海经〉》（其一）中写出了读书人的美好生活：

孟夏草木长，绕屋树扶疏。
众鸟欣有托，吾亦爱吾庐。
既耕亦已种，时还读我书。
穷巷隔深辙，颇回故人车。
欢言酌春酒，摘我园中蔬。
微雨从东来，好风与之俱。

泛览周王传，流观山海图。

俯仰终宇宙，不乐复何如？

只有书读得多，人的内心才能筑起一道坚固的防线，不被流俗侵扰，不为势位所误。"养成阅读的习惯等于为自己筑起一个避难所，几乎可以避免生命中所有的灾难。"毛姆说。

世界这么乱，但阅读者不担心，因为他知道如何保持自身不乱；人性难以捉摸，但阅读者不担心，因为他早就懂得人性的复杂；全社会都在急吼吼地投资买房，但阅读者不担心，因为他明白市场的规律；男女关系总是让人抓狂或神伤，但阅读者不担心，因为他知道人世间还有各种美好的感情，以及感情的不可强求。

阅读者会更豁达，更不容易上当，对世界更加淡然，更加不会随波逐流。

越读书，你就越知道这个世界是如何运转的，越知道它的复杂性，也就会对人越宽容。越读书，你就越知道自己要什么，知道自己的优点和劣势各在什么地方，扬长避短，凸显好的一面。

所以，阅读是性感的，它能够帮助你独善其身，"把生活中寂寞的辰光换成巨大享受的时刻"（杨绛语）。最后，你才能跟这个世界更和解、更友好地相处，和这个世界一起玩。

阅读像万事一样不可强求，得之我幸，失之我命。

性感阅读 21 法则

文 / 桃子酱

读书如何让人变得性感？请参照文艺女青年玛丽莲·梦露在不同场景下被拍到的读书的画面。有一点是共同的，那就是：专注于书的世界。

1. 小说《城邦暴力团》里的主人公"张大春"（对，跟《城邦暴力团》作者张大春同名），宣称自己是"那种读起书来六亲不认的人"，一拿起书就完全沉浸在书本所提供的世界中。这种姿态太性感了。

2. "张大春"的所谓"接驳式阅读"也很迷人：他会随手翻开一本书读过一阵又随手丢下，再读另一本书。这种随机即兴的阅读习惯，使得他一个下午就可以翻看六七十本书。拿起一本书从第一章循序渐进地读到最后一章的阅读习惯没毛病，但没有惊喜。

3. 有人打死也不折书页，不把书摊开放，更不会在书上做任何标记；有人除了在书上喜欢的段落画线，还不时提笔在书眉页脚写写画画，用一串感叹号表示严重同意——前者是性冷淡，后者是性感。受人喜爱的书，就应该是褪色、磨损、掉页的。

4. 有人爱惜书本，看书时恨不得包上书皮。他们可能永远也体会不到，拿到一本书，撕开塑封、直接剥掉腰封和封套等所有外包装，让一本书与自己裸裎相见，是如此舒爽。这种爽，大概只有晴雯撕扇可以类比。

5. 线装本的妙处在于，阅读时可以随意卷起来，单手即可掌握，空出来的那只手还可以用来拗造型——这也是我们在古画中经常见到的情景。精装本就没有办法这么洒脱了。所以有些作者出书，宁愿不出精装版。

6. 绝大多数书本的切口是机器切的，锋利起来甚至可以割伤手；毛边本就没有这个危险，而且随看随裁的做法，有一种 DIY 的趣味。朱赢椿设计《不裁》，除了做成毛边本，还考虑到飞机上不能携带刀具，特意做了把纸刀。

7. 有些作品改编成影视剧后，出版商会推出以演员大头照为号召的新版本。建议别买这一版，因为它的存在，无非是提醒你此次购买只是出于追逐热点。追热点不高级，孤高地读冷门书才高级。

8. 从包里掏出一个 Kindle，不如把一本口袋书塞在牛仔裤后袋里性感——如果是《在路上》或《禅和摩托车维修艺术》这类书就更赞了。巴西图书出版商 L&PM 有过一个营销奇招：把书本的内容印在牛仔裤内袋上，以唤起人们对口袋书的热爱。

9. 玛丽莲·梦露在镜头前背倚书架，手捧前夫阿瑟·米勒的著作不是不美，但总显得刻意；她身穿泳衣，在公园里捧读《尤利西斯》的画面，就性感多了，打动人的是她对阅读的专注。（好吧，《尤利西斯》也确实加分不少。）

10.在阅读场所的选择上，在图书馆、在书房里读书都太正常了（正常某种意义上意味着乏味），而在地铁上、在度假胜地的沙滩上读书，会成为吸引人的风景。Instagram 上有一个名为 hotdudesreading 的账号专门收集在地铁上专心读书的帅哥，获赞无数。

11. 可以在家里专门开辟一个"读书角落"，比如飘窗的窗帘后头。然后把它弄得舒适、诱人，再准备好耳塞（听音乐或者达到屏蔽外界的效果），就可以躲进去享受阅读时光啦。切记：不要带手机。

12. 有人给"大叔控"开书单，其中包括阿城的《常识与通识》。知名大叔如王朔，当年曾喜欢曾子墨那种知性女子的范儿。这种范儿是修炼得来的，而阅读就是重要的修炼之道。

13.《刺猬的优雅》中那位女门房，寡居，矮胖丑，但在震耳欲聋的电视声响掩盖之下，她读普鲁斯特、弗洛伊德和康德，给自己的猫起名为"托尔斯泰"。在小津先生眼里，她是性感的。躲在角落里的刺猬也有它的优雅。

14. 一个保安大叔在上夜班时读大卫·尼克斯的《一天》，被男女主人公的爱情故事感动得抽泣；一个英国文学教授在公交车上看吸血鬼小说看得出神……他们所阅读的书与其身份的强烈反差，会产生一种魅力。

15.《了不起的盖茨比》中的叙事者尼克，希望从书中吸收"点物成金的米达斯王、美国银行家摩根和古罗马谋臣梅塞纳斯"的成功秘籍。像尼克一样沉迷于成功学书籍的大有人在，但他们不知道的是，比尔·盖茨最大的娱乐就是啃《大英百科全书》。

16. 买书时别买全集，这会让人觉得，你买它就是为了显摆。不过也有例外，读莎士比亚最好读全集（建议买人民文学出版社的朱生豪译本），那种所谓"四大悲剧""四大喜剧"的选集或者《哈姆雷特》《威尼斯商人》等单行本就显得不够分量。

17. 正如写论文要拿到第一手资料，要了解一个人，最好读其人的自传（别人写的传记还是不可信）。比如鲍勃·迪伦，读别人写的介绍他的书，还不如去读他的自传《编年史》。当然，如果你外语够好，就不要读译作了，直接读原版。

18. 被大部头吓得退避三舍？那不如把它拆开，分成数十本薄薄的小册子，然后看完一册就扔掉一册（可以试着在高速行驶的火车上爽快地让书页一张张飘落）。毕竟，让《追忆似水年华》这样的书以没有形体的方式铭刻在心，总好过拿它去当门挡。

19. 另一半不爱看书怎么办？你可以循循善诱，给他／她推荐一些精彩的书比如约瑟夫·海勒的《二十二条军规》（适合男性）或珍妮弗·伊根的《恶棍来访》（适合女性）。再没有什么比情侣各自窝在沙发一角读书更性感的了。否则，没有共同爱好的你们只能分道扬镳。

20. 还是不要轻易送书给别人。因为，阅读是很私人的行为，而且，你喜欢的书，别人未必会像你一样喜欢。日剧《四重奏》中，丈夫送给妻子一本诗集，结果那本只读了几页、最后被拿来当餐垫的诗集，成为他们分手的导火索之一。

21. 不读书的人生单调而局限，读书的人生则宽阔无边际。千万别说你忙得没时间读书，因为那等于提醒别人，你可能是一个无趣的人。

用阅读重新定义性感

文 / 邓娟

性感之"性"，绝不仅是床第上的。性格、兴趣，将人撑得饱满，带来的"感"才是丰富的，不狭隘、不廉价。没有比阅读更能让人生变得性感的途径了。

众所周知，玛丽莲·梦露热爱阅读。任何人都可以像这位性感女神那样爱上阅读，但这并不意味着阅读可以让任何人成为万人迷。

阅读所赋予的性感，是精神上的性感。它不像女性曲线毕露的身材或男性发达可观的肌肉，而更像一种需要辨认的信息素，一份款曲相通的信任感。它无法让你在情场上无往不胜，它只是能帮助你在精神世界中自由地与缪斯相遇，以及在现实生活里有更多与知己邂逅的可能。

至少胸无点墨的人肯定不够性感。简·奥斯汀在《傲慢与偏见》中写了爱读书的班纳特先生和他乏味的妻子："他太太积二十三年之经验，还摸不透他的性格。这位太太的脑子就不那么难以捉摸了。她是个智力贫乏、孤陋寡闻、喜

61

怒无常的女人，一旦碰到不称心的时候，就自以为神经架不住。她人生的大事，就是把女儿们嫁出去；她人生的快慰，是访亲拜友和打听消息。"

即便在他们的女儿伊丽莎白看来，父母的关系也很可悲。"假若叫伊丽莎白只根据自家的情形来看问题，她绝不会认为婚姻有多么幸福，家庭有多么舒适。父亲当年因为贪恋青春美貌，贪恋青春美貌通常赋予的表面上的善气迎人，因而娶了一个智力贫乏而又心胸狭窄的女人，致使结婚不久，便终结了对她的一片真情，夫妇之间的相互敬重和相互信任，早已荡然无存；他对家庭幸福的期待也已化为泡影……他喜欢乡村景色，喜爱读书，从这些喜好中赢得主要的乐趣。至于他那位太太，除了她的愚昧无知可以供他开开心之外，他对她别无欠情。"

最了解男性心理的永远是男人自己。翻译家傅雷给儿子傅聪关于如何选择终身伴侣的建议，和班纳特先生的想法异曲同工。傅雷提到《约翰·克利斯朵夫》中男二号奥里维的故事。"像雅葛丽纳（奥里维妻子）那样只知道 love、love、love 的人只是童话中人物，在现实世界中非但得不到 love，连日子都会过不下去，因为她除了 love 一无所知，一无所有，一无所爱。这样狭窄的天地哪像一个天地！这样片面的人生观哪会得到幸福！无论男女，只有把兴趣集中在事业上、学问上、艺术上，尽量抛开渺小的自我，才有快活的可能，才觉得活得有意义。"

你看，不管是虚拟的班纳特先生还是真实存在的傅雷，在男人苛刻的眼光里，青春美貌不等于永远性感。甚至不需要等到容颜衰老，只需要一种腻味了的心态冒头，原先的艳光四射便会在顷刻之间变得黯淡、干瘪，因为那皮相之下的精神毫无弹性。

简·奥斯汀笔下的伊丽莎白虽然因为父亲对母亲的薄情感到痛心，但她仍然敬重父亲的才智。伊丽莎白是个教养良好、见解独特、说话俏皮的文艺女青年，她的智识让她从原生家庭的阶级脱颖而出，超越了社会价值体系，赢得了鄙视链顶端的达西先生的青睐，在达西看来，比伊丽莎白的美貌更性感的是她智慧的头脑。而达西自己也是一个且高且富且帅且有涵养、不喜欢打牌但愿意读书、最后还为了爱情放下傲慢的完美形象——无怪乎有人说，塑造了这些形象的简·奥斯汀跟现在的言情作者并没有本质区别。但言情小说本身就是女性幻想的极致，这也从侧面证明，光有颜值不具内涵的另一半不能算优质情人，在任何时代背景下，书卷气都应被视为性感的指标之一。

所以美剧中迷人的主角都爱阅读。《破产姐妹》中的麦克斯出身底层，她的闪光点不仅在于引以为傲的 D 罩杯，还在于能准确地说出他人随口引用的莎士比亚的某句台词。

尽管并不是每个对莎士比亚了如指掌的女招待都有惹火身材，不是每个读了许多书的小家碧玉都能吸引高富帅，但阅读至少能让你精神丰满，在字里行间收获灵魂伴侣。

"如果你们恰好路过查令十字街 84 号，请代我献上一吻，我亏欠它良多……"海莲·汉芙是爱书成狂的纽约女编剧，弗兰克·德尔是经营书店的伦敦绅士，两人因为寻书保持了长达 20 年的通信。海莲认为弗兰克是"唯一了解我的人"，而弗兰克的妻子承认弗兰克和海莲有着"如此相通的幽默感"，他"喜爱读她的来信"。素未谋面的男女建立了一种微妙的情感联系，但这感情无关风月，只谈读书。比如当海莲收到弗兰克寄来的书时，她回复道："拥有这样的书，竟让我油然而生莫名的罪恶感。它那光可鉴人的皮装封面，古雅的烫金书名，秀丽的印刷铅字，它实在应该置身于英国乡间的一幢木造宅邸；由一位优雅的老绅士坐在炉火前的皮制摇椅里，慢条斯理地轻轻展读……而不该委身在一间寒酸破公寓里，让我坐在蹩脚旧沙发上翻阅。"

对于"性感"，"她懂男人，更懂女人"的金星如此拆解：绝不仅仅是床第上的"性"，而是要用人"性"中的一部分去支撑。性格、兴趣，会将人撑得饱满。这种"性"带来的"感"才是丰富的，而且不狭隘、不猥琐、不廉价。

没有比阅读更能丰富人生的途径了。被阅读撑得足够饱满的人，精神之性感，让人不敢逼视。奥美广告给台湾一家出版社做过这样一条广告文案："我害怕阅读的人。当他们阅读时，脸就藏匿在书后面。书一放下，就以贵族王者的形象在我面前闪耀，举手投足都是自在风采。让我明了，阅读不只是知识，更是魔力。他们是懂美学的牛顿，懂人类学的梵高，懂孙子兵法的甘地。血液里充满答案，越来越少的问题能让他们恐惧，仿佛站在巨人的肩膀上，习惯俯视一切。那自信从容，是这世上最好看的一张脸。"

金士杰：一位老王子的阅读历程

文 / 阿饼

从真与善的求知，到对美的感知，金士杰最终把自己活成了一本可以让别人反复阅读的好书。

那是 20 世纪 70 年代的台北。

一个从台湾南部来的年轻人痴迷于创作，他跟朋友说想认识诗人。朋友就推荐了一位卖旧书的老先生。年轻人按图索骥，来到台北武昌街的某个角落，找到了这位穿得破破烂烂的老先生。

两人一见如故，对话没几句，年轻人就提到一本童话故事《小王子》。他告诉老先生，自己很爱这本书，并视为珍宝。年轻人也记不得当时为什么话题就到那儿了。"喜欢《小王子》这件事，是我的秘密，我不轻易摊这张牌给别人。当我告诉你，意味着我认为你能听得懂我在说什么。我还有许多话没说出口，我就用这本书来试看我们来不来电。"

老先生没有立刻接话，顿了一下，慢慢地说："那是一本……要活了很长时间的人才能读的书。"

年轻人顿时感觉好像自己心中一个无以名之的小小声音，得到了天地的回应——嗡嗡嗡……"这完完全全就是一本给大人读的书，里面有许多的暗示、许多的谜语、很深刻的道理，是一个高人写的东西。但这本书只从字面上来寻找真理，我想是有一点点不着理的，它要跟着岁月走。都是人生一些最尖刻的东西，它怎么会随便就摆出来呢？但它又怎么胆敢摆成这么儿童的状态呢？"

四十多年后，老先生已故去，他是台湾著名文学家、诗人周梦蝶。年轻人也活到当年老先生的年纪，成了台湾剧场界泰斗级人物，他是金士杰。

这些好书，需要在不同的时间反复地去读，需要体会过人世间生老病死、分离、被遗弃等，许许多多的疼、痛、跌、爬。

年少时读到的这本童话，与周梦蝶的这句话一起，长长久久地留在了金士杰的记忆中，成为他成长路上开的第一道窍。

人为什么要旅行？人是寂寞的吗？人为什么会寂寞？分离与孤独是什么？人有没有办法因为爱而忘记孤独，我们真的要面对孤独这件事吗？不是因为孤独而感到不舒服吗？求知是什么？求知与爱、与自我放弃是什么关系？……只要让他安安静静在草地上，或者家附近的海边，空旷安静的地方，这些问题就迎面而来。金士杰一辈子都在思考这些问题，他所有的创作都在为这些思考解惑。

接下来就是到书店找书，神学、哲学、心理学、人类学、历史……管它什么东西，只要有意思他统统看、统统吃。这些好书，需要在不同的时间反复地去读。就像《小王子》，关于玫瑰花，关于狐狸，关于旅行，关于一个人看日落，以及最后被歌颂很多的满天星星的那段话，需要体会过人世间生老病死、分离、被遗弃等，经历过许许多多的疼、痛、跌、爬之后，一次又一次去读。

在金士杰的理解中，小王子之所以离开 B612 星球去旅行，是因为他对自己有一种困惑，来自他的一朵玫瑰花，他不知道要怎样爱一个跟他性质完全不同的东西，他觉得爱是很困难的，是他不了解的。他就晕了，他觉得他必须出门。经过了一个又一个星球，遇到不同的人，直到他遇到了狐狸，他才终于明白了爱是什么——原来他跟他的玫瑰花，和他跟这狐狸一样，都是有关系的。

"'有关系'，这个字眼下得很好。"金士杰笑着说，"这个关系在驯养的过程当中得到了一个很清楚的解释。那是一个时间和空间加在一起形成的东西，这个东西不只是我们一般意义上说的'缘分'两个字，它比缘分更多。其实那就是爱。"

台湾主持人蔡康永很喜欢金士杰近几年的话剧作品《最后 14 堂星期二的课》，他觉得里面金士杰扮演的莫利教授很像《小王子》里的那只狐狸。"它在教导这个写作的'小王子'，一旦建立这个关系，你的人生就会变得不一样。我们不是靠拥有而存在，我们是靠关心、相爱，通过爱别人、建立关系来证明我们自己的存在，和我们的价值、快乐。"蔡康永在一次节目访谈中说。

金士杰在台北艺术大学表演系教课时，有一年把《小王子》改写成剧本，给一群大一新生排演。后来，这群学生毕业了，在江湖上成了有头有脸的人物，他们相聚时总是会聊起当年排演《小王子》的经历，遇到校友问起"你是哪一届"时，他们就回答说"我是'小王子'那一届的"。显然，这群学生以排这个戏为荣，"小王子"变成了他们心中的共同回忆。

作为"小王子迷"，金士杰家里收藏了许多带小王子图案的碗碟杯和装饰品。他也会跟两个 5 岁的孩子讲《小王子》的故事，用童言童语的方式。但这比在大学里教书难多了："小王子为什么拿一把剑呢""为什么不拿枪呢""他为什么披着跟超人一样的披风""《复仇者联盟》里的雷神也有披风呀"……两个 5 岁的小孩在外围地带把一位剧场大师转晕了。

美的东西可以不用力就解答许多问题。

近几年，金士杰几乎没有读书的私人时间与空间。工作之余他都宅在家里带孩子。他仍保留的一个习惯是在临睡前随手抓一些东西来读——半年前寄来的信、妈妈留下的纸条、孩子最近涂的蜡笔画，他一看就可以看半天，哪怕已经读过很多次了，还是觉得这些东西有许多可读之处。"夜深人静的时候看，跟白天看是不一样的感觉的。"金士杰说。

出差、旅行时，他会在帆布袋里装一本老朋友舒国治或徐皓峰的书，读一遍、两遍，甚至三遍。他喜欢他们的文笔，有时随便翻翻也觉得是一种精神食粮，很舒服。"人活着，遍地都是机关，随便一踩就能引爆。他们就能如此敏感，随便低头随便伸手，就能把每个人都视为粪土的东西挖出来变成宝。"

对于金士杰来说，故事情节并不是他在乎的，他更偏爱揣摩作者的行文，作者对自己所描写的东西的态度。"我在细细感觉，一个人怎样下笔，他为什么会这样措辞，为什么会断句在这里？"

就像朱自清的《背影》——一篇被歌颂无数，甚至每个小学生都会背诵的文章，金士杰认为，从现实主义角度来看，犯不着用这么大篇幅絮絮叨叨地写一个老头儿的背影，甚至文章的料还可以再曲折一点。"没有。许多东西直接观察是看不到的，你看不见生，看不见死，看不见美，看不见丑，你必须折射，你必须站在很远的地方，不小心发现，哦，这个东西原来长这样的。从哲学和艺术角度看，这个背影是美的，是强而有力的。"

美，是金士杰现在这个年纪追求的东西。年轻时他看了许多关于真与善的书，就是所谓求知——知识、逻辑、科学、宗教，按照这个逻辑，他不会选择结婚、生子，"在江湖上做一些抛头露面的事情"，他会继续在矛盾当中活着，"这个世间让我觉得没有答案——到底我们活着应该是乐观还是悲观？应该爱这个世界还是恨这个世界？我应该孤独一点还是社会一点？"……答案将是负面的。

而美的东西可以不用力就解答这些问题。他发现，可以给自己带来更多希望与力量的东西，应该还是美。"我如果从美学的角度出发，不去思考真与善，而是从生物的本能、一个知天命的状态，来对待两个嗷嗷待哺的孩子，对待自己行将老去的身体，以及我跟江湖上一些被称之为名跟利的关系，我反而很不喧哗、很不费事、很安详地可以使我自己进入这个状态，接受并执行这个状态。"

我想给你写封信，但如果要让我打字，那我们俩的关系就毁了。

与高科技绝缘的金士杰，不知道什么是电子书，也没听说过 Kindle。他一直坚持手写，剧本，书信，纸条。

曾几何时，他家里有一本长方形的日历，每次他有灵感了就撕一张下来写，密密麻麻地写满，他非常喜欢那个纸的质感，"写起来很滑，一笔一笔写下去，感觉特别润，字都写得好好看"。这个剧本的草稿没有一定的顺序，有时是先写了这段剧情，然后再回去写上一段剧情，或在旁边补充一个昨晚的梦——全世界没有人看得懂，就算是那些已经看过、演过这个戏的人，也看不懂上面写的啥，也无法想象这怎么能生成一个剧本。只有金士杰自己看得懂，他很得意。很多年里，他都是这样写剧本的，攒了一摞又一摞的纸，一直舍不得丢，但它们太多了，很占面积，直到一次搬家大清理，他把它们全丢了，被朋友臭骂一顿："这么珍贵的东西你居然丢了！"

后来也有人看金士杰写得辛苦，想帮他的忙，说不如你讲故事内容，我来帮你打字吧。结果金士杰看着纸上打出来的清清楚楚的方块字，脑子一片空白，完全没法创作。"我的感情这么充沛，我想给你写封信，但如果你要让我打字，那我们俩的关系就毁了，写完后我就不认得你了。"金士杰打趣地说。

他还有一个小习惯，就是随身带一沓家人和孩子的照片，每次话剧开演前，就在一个没人的房间里好好看看这些照片。后来一位老友好心送他一部电子照片播放器，他一次也没有用过，他说："我没法亲吻一部手机或一个机器呀。"

这样一个极看重纸笔意义的金士杰，让他如何接受电子书的存在？"书怎么可以摸不到呢……"他脸上露出了孩子般的困惑表情。

通过一本书来发现自己有那个面貌存在。

"如果要带三本书去一个荒岛生活，你会选择什么书？"

金士杰思索了一下，笑答："就跟问我会带哪一种女人去荒岛一样嘛。她能够和我地久天长，我不是很高兴；她要是跟我三天玩完了，我不是很扫兴。"所以他的选择是，一本艺术史、一本人类学和一本神神鬼鬼的书，比如《封神榜》《西游记》或《哈利·波特》。"这几本书对我来说时空很大，比如人类学里包含了哲学和艺术，艺术史里纵横了千年，我想了解的全部都包进去了，几个礼拜才读完几页。它们可以让我在岛上活很长时间，不会三天就结束了我的心灵旅程，我的日子过得很好啊。"

而像早年每个台北文艺青年都很熟悉、坊间必读的一些欧洲作家如卡尔维诺、卡夫卡的作品，金士杰坦承读起来也很开心，但他不会考虑带到荒岛上。"它们是我的加油站，我经过了它们，接受它们给我的滋养，然后就会离开它们继续上路。没有这个站我也许走不下去，但我不会跟它'执子之手与子偕老'。"看，姜还是老的辣。

作为一个剧作家和表演艺术家，金士杰在阅读上很杂食，几乎什么书都会涉猎。他在年轻时就注意到，自己和父辈对于同一个事情的描述方式有很大的不同。比方说，他父亲给他讲一个笑话，在听的过程中，他就会很着急，早该抖包袱了怎么还在慢慢拖？后来他就发现，噢，父亲在享受那个时间。他那个时代本来就比较慢，加上他年纪老迈，加上某些怀旧情怀，以及一些永远无法进步的老派作风，他的表达就像农夫挑水，慢吞吞的，没有急急忙忙地奔向我们这个时代。这些观察对于金士杰来说统统都是有趣的。他会回到作者当时的天时地利来感知其中的原始面貌，而不是用"打钩或打叉的方法来感受他"。

所以，金士杰特别享受遇到一些与原本自己个性完全不同却被吸引住的文字的感觉。他会问自己："欸，我身上有一部分是长这样的吗？不然怎么会被吸住呢？要不然你会隔着一定的距离有趣地打量他而已。那你哪个细胞跟它长得像？我觉得通过一本书来发现自己有那个面貌存在还蛮高兴的。"

柳岩：它们中的一部分已经长成我的骨头和肉

口述/柳岩　采访/邝新华

　　柳岩说，自己的三观除了受父母和老师的影响，更多的是从书里感悟的。对她影响最大的一本书，是《论语》，它塑造了她的为人。

　　"当我还是孩子时我吃过很多食物，现在已经记不起吃过什么了，但可以肯定的是，它们中的一部分已经长成了我的骨头和肉，读书对人的改变，也是如此。"

　　我读的第一本书应该是儿童故事绘本，但我已经记不得了。第一本让我记忆深刻的书，是《红楼梦》连环画，当时我还在上学前班，在书摊上被这个吸引，妈妈就买给我了。然后，我就这么掉进了大观园的坑。

　　我妈妈以前是小学语文老师，因为太过敬业，积劳成疾，后来转到单位图书馆，做工会的工作。近水楼台先得月，我小时候经常去妈妈的办公室，去图书馆看书。可能小学一年级还是学前班的时刻，我跟我的发小，在这个小图书馆里翻到了一本图册，里面有非常美丽的风景图片，还有很多文字描写。当时我跟我的发小识字不多，我们只知道书名叫"九什么沟"。后来翻阅了字典，才知道那个字念"寨"，九寨沟，于是我和小伙伴约定，这么美的地方，好像仙境的地方，长大后一定要去这里。这是我小时候跟发小的一个约定，有趣的是，我到现在也没去过九寨沟，但仍然记得那本图册里九寨沟风景如画的样子。

　　台湾诗人林清玄说过，你的气质里，藏着你读过的书和走过的路。我的三观除了受父母和老师的影响，更多的是从书里感悟的。现在想想看，小时候对我影响最大的一本书，应该是《论语》吧。倒不是说我最爱这本书，而是其中很多为人处事的态度，让我裨益终身。比起很多小时候印象深刻的小说，《论语》在塑造我的为人上，有很大作用。

不同的人读同一本书，会悟出不同的内容、不同的思想维度。我没有办法细说哪本书影响了我的三观，我只能说很多书里或虚构或真实的描写，都会深深地震撼我。随着年龄的增长和阅读的不断累积，我的价值取向也慢慢发生一些变化，以前我的三观比较锋利带刺，而现在的三观更多的是包容和理解，以及尊重。

我在知乎上看到一个提问："我读过很多书，但后来大部分都忘记了，那读书的意义是什么？"其中有一个回答非常妙："当我还是孩子时我吃过很多食物，现在已经记不起吃过什么了，但可以肯定的是，它们中的一部分已经长成了我的骨头和肉，读书对人的改变，也是如此。"

我喜欢在飞机上看书，或者在睡前阅读。睡前读书已经成了我从小到大的习惯。在飞机上阅读是因为成为艺人之后要到处飞，飞机经常晚点，在机场等待飞机起飞的时候，就成了我阅读的时间。有书看了，心情也平复了许多，人倒变得开心了不少。有很多人说没有时间读书，那我这么忙为什么还能读书呢？时间并不是你读不读书的理由，你自己爱不爱阅读才是关键。

在我看来，纸质书和电子书并没有对立，它们可以并行存在。像我们演员经常会收到剧本，如果是电影剧本，我会第一时间在手机上阅读，毕竟比较短嘛；如果要拍电视剧，剧本相对更厚，那我就会请剧组发来纸质版，在手机里看电视剧剧本确实是件非常辛苦的事情。虽然电子书已经做得相当好，但我还是习惯纸质书带给我的安全感和舒适感。

我是个感性的人，看小说的时候很容易无法释怀。小时候看《格林童话》都为白雪公主难过。小说我有很多很喜欢的，但到目前为止，最喜欢看的还是《飘》。我很理解为什么当年好莱坞的女明星都渴望扮演斯佳丽，这个自私、任性却自强自我的女人实在太可爱了，她的故事一直让我很欣赏。如果让我演小说里的一个角色，我会选《西游记》里的女儿国国王，因为那时公认她最美。我们看《西游记》电视剧时，会很投入地唱："悄悄问圣僧，女儿美不美？"那时候，只要有人唱这句，其他人就会应喝："美！"

如果让我去一座孤岛，而且只能带三本书，我会带《西游记》连环画，《没头脑和不高兴》连环画，还有《哆啦 A 梦》《樱桃小丸子》《蜡笔小新》这样的漫画吧……如果我真的被流放孤岛，那个时候心里比较郁闷，不开心，可能只想看一些轻松的、生动的、有趣的、能让我开心起来的书。小人书、连环画、漫画是我童年记忆里最美好的存在，书摊、书店里的小人书、连环画让我在儿时不知不觉度过了许多美好的下午，那里有我所有最美好的童年回忆。

最近重温了杨绛先生的《我们仨》，还读完了法国作家马克·里维的《偷影子的人》。套用杨绛先生的一句话：世间好物不坚牢，彩云易碎琉璃脆。珍惜当下的美好和幸福吧。

华少：把深夜时间还给阅读

文 / 曹园　图 / 沈煜

"你觉得读书有趣，就一定有时间。你觉得没趣，怎么都没有时间。打一盘《王者荣耀》，慢的话差不多要 30 分钟，哪有人平时有 30 分钟的 break ？"

"开书店亏钱的咧！"外婆家餐饮创始人吴国平曾这样劝华少。

吴国平是生意人，但华少很执着，他很喜欢一句话——"书店是一座城市拒绝弱智的标志。"后来，吴国平在浙江野马岭开起了民宿，邀请华少把书店安插其中。

华少也一直想在杭州开家 24 小时书店，他打探过好几个地方，终于成为"芸台书社"的股东之一。杭州芸台书社提供定制服务，会帮顾客挑书。其中一个股东经营了一家牙科医院，所以书店开在医院旁。华少"建议"："若你看牙刚好需要等的话，可以去旁边的书店坐坐。"

高晓松上《华少爱读书》时，华少跟沈宏非商量送他什么书好，最后给了他一本《新交通法规》。

2013 年，华少制作并主持的节目《华少爱读书》在浙江卫视深夜档播出。读书节目做起来容易，就是亏钱。"技术上并不困难，最大的困难是生存。"但它对华少来讲是一段非常愉快的经历，他和总撰稿两人搜罗了些很有趣的书，比如二战背景下的趣味爱情小说《乌克兰拖拉机简史》。

二十分钟一期的节目要录近两小时，也算是不计时间成本了。虽然频道给了政策，但读书节目的招商空间很小，用华少的话讲，"除了我，一切都很贵"。几季下来，他自己贴了一百多万元制作费。就像开书店，华少执意做读书节目，但又"不想随便做出来丢人"。他开始每晚深夜读书，"没人看你念稿子，你要言之有物，不然讲出来怪怪的"。

他也曾担心收视率，后来发现担心没用，收视率一直就没好过。第一季《华少爱读书》，他和搭档沈宏非做了个老土的命题，将节目场景设置在荒岛上，两个自嘲为"自我放逐的中年男性"坐在石头上，等待嘉宾带书前来探望。

节目中，嘉宾会向华少和沈宏非赠书，两人也会客气地回赠。高晓松登岛时，华少跟沈爷商量送他什么书好，最后给了他一本《新交通法规》。如今回想起来，华少一脸整蛊人后的高兴："晓松当时很尴尬，我和沈爷都很开心。但晓松开得起玩笑，也并不太介意。"

很多朋友是那时交上的。作家麦家来参加节目，华少去化妆间拜访。见面后麦家讲的第一句话，华少现在都印象深刻："哎呀！华少，你居然愿意混到我们文学圈来！"

嘉宾也提供了很多中肯意见，把华少世界观的修建"往上堆高了一点"。他觉得，主持这行容易入门，但很难做好。表演方法也比较单一，只是讲话，没有旋律的包装和肢体的再解读。麦家曾"批"华少不懂主持，建议他多尝试更准确的修辞，而不要用长句子。后来华少也发现，主持人用长句子听上去滔滔不绝，其实在围着一个意思打转，对观众来说是无效信息。

爱撕书、扔书和听书的蔡澜老觉得华少做节目太拘谨，建议他做

华少的爱好本来是睡觉、读书和打麻将，现在忙于项目的他抛弃了麻将，但书还是要读的。

一个漫谈节目。华少对香港才子倪匡、蔡澜和黄霑当年做的《今夜不设防》也大为赞叹："三个富有诗书气质的老男人坐在沙发上，喝着酒、抽着烟，随便聊天，没有主题，聊出来却也很好听。"

如今，音乐类、喜剧类和户外探险类综艺全面来袭，读书节目集体消失了，《华少爱读书》已是当时省级卫视最后一棵独苗，梁文道的《开卷八分钟》也先于此停播。华少无奈地承认："从市场角度讲，读书类节目是根本不可能盈利的视频产品。"

但他认为，这并不意味着中国人不阅读："很多人说，中国人不读书，这个论断太轻率了。"华少作为导师参加过《我是演说家》，一位选手的演讲观点是"中国人不读书"，并给出了论据：国外飞机头等舱里的人都在读书，我们头等舱的人要么在睡觉，要么在看电影；老外度假时在泳池边看书，而我们在商场里疯狂扫货。

华少觉得这种观点博取话题性，也耸人听闻。"第一，我在国外没有看到头等舱里的人都在看书。第二，中国出版物的品类之丰富让我惊叹，没人读书？出版商也不傻。"

在他看来，读书并不是一件曲高和寡的事。"漫画不是书吗？当然是，而且很好看！"蔡志忠把国学融在漫画里，几米的绘本意境梦幻又柔软，而青春漫画《灌篮高手》更让人热血沸腾。

"《灌篮高手》的分镜头画得多好，故事多有节奏，转场多漂亮，人物特写和近景关系表达得多巧妙，这是好东西啊！为什么大家排斥漫画呢？就像读武侠小说被认为不务正业一样，很多事情都被附上了一个可怕的包袱。读书本应该是件很快乐的事。"

华少描述了一个诱人场景：第二天醒来，人们想到昨夜的故事还没读完，又想知道发生了什么。"读小说跟追剧、玩游戏的体验一模一样，"他说，"越把读书往崇高里包装，大家会越缺少阅读的兴趣。它需要你牺牲时间成本，并且不是一种强社交行为，但读书依旧是一种很棒的体验。"

"纸质书会成为具有仪式感的收藏品，就像现在没人用现金了，但它们都有存在的必要，生活需要点仪式感。"

通过做读书节目，华少主持了作家榜颁奖盛典，认识了玄色和唐家三少，也开始接触网络文学。以前，华少执着于读纸质书，一上飞机，拿着 Kindle 的他能很快睡着，现在却也习惯在各种屏幕上阅读。

"常有人跟我说，你是传统媒体，不是新媒体。他们认为，电视台就是传统媒体，互联网就是新媒体，电视台必死，要消亡。一开始我也这么觉得，对，你们迟早会埋葬我，我现在感觉在给自己扫墓一样，每天待在自己的墓地里。"后来他发现，这有什么不同吗？

书也如此。"原来是竹简，现在是纸张，未来是电子设备，换个载体看内容罢了。"华少觉得，纸质书未来可能会成为具有仪式感的收藏品。"它一定会流传下来，只不过你不会经常摸到，就像现在没人用现金了，但它们都有存在的必要，生活需要点仪式感。"

曾有网友在微博上问华少，除了工作，平时还有什么爱好。他的回答是睡觉、读书和麻将。现在，忙于自己项目的华少把麻将暂时抛弃了，并常说"要把吃饭和睡觉两个东西都戒掉"，但深夜时间还是会腾给阅读。

很多人不读书的理由是没空，华少一听便识破了这种借口："你觉得读书有趣，就一定有时间。你觉得没趣，怎么都没有时间。打一盘《王者荣耀》，慢的话差不多要 30 分钟，哪有人平时有 30 分钟的 break？"

主持这一行很多时间都是在等。早上化完妆，华少自己也不知道在等什么，"无限青春葬后台"，录完又有大把碎片时间需要消磨。他自称"不是一个一心只读圣贤书的人"，聊天、拍照、旅行、购物和打游戏都喜欢，人齐就组队玩游戏，一直输或者玩腻了，就安静下来看书。

他讨厌一切归类后刻意对立的行为。"读书人就不能玩游戏吗？胡适多爱打麻将，但不妨碍他是读书人。我愿意承认我爱读书这件事，但也不否认玩别的，为什么要族群矛盾化呢？"

华少喜欢看小说，他忘不了《纯真博物馆》开篇的那段描写，并用自己的话流利地转述出来："土耳其的艳阳里混杂着汗水的味道，就像我身边的那个人身上所散发出来的味道一样。窗外，一群孩子在操场上踢着足球，他们讲着脏话，就像我们现在做的事情。"末了献上自己的钦佩之情："偷情可以偷到如此可爱？帕慕克写的这一段真帅！"

他也喜欢读历史，从《人类群星闪耀时》里，他认识了首位走进北极圈的人和首位看到三洋交汇的人。读到拿破仑的最后一役，他发现竟是一个大将军左右了世界进程。"拿破仑对将军说，你去追击，没我的命令别回来。将军忠诚地执行着命令，枪炮声四起都不回去，拿破仑最后输给了惠灵顿公爵。只要将军回来，拿破仑就能赢，世界历史就会重写。"

"唱歌是中国人的刚需，流行音乐的歌词却有很多被掩盖了的用心良苦。"

华少推崇李白，他好奇，李白仗剑走天涯，旅费怎么来？没有互联网，他的诗又如何红遍全国？

唐宋时的县城有公告板，谁的诗好就贴在上面，让老百姓去评价，像现在的排行榜。"李白先覆盖三线城市，让官员宣传他的作品，"华少说，"当时，官民都喜欢诗歌，正如今天的人们喜欢唱歌一样。中国人都唱卡拉 OK，经济再不景气，量贩式 KTV 还是有人去。和买房一样，唱歌是中国人的刚需。"

因为喜欢流行音乐，崇拜小虎队和四大天王，华少进入了主持行当。以前拿到歌手签名 CD 会尖叫和炫耀的他，早已站在《我爱记歌词》和《中国好声音》的舞台上发亮。他对中文歌词情有独钟："中文很美，很有意境，也很难。中文没有原则，主谓宾到处乱串都听得懂。歌词也一样，以前唐诗宋词拿来唱，今天词还在，曲已不见了。"

他写过一本《我爱记歌词里的文学蜜饯》，书名虽然"俗腻"，但内容讲了很多中国古典文学和现代流行歌词的有趣关系：任贤齐《心太软》的"独自一个人流泪到天亮"与杜牧《赠别》的"替人垂泪到天明"；庾澄庆的《春泥》与龚自珍的"落红不是无情物，化作春泥更护花"；邓丽君的《独上西楼》与李煜的"无言独上西楼，月如钩"。

"流行歌词与古典诗歌只是表达方式做了改变，情绪还能得到沟通。"他始终觉得，中文歌词和流行音乐是被轻视的。"今天的流行音乐，大家更多地在讲偶像，关注他们的收入和绯闻，其实歌词非常具有文学价值。"

"流行歌曲有很多被掩盖了的用心良苦，陈奕迅的《富士山下》唱道，'苦心选中今天想车你回家'，我们谁还会用'车你回家'这种名词作动词的讲法？王菲的歌曲《开到荼蘼》，谁知道荼蘼是什么？唱到这里也没有人去思考了。"

蒋方舟：阅读与写作都是一个人的冒险

文 / 苏马

"知识分子或艺术家，终其一生所做的就是输入和输出，读书对于我是输入，写作对于我是输出，就是这么简单。"

在《新周刊》广州总部工作时，蒋方舟的爱好之一是看路边民工。在清华大学读书时，学校外面的黑车司机也是她的观察对象，她特别喜欢听这些人聊天，看他们的日常。这种重复的呆滞与出神也出现在张爱玲的经历里，蒋方舟在一些作家的描写中读到，张爱玲常杵在路边看工人修高处的电线杆，一看就是半个多小时，"我也有点这样，不过不是看电线杆"。

蒋方舟 7 岁开始读张爱玲，现在还在读，"过段时间就会看看，她的每一个字句、每一个比喻都已经烂熟于心"。7 岁写作、9 岁出书，从小被打上"神童""天才少年"等标签，她时常觉得自己像个马戏团表演者般被围观，是一个站在低处的被参观者。她对张爱玲作品或经历中的"冷淡"与"拒绝"很有共鸣。"读到她的一些行为，我会觉得，噢，原来她也这样，然后觉得我干一些事情也是合理的，不会责备自己。"

阅读与写作都是一个人的冒险，这个过程中会发现许多自己内心不曾被发现的隐秘部分。

蒋方舟有记忆的阅读启蒙是在小学，当时蒋妈妈是中学老师。小学放学很早，大概 4 点蒋方舟就能回家，回家前她会跑到妈妈的学校，在图书馆找本书，边看边等妈妈。她那时看书很快，一天能看完一本，坐在回家的单车后座上也在看，妈妈担心她弄坏眼睛，一边骑车一边问"是不是在看书"，她假装答"没有、没有、没有"。

七八岁时，蒋方舟已经在看三毛的作品，以及一些日本轻小说。十岁出头，她开始看马尔克斯的《百年孤独》，看米兰·昆德拉以及尼采等人的哲学著作。当时还是小学生的她并不能完整地理解《悲剧的诞生》和《偶像的黄昏》到底在讲些什么，但里面的字句仍对她产生了很深的影响，如尼采说的"稀有的东西留给稀有的人。其实稀有的东西也包括消费不起的严肃文学、稀有的情感等"，又如米兰·昆德拉讲的媚俗与刻奇等大众情感。二十年后的现在，蒋方舟感叹，潜移默化之中，早年读过的只言片语塑造着她理解世界的方式。"确实，并不是能被大众接受的才是好东西，很多非常珍贵的情感只有少部分人能体会。"她越来越认同尼采的那句话。

大学期间，蒋方舟有过一段轻度抑郁的时光。"整天待在宿舍，怕和人交谈，厌世畏人，不敢去食堂，凌晨才去自动贩卖机买油炸花生吃。觉得自己胖、丑，觉得他人都在笑我太'卢瑟儿'，觉得生无可恋。后来强迫自己每天出门，写东西也要去咖啡厅，每天听点人声，人笑时我也模仿着笑，慢慢地好转了。"好几年前，她在微博上自揭伤疤。

自救的重要方法是阅读，她说只有看书的时候，生命体验才变得逐渐丰盈起来。从小暴露在公众视野，她并不是一个外向的人，她害怕冷场，害怕失望，参加聚会或公开活动，如果在场的其他人不说话，她会通过"呕吐式自曝情史"等方式来填充沉默。她曾在电视访谈里笑着自嘲为谄媚型人格，一边这么说，一边内心感到无限的消耗与孤独。她认为，真正外向的人与话多话少无关，一个外向的人可以很沉默或者面无表情，却发自内心享受与人相处交谈的过程，而她完全相反，即使别人觉得她笑得很开心。

所以，她信赖阅读。在她看来，读书与看电影、电视不同，看影视剧时是一种被动的接受，不管视觉技术多么好，人们会很清楚地知道眼前的一切是假的，知道几个小时后故事就结束；而阅读是很私人的体验，阅读者通常会随着文字沉浸到情节中。

"福楼拜写《包法利夫人》的时候，写到结尾突然放声大哭，朋友问他为什么如此伤心，他说包法利夫人死了，朋友觉得奇怪，既然不愿意女主角死去那就把她写活过来呗，福楼拜无可奈何，说没有办法，他没想把她写死，但写到结尾，生活的逻辑让她非死不可。"蒋方舟说，这种体验对于作家都是未知的，何况读者。"你也不知道你笔下的人会把你带到哪里去。"在她眼中，阅读以及写作都是一个人的冒险，冒险过程中会发现许多自己内心不曾被发现的隐秘部分。

读托尔斯泰的短篇小说《伊万·伊里奇之死》时，蒋方舟感受到一种不可逆转的时间流逝，仿佛这一生所有的悲伤、失落、无助、惶恐都凝聚在阅读的短短时间里，"你的感情在小说里面投射，随之波动"。蒋方舟观察到，现实生活中很多人一直做着自己并不太认可的工作，他们顺从并追赶着所谓时代的价值标准，相信只要每天往前走一步，就是在进步。可能人到中年得到了世俗上的成功，但突然有一种无以名状的悲伤，再然后只能通过马拉松、登山、摄影或者搞外遇来消解这种中年悲伤。

在书里获得某种情感体验与自我审视之后，对人性的理解会变强，对他人的苦难有更强的共情能力。

蒋方舟出生于 1989 年下半年，按照现代社会的划分标准，中年离她还很远，但读到小说里的伊万，她提前感受到中年式恐惧与自省。她不停地思考，自己所在的火车到底是不是在往前开，是不是在盲目地跟着时代洪流往前走？

一改最初以自我观察发表公共意见的杂文风格，蒋方舟这几年在尝试小说创作，2014 年，她出版小说集《故事的结局早已写在开头》，书中收录了 9 个互有关联的故事，涵盖中年人、死人、灵魂等视角，不乏褒贬。她自己也有遗憾，说当时出版周期太赶了，如果再改个半年，最终出来的作品可能会更成熟。当时小说出来后，有人质疑天才少女不过如此，朋友笑她"自己挖的坑得自己跳出来"，她回答："确实如此，而且不可否认，我在这个少年成名的坑里吃了不少观音土，是这个坑的受益者，获得了比别人更多的关注和机会。"

蒋方舟把跳坑的过程比作游泳场地的变化。她说像过去那样写杂文是在游泳池里游泳，那里熟悉、舒服、安全；创作小说作品则是游向未知的大海，那里不再安全、确定，但那些不确定中或许有解决焦虑的可能。当"以前年轻时""现在年纪大了"等句子频繁出现在她嘴边时，你明显感受到一个青年作家的时间焦虑。"你看看歌德 28 岁写了什么？当然这样说有点不要脸。近一点，可以看余华、苏童 28 岁时写了什么，这种东西会让我真的觉得焦虑。"她说，尽管自认在每个阶段都尽可能地使出全力投入创作，却未达到自己理想的标准。

小说的世界感性而丰富，在书里获得某种情感体验与自我审视之后，对人性的理解会变强，对他人的苦难有更强的共情能力。"那之后，你可以有一个自由去选择要走什么路，要成为什么人。"蒋方舟说，很多人对于外部世界没有那么好奇，每天纠结在一些琐碎的痛苦之上，就是因为缺少这种过程，逐渐丧失了对于他人苦难的理解能力。

看书摘录是她认识和理解世界的入口，也是表达的切口。

阅读是蒋方舟对抗焦虑的方法之一。读者会发现蒋方舟常常分享类似的阅读体验，并且喜欢引用他人的原文。当她在杂文集《我承认我不曾历经沧桑》中描述中产阶级的孩子时，引用的是小说《红字》里的话："倘若世世代代都在同一处不再肥沃的土地上反复扎根，人性就会像马铃薯种在这片土地般无法繁茂苗壮。"在谈话节目《圆桌派》中因婚恋观被误解后，她引用清华学姐刘天昭的话："不要和愚蠢的人自嘲，他们会当真的，然后在你面前傲慢起来。"

为了记住读过的好句子，她从大学起不断摘录。平时读到有意思的内容，蒋方舟会先用手机拍下来，等到晚上回家再打开电脑誊抄整理。她习惯在摘录里记上原句和阅读感受、联想等，每天如此。"你看了书，它会对你产生影响，你偶然想起一个句子或一个点子其实并不是你的。正常的话，摘抄下来后，你会清楚地知道那句话是谁说的，而不会误以为是自己的就把它想当然地写上去。"蒋方舟说，宁愿全部原文引用，也不愿意在明明知情的状态下，化用别人的智慧来假装自己的想法，除非自己有把握比原文说得更好，否则那是一种不道德的"偷"。

在搜索引擎与电子信息触手可及的年代，一般人可能会认为重复摘录的过程如同苦行僧修行，蒋方舟自己于此却无特殊感受，她说阅读跟吃饭一样普通，没有必要刻意用它陶冶情操或平复心情。"有时候写到下午两三点，有点累了，可能就看一个小时小说，再继续写。"她自述过着极为规律的生活，上午九点多十点起床，在家吃个饭，然后出门到家附近的一家咖啡馆坐下，打开电脑写东西，写到傍晚回家吃饭，跳跳操，跟妈妈聊会儿天，再看看书或者漫画，然后12点睡觉。

她喜欢在写作间隙翻阅的小说是威廉·福克纳的《熊》。"猎人们还讲关于人的事，不是白人、黑人或红种人，而是关于人，猎人，他们有毅力，不怕吃苦，因而能够忍耐，他们能屈能伸，掌握诀窍，因而能够生存……按照古老的毫不通融的规则,进行着一场古老的永不止息的竞争。"为了一个阅读活动,她在常去的咖啡馆对着录音笔读起喜欢的段落。念完,她解释,这个故事没有跌宕起伏的情节,但描写得特别生理,读起来"嘴里因为紧张,而有了金属的味道"。

蒋方舟现在 27 岁,去年重返校园读写作方面的研究生课程,穿着打扮散发着学生气质。如果坐在她不到一米的距离面对面观看,会清楚地知道她几乎没化妆,脸上除了粉橘色口红基本素颜,一头过肩中长发自然披散,没有刻意整理过的痕迹,尽管她早被告知采访结束后需要拍照。某种程度,这和妆容素净但喜欢娇艳口红的张爱玲很像。

白岩松:我的研究生,一个月读三本书,没商量

口述 / 白岩松   采访 / 邝新华

"经常有人问我:你对中国未来的读书状况乐观吗?我说乐观,非常乐观。我反问他:你对中国足球的未来乐观吗?他说当然乐观,因为不能再惨了。"

有人问我怎么挤出时间读书。这很奇怪。我觉得人生应该是在读书的间歇、活着的间歇挤出时间去忙其他事,怎么可能是挤出时间来读书呢?大家都在忙什么?是活着,还是在生存?如果还在生存,忙的确很重要,读书就没那么重要了。但是如果你想好好地活着,读书就很重要。有的时候读书并不是为了想要什么,就是读书而已,这就是活着的一种意义,这是开心的事。"挤时间读书"这句话本身就非常荒谬。

我不推荐书单。我们总想当圣人,告诉别人哪一本书一定要读。人和人区别太大了,你以为的蜜糖可能是别人的毒药。每一个人的阶段也不同,曾国藩年轻的时候靠的是孔子,后来靠的是法家,最后靠老庄哲学,他一生还三变呢。

阅读这件事千万别下定义。前年美国各路人马都在为奥巴马开书单,说总

统应该读什么样的书。后来一个畅销书作家跳出来，结束了这场推荐，他甚至用了近似粗话的语言："让他爱他妈读什么书就读什么书吧！"

我觉得挺有道理的。

我跟我的学生倡导：咬紧牙关读完头十页。不要"喜欢喜欢"，要"喜欢别扭"。

有些书你看早了，反而麻烦，比如说很多世界名著。我去年在台湾101大厦推广世界名著，我说不主张初中生读太多世界名著。读《简·爱》、读《傲慢与偏见》，读得进去吗？读《呼啸山庄》有用吗？我建议初中生从《鲁滨逊漂流记》读起，这对初中生是很好的书；高中的时候可以读《巴黎圣母院》；到了大学阶段，你可以读《傲慢与偏见》了，可以从更深的层次去理解。不同的年龄有不同的理解力，有时候你读早了，反而会把书读废了。比如说，《道德经》在十几岁读就有点早了。曾国藩年轻的时候就读过《道德经》，但是不以为然，等到他屡败屡战之后，为父奔丧回家，重读《道德经》，结果就完全不一样了。后来他带着《道德经》的思想重新出山，反而屡战屡捷，最后把叛军消灭了，达到了人生最高峰。

但也并不是所有的书都要严丝合缝地放在某个年龄段去读，这不一定。《道德经》应该成为一生之书，属于一辈子每个人生阶段读总能读出新东西的书。曾国藩二十多岁的时候，出道不久，对《道德经》的理解当然不同。我二十多岁的时候读《曾国藩家书》，豁然开朗；今年我将近五十岁，重读《曾国藩家书》，感悟又不一样。

你读着非常累的、读不下去的，不一定不是好书。但是

2012年，白岩松被国家新闻出版总署任命为读书推广大使。他说自己接到这份任命的时候，有一分伤感、九分紧迫感。（图—李伟）

起码此时它不适合你，你不如放下它，缓一缓。我跟我的学生倡导：咬紧牙关读完头十页。有很多书头一两页很难读进去，但是当你读完十页的时候，就会发现真的很好。可是现代人太急躁了，经常是一页没读完，便扔一边去了。

我常跟我的学生说，不要"喜欢喜欢"，要"喜欢别扭"。在你做学生的时候，喜欢是一堵墙，但凡你喜欢读一本书，说明这本书对你来说没有障碍，可能是你知识体系之内的，是完全同质化的营养。只有别扭才意味着新的领域，别扭里头可能会有一定的比例真的不适合你，但是会有相当大的比例是新知。假如你突破了别扭，它就重新定义了你，让你拥有新的东西。当然，这个观点，我指的是学生。当你到了一定的岁数，像我们这岁数，那就像美国那个畅销书作家说的，让他爱他妈读什么就读什么吧！

金字塔底层的这一批人也开始读文字了，原本的精英阶层却开始放弃深度阅读了！

推广阅读时，我总在消除人们的一个误解。我经常听到人们说：现在中国人怎么不读书了？其实，中国人什么时候读过书？读书的前提是识字。我为什么说我人生头十年最重要的一本书是《新华字典》，因为没有《新华字典》我就不识字，不识字我就走不进书的世界。中国的文盲率 1949 年时据说是八成，我觉得八成都不止。中国 1949 年之前最鼎盛的一份报纸，发行量不过八九万份。国民中起码 80% 以上是文盲，怎么可能会有悠久的读书传统？

我们从来都只有精英读书，而没有全民阅读。上世纪 50 年代对于中国文化非常重要的一点，被大家忽略了，那就是创制拼音和帮着几亿人走出文盲的世界。我们现在的文盲率已经缩小到了个位数，90% 的人是识字的，这才有全民阅读的基础。不要有一种错觉，以为我们一直热爱读书，突然这些年被人民币和欲望冲击了，大家都不读书了。别逗了，中国人什么时候读过书？我们今天谈的是全民阅读，精英早就读书了，这一帮人一点都不傻，所以把权利都控制在了自己的手上。过去，但凡说一个老爷比较好，就是教自己的丫鬟读几个字，把读书的权利还给丫鬟。

我们现在有两亿多流动人群，他们在打工之余戴一个耳机在听歌，听的歌也许不是你认可的，但是他们迈出了非常大的一步——他们开始听歌了。我说的是金字塔底层的这一批人，他们也开始读文字了！即使他们现在读的是言情、武打小说，但这已经是巨大的进步，他们看字了，他们阅读了。

相反，现在真正的大问题，是原本进行深度阅读的人群正在浅阅读。我举一个例子，现在的大学生不进行深度阅读了，大学生不读书的状况已经到了让人触目惊心的地步。背后一个重要的原因恐怕是，相当多大学老师不读书了。老师不读书怎么让学生读书？我每年带11个研究生，中国传媒大学、北大、清华、人大新闻系的研究生，应该算是中国新闻领域不错的学生了。我跟他们感慨，又不好直说，就含蓄地说了一句："我怎么觉得你们是高中毕业直接上的研究生呢？"我这句话的意思，是奇怪怎么大学里该有的阅读量居然都没有，这太可怕了。

80年代我们上大学时会读一些一样的书。我跟我夫人不是一个年级的，但多年以后我们相识，两个人要住到一起时发现，我们有很多书是一样的。像《傅雷家书》《朦胧诗选》，我有，她也有。再回头一想，我母亲她们也都有。就在这些书里头，有着中国人共有的灵魂密码。

现在大学生共有的书是什么？大家会说，每个人有自己的选择。真的吗？你相信自己的话吗？他们现在不读书！

现在有一个错觉，觉得看手机就是阅读。我说我不反感你们玩手机，但是千万不要堂而皇之地说，天天看手机就是在阅读。别逗了，你自己心里最清楚。看手机的第一需求是人际交往，打发无聊时间，然后是游戏，然后读一点零碎的资讯，顶多读篇流行的公众号文章。有几个人每天拿着手机，还能按计划一个月读完四本书？别自欺欺人。曾国藩说过一句话：人要诚。不骗别人这容易做到，但最难的是不骗自己。我在北师大跟大学生交流时说，你们在手机上天天跟与自己同等智商甚至低于自己智商的人交流，因此你们是在原地踏步。现代人的问题是，资讯爆炸，知识越来越多，智慧越来越少。无所不知，但没有办法。

了解资讯跟深度阅读的区别在于，深度阅读是接近智慧的过程。但是我们每天的碎片化阅读只是知道。《新周刊》不是创造了"知道分子"这个说法吗？这是一个很重要的发现，现在大部分人是知道分子，而知道分子已经穷途末路了。

什么叫穷途末路？一个大学老师如果只讲知识，越来越难混。你在台上刚讲到第三点，底下人百度到第八点了，你怎么讲？现在获取知识太容易了，只要百度一下就OK。知识再无门槛，问题就在于知识不等同于智慧。为什么倡导阅读？首先阅读该是一种生活方式，另外，我们说的阅读，指的是指向智慧的深度阅读。

没有什么力量可以拯救中国人不读书的风气，没有。推广阅读也只是提前打捞，但是谁决定上岸不是因为他马上要淹死了呢？

现在很多老师自己不读书，又怎么能让学生读书呢？原来我以为全世界都这样，可是后来我才发现并不是。英国的文科本科生，每学期至少有一周阅读周。这一周一堂课都不用上，老师给学生开书目，你自己找地方读去，一周之后来考你。阅读周，我们哪个大学有？美国的文科研究生，像哈佛大学，学生基本上就是在老师指导下读书。他们一年起码要读 150 本以上。可怕。我开始带学生的时候，要求他们一个月读三本。我以为我非常苛刻，现在才发现，我太过宽松了。

古人就非常明白。过去我们到了上学的年纪，老人会问：这孩子读书了没有？不叫上学，而是"读书了没有"，很有意思。中国最牛的是基础教育，高一之前我估计世界无敌。到了大学阶段我们已经落后太多，大学生在整个大学时期处于一种焦虑状态，一上大一就开始找工作，都是成功学，都只要结果。到研究生就更没法跟人拼了。美国的基础教育很烂，本科不是世界上最好的，但是一到研究生阶段，美国绝对是世界老大。

大前年我在伦敦听逍遥音乐节，幕间休息的时候，几乎所有老外都拿出了一本书来读。是几乎所有人！这挺吓人的。我在欧洲经常坐火车，乘客非常安静，都在看书。但在中国，每次坐火车都会见到，一上车就有人找乘务员，问座椅怎么调过来，然后两拨人对坐着开始打牌，就控制不住自己的声音了。一会儿车厢基本上就被这声音占据了。

我们看到的大学阶段就是苍白的四年——毫无阅读量，没有阅读量就不可能有成长。让大学生在老师的指导下，安安静静地读三年书，中国的面貌会为之一振，豁然开朗。我只说三年，后一年让他们找工作去吧，读研去吧。

没有什么力量可以拯救中国人不读书的风气，没有。只有当现在的生活方式让自己的人生变得更糟时，人们才会想改变。没有其他路，推广阅读也只是提前打捞，但是谁决定上岸不是因为他马上要淹死了呢？比如说，多年以前说谁能制止中国人玩命胡吃海塞呢？没有。终于有一天，我们把自己吃成了全世界糖尿病第一大国、高血压第一大国，高血脂等慢性病全是 No.1 了，中国人就开始跑步了。

坦白地说，我在做全民阅读推广的时候，并不是很开心。一个国度居然要玩命地去做阅读推广，其实就已经很说明问题了。我经常举的例子是，为什么没有吃饭日？读书不就是另一种吃饭吗？所有人都知道吃饭天经地义，那是要维持肉体健康，但是精神健康呢？

经常有人问我：你对中国未来的读书状况乐观吗？我说乐观，非常乐观。我反问他：你对中国足球的未来乐观吗？他说乐观。我说为什么，他说因为不能再惨了。对的，中国足球的世界排名已经是第86位了，你对未来不乐观吗？我非常乐观，我相信一定会重回前七十。中国现在是成年人人均一年读4.58本书。人均阅读4.58本书的民族，GDP都已经世界第二了，你就想一想我对未来得有多乐观！

新周刊
NEW WEEKLY
2017 年度佳作

生如唐诗

插图—夏阿

一部唐诗万种生活。

今天人们为何依然爱读唐诗?

因为唐诗里有大国之气、时代镜像,有人味,有风物,有气度,有天地,有家国,有说走就走的李白,有泪流满面的杜甫,有悲天悯人的白居易。

因为唐诗是中国最壮美的文字江山,是汉语力与美的巅峰,是幸存至今的文化寻宝图。

它能指引你回到长安、广陵、白帝城,带你上黄山、庐山、终南山,带你入春晓、斜阳、空山,带你去夜泊、从军、长相思。

因为一部《全唐诗》就是一部唐朝的社会史与生活史。唐诗里有上至皇帝下至贩夫走卒的五万种活法。

高兴时,悲伤时,相见时,别离时,金榜题名时,降职贬官时,直面壮丽河山时,独处人生逆旅时,他们都写诗。

中南民族大学教授王兆鹏花五年时间画出一张"唐宋文学编年地图",

描绘出 150 多位诗人的生命轨迹,当你身处旧地吟诵唐诗,便会发现,其实每个现代人都是唐代人,有着相似的情感,过着相似的生活,有着相似的体悟。人人都活在属于自己的那首唐诗里。

唐朝就像汉文化一个短暂的度假期,是一次露营。

为什么我们特别喜欢唐朝?因为会觉得这一年回想起来,最美的那几天是去露营和度假的日子。(蒋勋)

当然,唐诗并非非读不可,世上有千万条路,只要你最终能找到真正属于你的那条,寻得入世之道、出世之乐,在这粗鄙时代,喝一口干净茶,做一些干净事,做一个干净人,即好。

唐诗里有五万种活法

文 / 孙琳琳

"梦回唐朝",憧憬的是开放的精神和泱泱大国气象。现代中国人热衷于读唐诗,是想从唐诗的天地、人情、气度、风物、家国里找到某种共鸣。

网友爱说:这腿我能玩一年。而唐诗,中国人已经玩了 1300 多年了,至今仍然经久不衰。它是汉语诗意的起点也是高峰,是中国人学习母语的初乳也是精华。

看不够、引用不完的唐诗,魅力到底在哪里?

第一,唐诗是时代同期声——一直在时代现场,以文字意象托住了大国盛世气象,遭逢乱世之际也是"国家不幸诗家幸",尽责描摹国难民苦;第二,唐诗是汉语力与美的巅峰,天才辈出、杰作密集、风格多样,题材几乎无所不包;第三,唐诗写下的壮美文字江山,成了中国历代直到今天的无形文化遗产,成了每一个中国人和世界游客的文化寻宝图。

作为时代同期声的唐诗。

写诗对于唐代人来说就是一种日常生活,上至皇帝下至贩夫走卒,都能写诗。武则天能写相当不错的诗,《全唐诗》中收录了她的作品 46 首。据说她打动高宗,靠的就是在感业寺出家时所写的七言绝句《如意娘》:"看朱成碧思纷纷,憔悴支离为忆君。不信比来长下泪,开箱验取石榴裙。"

在唐代,诗人的影响力很大。白居易去世后,宣宗李忱还专门写挽诗悼念他:"缀玉联珠六十年,谁教冥路作诗仙。浮云不系名居易,造化无为字乐天。

童子解吟长恨曲，胡儿能唱琵琶篇。文章已满行人耳，一度思卿一怆然。"

教坊梨园把诗挂在嘴边，市井坊间也随处有可供题诗的白墙。唐代人高兴时写诗，悲伤时也写诗；相见写诗，别离也写诗；金榜题名时写诗，降职贬官时也写诗；直面壮丽河山要写诗，独处人生逆旅也写诗；有大事发生时写诗，无所事事时也写诗。

唐诗中既有伟大的金句，也有通俗的大白话，从中可以读出唐代人的关注点和处境——他们是怎么生活、怎么表情达意的，他们喜欢什么又讨厌什么。唐诗的重要价值除了文辞的优美，还有对现实的反映。一部《全唐诗》，尽可以当作史料来看。不同时间点的诗，都是当时社会景象的镜子。

流传至今的唐诗金句，几乎就是最凝练的唐代风俗画：初唐有王勃"海内存知己，天涯若比邻"的亲切，盛唐有杜甫"会当凌绝顶，一览众山小"的气势，中唐有白居易"一道残阳铺水中，半江瑟瑟半江红"的写实，晚唐有李商隐"晓镜但愁云鬓改，夜吟应觉月光寒"的伤感。

西川在《唐诗的读法》一文中写道："促成诗歌成就的不仅仅是科举制度，它应该是各种制度、各种思想准备、人们感受世界的方式、社会风气和语言积累叠加在一起的结果，当然也离不开天才的创造。"

唐诗，是只有在唐代才可以达成的成就。

唐诗是汉语力与美的巅峰。

中国人熟读的，通常是辑录 77 家诗的《唐诗三百首》，并没意识到这本字字珠玑的精选集之外，还有浩瀚的唐诗海洋。根据日本学者平冈武夫的统计，《全唐诗》共收诗 49403 首。而在这之外，还有更多未被收集到的唐诗。

唐诗海量，因为它就是唐代人的日常表达，并且写起来不难，有固定的写作格式，有常用的题材和意象。文人可以写，普通人也可以写，因此有好有坏，有雅有俗。但是由后世回望，唐诗的最大成就，是由李白、杜甫、白居易等顶尖诗人所代表的。

唐代好诗层出不穷，且不拘一格、无所不包。好诗人也辈出，有最出世的孟浩然、最有家国情怀的王昌龄、最言情的王维、最敢言的韩愈、最辛辣的柳宗元、最晦涩的李商隐、最香艳的杜牧，等等。在众多天才之中，最耀眼的还是三个人——说走就走的李白、泪流满面的杜甫、悲天悯人的白居易，他们都是后世诗人的原型和表率。

李、杜、白就好比唐代诗人中的三剑客，是诗人中的诗人，就是他们对汉语言文字如神的运用，打下了汉语写作的大好江山。也正是因为有这个级别的诗人作为高标，唐诗才攀上了汉语力与美的巅峰。

李白的诗句至今读来仍让人激动不已："君不见，黄河之水天上来，奔流到海不复回。君不见，高堂明镜悲白发，朝如青丝暮成雪。"杜甫之后再没有人表达国仇家恨能超过他："国破山河在，城春草木深。"传说中白居易倜傥的个人生活，并不影响"座中泣下谁最多，江州司马青衫湿"带来的感动。

写诗不难，写好诗的门槛很高。用典之讲究，不是一般写诗的人能够胜任的，要经过严格的训练，要有参考书，更要有某种天分。西川认为，唐诗写作中包含了不同于贵族等级制度的智识等级制度，大多数时候，诗就是写给志同道合的朋友看的。"即使白居易悯农，他也主要是说给元稹、刘禹锡听的。"而越是这样的诗，就流传越广。

唐诗在当代的审美存在。

在唐代，诗就是人们的生活日常。而在当代，唐诗成了对历史的导览、对美的导览。唐诗是向导，当代人被它带到长安、广陵、凉州、浔阳、白帝城，带上黄山、庐山、岱宗、嵩山、终南山，带入春晓、斜阳、秋夜、塞下、空山，带去高卧、夜泊、怀古、从军、长相思。

唐诗是地理的。五年来，中南民族大学教授王兆鹏带领百人团队制作网站"唐宋文学编年地图"，目前已经厘清了 150 多位诗人一生的轨迹，今后还会陆续增加到 500 位。通过这份地图，既可以看清一位诗人的生命轨迹，也可以看出同一时间段所有诗人的活动与互动。

"唐宋文学编年地图"一推出就成为热门网站，是因为当代人仍然感到唐诗与自己息息相关，仍然关心与唐诗有关的一切。唐诗，是融在中国人血液里的文化基因，是无形的文化遗产。

作为唐诗的忠粉和研究者，南开大学古典文化研究所所长叶嘉莹"说唐诗"的热情，源于 1977 年一次旅行。当从加拿大归来的她听到导游在一个个地点一首首地背诵唐诗，内心的家国情被唤醒，义不容辞地担当起中国古典文化的传灯人。叶嘉莹说："诗歌的最大作用，是要让你有一颗不死的不僵化的心灵。"

"锄禾日当午，汗滴禾下土。"中国人的汉语启蒙教育，是从唐诗开始的。广州的小学生，三年级之前要能背诵 75 首唐诗。1300 多年前的唐诗，至今仍是汉语的基石。

因此在日常生活中，"床前明月光""劝君更尽一杯酒""月落乌啼霜满天""何当共剪西窗烛"……这些句子中国人几乎是张口就来。唐诗仿佛也取之不尽用之不竭，被以各种方式直接用、化用或者挪用，出现在日常的聊天里，出现在广告里，也出现在孩子的名字里。

《中国诗词大会》重燃唐诗宋词热，有人问：为何从小就要让孩子读唐诗宋词？有人答：因为当你看到美景时，只会说"卧槽"，而他会淌出一句"大漠孤烟直，长河落日圆"。

与唐诗有关的书籍、公众号、旅游景点永远吸引眼球，永远能引起共鸣。唐诗本身就是寻宝图，将人们引向那个最辉煌的时代、那些最丰盛的物质、那种最自信的文化心态；引向超然物外又有家国情怀，同时寻求生命真谛的生活方式，优化着当代人的审美情感和生活格调。

新版唐诗阅读手册

文／罗屿

最出世的诗人：孟浩然

"春眠不觉晓，处处闻啼鸟。夜来风雨声，花落知多少？"这首诗的作者孟浩然自幼饱读诗书，青年时为抗议朝廷黑暗拒绝科考，隐居于湖北鹿门山。中年后，他欲登仕途却屡遭挫折，在落寞困顿中终老田园。

对于孟浩然，有一种评价，称其"不甘隐沦却以隐沦终老"，甚至有人认为，他"一生孜孜以求地奔走于干谒求仕的道路上"。不过在学者叶嘉莹看来，孟浩然早年的隐逸并非故作姿态，从李白的一首诗中，也能看出孟浩然本就有风流浪漫、任性适意的一面。李白诗中写："吾爱孟夫子，风流天下闻。红颜弃轩冕，白首卧松云。醉月频中圣，迷花不事君。高山安可仰，徒此揖清芬。"

也许是害怕生命的落空，孟浩然中年走上了求仕之路。叶嘉莹认为，诗人也因此"放弃了自己所一向持守的隐，去追求另外一种仕的完成，最终仕隐两空"。我们有时也会猜想，倘若孟浩然当年真的做官，又能否适应官场生活？

最有家国情怀的诗人：王昌龄

"秦时明月汉时关，万里长征人未还。但使龙城飞将在，不教胡马度阴山。"这首《出塞》是王昌龄的脍炙人口之作，表现了诗人希望早日起用良将平息战事，使人民过上安定生活的美好愿望。

王昌龄被后人称作"七绝圣手"，清代沈德潜称赞"龙标绝句，深情幽怨，意旨微茫，令人测之无端，玩之无尽"。然而，这位在世时被称为"诗家夫子王江宁"（把王昌龄比作诗歌中的孔子）的唐代著名边塞诗人，历史上对他的生平记载却非常少，《旧唐书·卷一百九十》中只有五十一字的介绍，《新唐书·王昌龄传》也不过区区九十八字介绍。后人只是大概知道，王昌龄一生坎坷，屡次遭贬：曾被贬官到岭南，后又被贬作江宁丞，天宝七年被贬为龙标尉，所以人们称他为王江宁或王龙标。安史之乱后王昌龄离开龙标，在安徽境内被刺史闾丘晓杀害，原因不详。有人猜测，王昌龄大概为人狂放、不拘小节，因而多次被贬官。而他的性格，也最终为他招来杀身之祸。

最言情的诗人：王维

相对孟浩然的仕隐两空，叶嘉莹说王维仕隐两得：出身名门的他早年积极求仕，二十岁中进士，先后做过太乐丞、右拾遗、监察御史。然而一直做官的他却总有隐退之志，先后在终南山及辋川隐居。在辋川别墅时，他邀朋友吟咏酬唱，完成一组著名的写景五言绝句《辋川集》。

然而王维仕隐两得或许只是表象，叶嘉莹认为，在他内心深处，"一直有很多矛盾痛苦，只是他从不把它们真诚地表现出来"。开元二十四年，张九龄罢相，李林甫继任，社会渐趋黑暗，王维内心虽沮丧却不能与李林甫、杨国忠彻底决裂，一直处于矛盾与妥协中。

因不能做到全然的真诚，叶嘉莹觉得王维是介于名家与大家之间的一个人，钱锺书则说王维是二流诗人。然而不能否认，兰心蕙质的王维是一位涵泳大雅，擅长言情，比如那首《相思》——"红豆生南国，春来发几枝。愿君多采撷，此物最相思"，直到今天仍被传颂。

最浪的诗人：李白

也许再没有哪位诗人能像李白，赢得如此多的声誉：诗仙、诗豪、酒仙、谪仙、狂客。贺知章在读过李白的诗后说："子，谪仙人也。"称李白是天上被贬谪下凡的神仙。诗仙李白确实张狂。他吹嘘自己年少时曾出手使剑，"手刃数人"。做翰林侍诏时，他当着皇帝的面伸出脚让高力士给自己脱靴子。他说"安能摧眉折腰事权贵，使我不得开心颜"。

世人大多只见李白的张狂，又有谁能真正欣赏甚至疼惜他的不羁与"飞扬跋扈"？也许，唯有英雄识英雄。好友杜甫曾写过一首《赠李白》，为李白勾画出一份传神小像："秋来相顾尚飘蓬，未就丹砂愧葛洪。痛饮狂歌空度日，飞扬跋扈为谁雄？"杜甫在诗中写李白求仕、求隐的失败。也许对李白而言，"痛饮狂歌"只是一种逃避，并不能抵消他壮志未酬、人生落空的悲哀。

763 年，李白去世。有人说他是病死，也有人说他是醉酒后"揽月落水"溺死。一生喜欢以大鹏自比的诗人，在尘世挣扎腾跃一番后，寂寥陨落。

最晦涩的诗人：李商隐

被人称作唐代"朦胧诗人"的李商隐最有名的恐怕就是他的那些无题诗，"相见时难别亦难，东风无力百花残""昨夜星辰昨夜风，画楼西畔桂堂东"……个性教师夏昆在谈及李商隐时表示，怅惘哀伤的诗人大概将自己所有感情都灌注进这些无题的诗章中，它们"如一个上了锁的珠宝盒，当盒盖微微打开时，我们就能从缝隙里看见透出来的或清冷或温暖的微光，但是那盒子却始终无法完全打开，我们只好从这偶尔透出来的微光里，去感受无题的情愫、无题的绮丽"。

因为常用神话及想象写作，李商隐的诗歌素来难懂。梁启超就曾说自己并不解《锦瑟》《碧城》《圣女祠》等诗的文义。梁启超不解倒也正常，据说《锦瑟》

素来有多种解读：有人称其为悼亡诗，有人说讲的是党争，有人说"锦瑟"乃一女子名，还有人说这是诗人感慨仕途不顺。

最敢言的诗人：韩愈

乱世中，有人用诗歌婉转表达自己悲苦的人生，也有人以文字对抗时势的艰危。和中唐很多诗人沉吟婉转的风格不同，韩愈的诗歌"奇崛险怪"，气势滂沱。韩愈曾和柳宗元一起反对六朝骈文，倡导"古文运动"。"古文运动"与其说是韩愈对文体的焦虑，不如说是对政治的焦虑。

韩愈的敢言让他遭遇了仕途的挫折：担任监察御史时，关中大旱，百姓饱受饥荒，韩愈上书请求减免赋税，却被贬为阳山令；举国崇佛时他写《论佛骨表》力劝皇帝不要过度沉迷，甚至说佛骨乃"枯朽之骨，凶秽之余"，应"投诸水火，永绝根本，断天下之疑，绝后代之惑"。韩愈因此险些被杀，经好友力保，才得以从轻发落贬至潮州。

泪点最低的诗人：杜甫

把杜甫尽量向穷苦坎坷方向描述，几乎成了通俗文学史叙述的一大套路。我们习惯在"三吏""三别"中与那个愁眉紧锁的杜甫相遇，体味诗人的愤懑与忧愁。然而如此解读杜甫，却有失偏颇。美国汉学家宇文所安说："在中国诗歌传统中，杜甫几乎超越了评判。"诗人西川在谈及李白与杜甫时则表示："李白的想象力来自海水、海市蜃楼，杜甫的想象力来自土地、土地上万物的生长与凋零。"

如西川所说，动荡时代中饱尝饥饿、伤痛的杜甫，不只写自己，他更关心人民大众，关心脚下的土地，他用诗歌表达对战争、叛乱的痛恨，对安定美好生活的渴望。梁启超说，杜甫是"情圣"，因为"他的眼光常常注视到社会最下层，这一层可怜人的那些状况，别人看不出，他都看出；他们的情绪，别人传不出，他都传出"。梁启超说，杜甫对于时事痛哭流涕的作品，差不多占四分之一。

最辛辣的诗人：柳宗元

在早年的人生历程中，柳宗元可谓一帆风顺：士族出身的他年仅二十岁就高中进士，后得王叔文赏识，一路得到擢升。那时的柳宗元一定不会想到，自己原本灿烂辉煌的从政之路，会在三十二岁那年转向暗淡。

由于唐顺宗被废，王叔文集团遭到清算，柳宗元受到牵连被贬为邵州刺史，在赴任的路上，被加贬为永州司马。在永州待了十一年后，柳宗元奉诏回京，对这次被召，柳宗元本寄予了莫大希望，但他很快就被贬为柳州刺史，最终在柳州任上去世。

柳宗元不仅是诗人，作为"唐宋八大家"之一的他还是伟大的散文家，在永州时他完成著名的游记散文《永州八记》。柳宗元的散文，无论是讽刺社会病态，还是控诉人间不平，均透彻精辟。在永州时，柳宗元还完成了《封建论》《非〈国语〉》《天对》等颇具哲学色彩的文章，他甚至在文中批驳汉代大儒董仲舒"淫巫瞽史，诳乱后代"，笔锋辛辣犀利。

最香艳的诗人：杜牧

《唐才子传》这样描述晚唐风流才子杜牧："牧美姿容，好歌舞，风情颇张，不能自遏。"早年以《阿房宫赋》出名的杜牧，曾在扬州为官十年，足迹踏遍当地大大小小青楼。据说杜牧任职期满后，淮南节度使牛僧孺在钱别宴上拿出上千份写有"某日晚，杜书记宿某娼家，无事"的"报告"。多年后，杜牧写《遣怀》自嘲在扬州的往事："落魄江湖载酒行，楚腰纤细掌中轻。十年一觉扬州梦，赢得青楼薄幸名。"

有人说《遣怀》一诗是忏悔，杜牧虽写得风流，但并不下流。有人甚至认为，诗人只是在内忧外患的动荡衰败中，不得不放下"治乱兴亡之迹，财赋兵甲之事"的经世致用之学，让美酒佳人成为疗伤去痛的良药。

最有同情心的诗人：白居易

创作出唐代叙事诗巅峰之作《长恨歌》的白居易将自己的诗歌分为讽喻、闲适、感伤和杂律四类。他在著名的《与元九书》中提到："古人云：'穷则独善其身，达则兼济天下。'……谓之讽喻诗，兼济之志也；谓之闲适诗，独善之义也。"

白居易积极倡导新乐府运动，主张"文章合为时而著，歌诗合为事而作"，那首《卖炭翁》可以看出他对百姓疾苦的无限同情。白居易十分推崇杜甫，主张以诗歌为正义与弱者呼喊，在他的很多诗句中都能看到杜甫的影子。比如杜甫写"朱门酒肉臭，路有冻死骨"，白居易有"不然当时泸水头，身死魂孤骨不收。应作云南望乡鬼，万人冢上哭呦呦"。

白居易从政为官几十年，一直沉浮坎坷，晚年的他过起隐居者的生活，但作为官员的白居易却做到了"为官一任，安民一方"。比如在任杭州刺史时，他率众挖湖筑坝提高西湖水位，灌田千顷。离任时，面对前来送行的百姓，他写诗："唯留一湖水，与汝救凶年。"

谈"诗"，更应谈"唐"

文 / 罗屿

现代人大多将唐诗封入神龛，却不知写诗本就是唐代人的生活方式，就连流氓身上的刺青也是"诗意图"一类。

在西川看来，只有努力成为唐代诗人的同代人，

了解他们的经历、禀赋、信仰、偏好，以及他们所面对的复杂的社会历史局面，

才能找到那条通向唐诗的迷人通道。

诗人西川常会面对这样的质疑："你们当代诗人何时可以写出像'床前明月光，疑是地上霜'这样朗朗上口的诗歌？"西川的回复是："我同意你的看法，但请把对新诗的批评用古文再讲一遍。"

中国古汉语以"字"为基本语义单位，现代诗歌以"词"为基本语义单位。"一个人使用古汉语思考问题，和一个人使用现代汉语思考问题，他的思维方式、他所面对的世界都是不一样的。"人们为何喜欢站在古诗角度批评新诗？"究其根本，在于大多数人对古诗的不了解。"西川说。而这就涉及一个问题：

现代人该采取何种态度阅读古诗？西川在 2016 年第 6 期《十月》杂志上发表的长文《唐诗的读法》，就是要回应这一问题。

谈及唐诗，人们大多想到李白、杜甫、王维、白居易等著名诗人那些脍炙人口的诗句，分析其立意之高、用语之妙，有时会挪用几句以抒自己或俗或雅之情。但西川觉得，这样的阅读与引用，不过是现代半文盲、小资或自诩的文人雅士在把玩唐诗、享用古人。

"很多人讨论唐诗，讨论的只有'诗'，没有'唐'。他们讨论唐诗的方式与他们讨论宋诗或明清诗的方式没有区别。他们不去考虑唐人怎样写诗，写诗与唐人生活方式之间的关系，唐人如何处理自己的时代……"在西川看来，只有努力成为唐代诗人的同代人，才能获得讨论唐诗的某种资格，才有可能找到那条通向唐诗的迷人通道。

唐诗也有很多平庸之作，只是今人大多只知《唐诗三百首》，不知《全唐诗》。

如何成为唐代诗人的同代人？首先，要放眼于过去那个大的时代，了解唐人的经历、禀赋、信仰、偏好，以及他们所面对的复杂的社会历史局面。西川以杜甫为例，讨论杜甫就必须谈到安史之乱："杜甫的写作，成就于安史之乱。如果不讨论安史之乱使唐朝元气大伤，危机、动荡接踵而至，不讨论安史之乱让多少万人丧命，你谈论的杜甫，就只是文字中的杜甫、文献中的杜甫，而不是那个以诗歌介入唐宋之变的伟大诗人。"

西川同时认为，安史之乱也是解码韩愈作品的一把钥匙。韩愈在思想领域提倡回归儒家道统，在文学领域搞古文运动，他反对君王迎佛骨，原因是，他认为释迦牟尼也像安禄山一样是异种。这样的理由

诗人西川

在今天看来未免可笑，但若回到历史的语境我们会发现，安史之乱后党争、宦官政治、藩镇割据局面形成，大唐再没有昔日的富足与安定，因而韩愈所有的主张都源自中原民族的切肤之痛。

今人对唐代伟大诗人的排序基本是李白、杜甫、白居易、王维。然而在宋代，拥有"大才"的韩愈和白居易、王维相比，却更有影响力。张戒在《岁寒堂诗话》中说，李白、杜甫、韩愈这三人"才力俱不可及"。苏轼的弟弟苏辙甚至认为："唐人诗当推韩杜。"

宋人的文学品位为何没有延续至今？很可能与五四有关。五四运动以反传统为特色，这对主张儒家道统的韩愈显然不利。当年，对韩愈批评最甚的是周作人，称其"是封建文人的代表，热中躁进，顽固妄诞而胆小，干谒宰相，以势利教儿子，满口礼教"。在西川看来，这种批评某种程度上也源于韩愈的才能是周作人无法欣赏的。"如果只能欣赏王维的'明月松间照，清泉石上流'，又怎么理解韩愈的'下床畏蛇食畏药，海气湿蛰熏腥臊'？但当周作人如此贬损韩愈，其实他也是在贬损仰慕韩愈的杜牧、刘禹锡、李商隐、苏轼、苏辙等人。"

由韩愈被现代人低估可以看出，世事流转，大唐诗歌已被后世历代文人进行过筛选。只是这种筛选，依靠的很可能只是个人趣味、时代趣味，未必客观。"我们以'开合度'形容一个人才能的大小。就像折扇，有的人能打开 40 度，有的能打开 180 度。拥有 40 度才能的人，很难欣赏拥有 180 度才能之人。因此，前代作家是否伟大，有赖于后代能否出现伟大的读者，解读出前人的伟大。"西川以清代为例，由于王士祯主"神韵"，袁枚主"性灵"，在他们的影响下，降低的不仅是韩愈在唐代诗人中的地位，甚至影响了今人对杜甫的解读。由于袁枚不能接受杜甫的某些重要诗歌，以至于今天人们在谈论杜甫时，常想到"两个黄鹂鸣翠柳""桃花一簇开无主"这样的诗句，强调杜甫率意甚至顽皮的一面，"仿佛那个死里逃生又颠沛至死的杜甫反倒是刻意做出来的"。

清代人对唐诗的一次"最重要"筛选，莫过于蘅塘退士筛选编的《唐诗三百首》。这本书编成于 18 世纪，是清代中期的文学趣味。今人探讨唐诗，大多以《唐诗三百首》为基础，也就是说，我们大多数人是以清朝人的眼光看待唐诗的。另外需要提到的一点是，蘅塘退士本是为发蒙儿童编选此书。

同样编成于清代的《全唐诗》虽然存在许多问题（例如篇目重复），但那约 5 万首唐诗还是比《唐诗三百首》更能全面展示唐代诗人的风貌。但所谓"全唐诗"依然不全。在湖南洞庭湖区石渚一带的一个被称作"长沙窑"的唐代窑址上，近年曾发现大量陶瓷器。在已知瓷器的器身上，有100余首唐代诗歌，其中只有10首见于《全唐诗》。西川说："这些诗歌多为工匠或底层文人所作，内容涉及闺情、风情、开悟、道德、饮酒、边塞、游戏等。"由此可见，在唐代，诗歌在人们生活中几乎无处不在。据说，中唐以后，在人流密集的名胜、街市、驿站、寺院，都会有为诗兴大发的人们准备好的供题诗用的白墙和诗板，就连小流氓身上的刺青也是"诗意图"一类。

西川表示，若通读或约略浏览过《全唐诗》就会发现，唐诗也有很多平庸之作，而读《唐诗三百首》则只会领悟唐诗"那没有阴影的伟大"，因为"所有的经典都是萎缩为经典的。它的时代因素、思想因素、历史因素、文化因素都没有了，只剩一个文本。只有读《全唐诗》才可以读到整个唐代的社会状况、文化行进状况、唐人感受世界的角度和方法，才能够了解到唐诗是怎么写出来的"。

吊儿郎当的和尚诗歌，对那些愁眉苦脸、自视高雅的现代人而言，不啻为清醒剂。

正因如此，今天我们若扩大唐诗阅读范围，也许会有很多意外收获。比如，谈及晚唐诗，人们大多想到废城荒殿、夕阳冷雨、残花败景，想到擅写无题诗的李商隐，想到写"青山隐隐水迢迢，秋尽江南草未凋"的杜牧。

然而，如果你读过《十一家注孙子》，就会发现风流才子杜牧居然是春秋孙武兵书的注者之一。西川甚至认为，在从三国曹操到宋代诸公的十一家注者当中，杜牧的注文最好、最博学丰赡，诗人胸中宛如藏着千军万马、千岩万壑。比如，"知己知彼者，百战不殆"被杜牧阐释为"以我之政，料敌之政；以我之将，料敌之将；以我之众，料敌之众；以我之食，料敌之食；以我之地，料敌之地。校量已定，优劣短长皆先见之，然后起兵，故有百战百胜也"。字里行间，颇有军事家见地。西川常想，这位杜牧与那个写"二十四桥明月夜"的杜牧既然是同一个人，那么他的精神疆域究竟有多大？

至于李商隐，他模仿韩愈"以文为诗"创作《韩碑》，"公退斋戒坐小阁，濡染大笔何淋漓""公之斯文若元气，先时已入人肝脾"……这些诗句完全不同于我们熟知的"相见时难别亦难""蜡炬成灰泪始干"。"论才能，李商隐的开合度也很大，只是我们后人把他读窄了。"

扩大阅读边界后，我们还可以领略由王梵志、寒山、拾得、贾岛等人构成的唐诗中的和尚写作风景。比如王梵志写"城外土馒头，馅草在城里。一人吃一个，莫嫌没滋味"，"他人骑大马，我独跨驴子。回顾担柴汉，心下较些子"。这样浅白且吊儿郎当的写法，自然不是后世某些君子学人所喜爱的，所以他们选择看不见。不过在西川看来，"在多愁善感、愁眉苦脸、自视高雅、自我作践、相信'生活在远方'的诗作者和诗读者的桌子上放一本《王梵志诗集》，不啻为一服清醒剂"。

其实我们今天忽略的和尚诗歌，曾经迷倒过一大批中国古代大文人，比如王安石、朱熹、陆游等人都是寒山的"粉丝"，寒山的影响力甚至远播海外，垮掉派小说家杰克·凯鲁亚克就曾说，寒山乃嬉皮士在中国唐代的老祖宗。

与这些创作"非主流"诗歌的癫僧不同，唐代大多数诗人走的还是一条"常规道路"：科举。"比如北宋王安石编的《唐百家诗选》中近 90% 的诗人参加过科举考试，进士及第者 62 人，占入选诗人总数的 72%。而《唐诗三百首》中入选诗人 77 位，进士出身者 46 人。"与进士科考配合的，还有一个"行卷制度"。"就是在考试之前，拜访公卿硕儒和掌握考试大权的人，递上你的诗赋，以期他们能对你有个好印象，这有利于你在考试中拿到好名次。"西川认为，促进唐代诗歌成就的，虽然不仅仅有科举制度，但是以诗赋取士还是促进了唐代社会对诗歌写作的重视。

人人都有资格读唐诗？古诗用典，客观上就是要将你排除在外。

正是科举制度以及进士文化的存在，对今人而言，"不是人人都有资格读唐诗"。西川说："这话有些冷酷，但现代人真正进入进士文化确实不容易。因为唐代诗人的进士出身，意味着他们读的那些书我们没读过，他们受的整套儒家教育我们没受过。甚至古诗用典，客观上就是要将你排除在外，因为你没有受过训练你就读不懂。"

都说白居易写诗但求"老妪能解"，但是浅白的白居易似乎并不真正在乎在老太太们中间获得铁杆粉丝团。"白居易当年在杭州做官，出门时'上马复呼宾，湖边景气新。管弦三数事，骑从十馀人'。这是怎样一种架势？从杭州回到洛阳，白居易兴建的宅园占地 17 亩。所以，白居易是那个时代精华中的精华，是居高临下的人。他诗歌中的士大夫趣味、颓靡中的快意、虚无中的豁达，根本不是当代人浅薄的励志正能量贺卡填词。"世人讲白居易悯农，西川觉得："他主要是说给好友元稹、刘禹锡听的，然后再传播给其他读书人，或者皇帝也包括在内。"

白居易曾与韩愈同朝为官，但二人似乎并无太多交情。"白居易、元稹都是老清新，韩愈则焦虑得多。"但他们也并非毫无交集。韩愈写过一首《同水部张员外籍曲江春游寄白二十二舍人》："漠漠轻阴晚自开，青天白日映楼台。曲江水满花千树，有底忙时不肯来。"西川解释，从诗中可见，长庆二年一场春雨过后，韩愈曾邀张籍、白居易等同游曲江，显然被白居易婉拒了。对于这次邀约，白居易也有诗记之："小园新种红樱树，闲绕花行便当游。何必更随鞍马队，冲泥踏雨曲江头。""白居易那么一个爱玩的人，也没什么要紧事，可就是没去。"

与韩、白二人关系微妙不同，李白、王维当年虽然没有手撕过对方，但似乎终生不交。西川觉得，王维一定不喜欢李白，因为后者无论性格还是精神结构都和前者很不一样。比如王维信佛，而李白虽是儒家底色，但深受道教影响；李白早年好任侠，喜纵横术，在诗里说"十步杀一人，千里不留行""笑尽一杯酒，杀人都市中"，感觉特别关心杀人这件事，这显然不是千古韵士王维所能理解的；李白在长安飞扬跋扈，喝起酒来大概也是吆五喝六，西川猜想，这样的人别说王维受不了，一般人都受不了。

这样看来，李白与杜甫的相知相惜才显得更为可贵。相差十一岁的两个人，可以"醉眠秋共被，携手日同行"。当别人对李白多有诋毁时，杜甫则说："世人皆欲杀，吾意独怜才。"也许，了解古人之间的各种关系，也可以让我们更好地进入他们的时代。如西川所说："一旦了解了一个时代诗人之间的看不惯、较劲、矛盾、过节、冷眼、蔑视、争吵，这个时代就不再是死一般的铁板一块，就不再是诗选目录里人名的安静排列，这个时代就活转过来了。"

现代人读唐诗要破除三种迷信

文/六神磊磊

现代人关于唐诗有三种迷信：唐诗尽是好诗，非读不可；"你也配谈唐诗"的道德洁癖；脑残式地护古。

我觉得现代人读唐诗，先要破除迷信。为此我不得不说几句唐诗的坏话。

唐诗的成就很高，一切形容伟大的辞藻用在唐诗之上，大体都没有错。但唐朝的诗确确实实并不都是好诗。

《全唐诗》四万八千多首，后来陆续补遗，达到了五万首，这些诗并不都有价值。除去相当数量的水平不高的应制诗、应酬诗不说，就算一流诗人有感而发的一些作品，也不是好诗。

杜牧写当时女士的脚，"钿尺裁量减四分，纤纤玉笋裹轻云"，元稹写幽会的时候，"汗光珠点点，发乱绿葱葱"，明显不是好诗。

乃至我们耳熟能详的一些唐人句子，究竟算不算"好诗"，也是可以探讨的。"世人结交须黄金，黄金不多交不深"，这样的算好诗吗？"年年岁岁花相似，岁岁年年人不同"，又是好诗吗？至少宋朝就有人不赞同，说这句子殊无可采。

唐诗是菁华，尚且有好有坏，我们传统文艺里很多东西的良莠不齐便可想而知。现在有人爱把传统的东西捧到天上，自己明明并不了解，也不肯真下功夫研究，却特别愿做好龙的叶公，一曰"国学"则膜拜不已，"非学不可"，不学不是中国人，似乎不能吟出几句"东风不与周郎便"来，就要人格不健全了。

我的太奶奶活到九十多岁，一辈子不识字，不懂唐诗，但她的一生充实有意义，头脑清楚，思想开明，你说她不是中国人吗？

关于唐诗的三种迷信。

所以这是要破除的第一种迷信。一切文艺上的东西，但凡被顶礼膜拜，就一定不好玩了。世上本没有什么非学不可的学问，非要说的话，只是错过它的遗憾程度不同而已。错过唐诗，遗憾会特别大，但也只是遗憾而已，千万不能夸张。

第二种迷信，乃是患上一种洁癖："你也配谈唐诗？"

这样的句式，同样适用于《红楼梦》等。这是一种常见病症，我把它叫做"低层次的仰望"，根子还是无知。

唐诗是通俗的艺术，假如用革命的话语来说，就是人民的艺术。唐诗的繁荣，本来就是一个诗歌从帝王权贵来到广大人间，从宫廷冲向江山和塞漠的过程。唐诗在它所处的时代，本来就不是什么极度典雅庄严的艺术，仿佛必须盛装打扮，戴上领结，才可以吟诵。

有一部分唐诗确实是用典艰深的、晦涩的，但大量的唐诗是通俗的、好懂的。在当时，它是一种朗朗上口的、有一定文化水平即可参与和欣赏的玩意。一个人也许不明白具体什么是"例以贤牧伯，徵入司陶钧"，不太清楚什么是"薛王沉醉寿王醒"，但并不影响他喜欢李商隐——他肯定能懂"相见时难别亦难"吧。

在唐代，旗亭上的歌女可以唱诗，宫中的女孩子可以在红叶上写诗，营妓可以为诗人，寒士、孤僧、幼童人人可以作诗，病得如卢照邻一样气息奄奄了也可以作诗。骆宾王"鹅鹅鹅"，浅到极处，照样天下传诵；白居易"野火烧不尽，春风吹又生"，通俗到极处了，当时人照样赞叹。

真要说"配"与"不配"，在李世民、上官仪、虞世南作诗的时代，王勃哪里配作诗？在唐玄宗、张九龄作诗的时代，李白又哪里配作诗？王昌龄早年是种地的苦孩子，高适曾是无业的四零五零人员，他们又哪里配作诗？十举不第的罗隐，成绩差也罢了，还长得丑，面黑头方，又哪里配作诗？

第三种迷信，乃是对古人的"脑残式爱护"，这个不能亵渎，那个不能亵渎，似乎在心中画了一个"麒麟阁"，有一个"英灵谱"，上了这谱的，就万万不能冒犯，否则便要国将不国，事关民族兴衰危亡。

小品里有人演个搞笑版的花木兰，有人便勃然大怒，觉得亵渎了某种精神。游戏里把李白搞成女士，又有人勃然大怒，觉得践踏了某种秩序。这些人的生活，就在大怒和再次大怒中度过。

唐诗的包容与自由。

他们不知道唐代的诗人们多么能调侃。王绩狂歌"礼乐囚姬旦，诗书缚孔丘"，姬旦是周公，这也可以囚的？孔丘是孔子，这也可以缚的？但唐诗好像也没有因为他而毁了。他哥哥王通，是当时的大儒，那么严肃的一个人，也搞了一些乱七八糟的诳诞外号，自己是"王孔子"，徒弟们有的号"子路"，有的号"庄周"。

我们一些现代人，没有学到唐人放达、自由的一面，反而学到了我们传统里虚假、伪善、僵化的一面。

要说调侃圣人，《西游记》罪莫大焉，玄奘法师何等伟大人物，被搞成婆婆妈妈的唐僧，见事不明，昏聩无能，还被女妖按在床上，捂裆高呼"我的元阳为至宝"，还有调侃更厉害的吗？

那些捍卫花木兰、李白的易怒现代人，对此为什么又不愤怒呢？因为他们觉得《西游记》乃是"名著"，乃是"经典"，经典的调侃不叫调侃。他们绝不会想到，《西游记》在漫长的时间里都不是什么经典，只是上不得台面的消闲说部。他们也绝不会去想，如果调侃被禁绝了，创作被束缚了，以后哪里还有什么经典？

唐诗本身，恰恰就是反对迷信的，是一种极包容、极开放、极力创新的文艺。

它有形式、题材、手法上的巨大创新，也有头脑上、思想上的自由奔放、兼容并包，这些都熔铸在了诗人们的篇章之中，犹如悬挂在七、八、九世纪天幕上的闪烁明星。

比如韩愈，当后生李贺被人攻击，认为他考"进士"乃是犯了父名"晋肃"之讳的时候，这位文坛巨擘拍案而起，写下了光彩照人的《讳辩》："周之时有骐期，汉之时有杜度，此其子宜如何讳？""父名晋肃，子不得举进士；若父名'仁'，子不得为人乎？"

比如张籍写《节妇吟》，明清的人看了连连摇头，觉得"节妇之节危矣哉"，哪有嫁了人还收他人的奢侈品，退还的时候还双泪垂的道理呢？但人家唐朝的张籍就觉得这是个好姑娘。

唐诗到底美在哪？

我们现代人学唐诗，能不能把韩愈的胸襟学了去？能不能把张籍的包容学了去？

曾有人采访时问：唐诗到底美在哪？

这个问题太大了，我的水平回答不好，而且怕几年也说不清。但不妨看一点：在唐朝之前，齐梁近百年间的诗里，有过哪些女性？

大概除了几个"不辞红袖湿"的采莲女，再除了几个"春日上春台"的思妇，似乎留给我们深刻印象的就只有一种女性——"流风拂舞腰"的、在宫里唱歌跳舞供达官贵人欣赏把玩的女性。

一百年啊，时间不短了，可我们的诗人们却几乎只会写这一种女性。

再看看唐诗中写了多少种女性呢？怕有成百上千种吧！真是百花齐放、万紫千红。

她们可以独立、坚强，幽居在空谷，也可以威武、侠气，舞剑器动四方；她们有的在思念丈夫，"香雾云鬟湿，清辉玉臂寒"，也可以年少不知愁，凝妆上翠楼；有的白头坐在上阳宫里，谈论玄宗，有的弹琵琶在浔阳江头，沦落天涯。

她们有的是天真少女，哭泣在秋千下；有的是机敏伶俐的新媳妇儿，洗手作羹汤，先遣小姑尝；也可以是孤独怅然的商人妇，苔深不能扫，坐愁红颜老。

她们有的是从事手工活的寒女，苦恨年年压金线，为他人作嫁衣裳；也可以是贫苦的山中妪，逃到深山更深处，也应无计避征徭。她们之中有云想衣裳花想容的贵妇，锦衣玉食，炙手可热势绝伦；也有石壕村里的老妇，要赴河阳役，独与老翁别。

唐朝的诗人们书写了几乎每一个阶层、每一种性格的女性，关照了她们在人生每个阶段、每种处境下的每一种情绪，忧伤和欢乐，痛苦和绝望，挣扎和希冀。

所以说唐诗的美，是包容的美，是多样的美。偏狭和迷信，是读不得唐诗的。

一张地图，一群诗人，一部唐代生活史

文 / 朱人奉

"唐宋文学编年地图"如同上帝视角，动动鼠标就能看到诗人的人生轨迹。

唐代诗人离乡别井的生活，恰如这几年中国民间纷纷讨论的话题——"谁的故乡不在沦陷"，我们这个时代的人更是"身皆东西南北之人"。从这个意义上说，

每个现代人都是唐代人，

每个中国人都像唐诗里所写的一样生活。

天宝十四年（755 年），安禄山以"清君侧"之名起义，带领十五万大军从北京南下，势如破竹，一个月之后便攻入东京洛阳，登基称大燕皇帝。次年六月，玄宗出逃，长安沦陷。

京师失守后，杜甫携家眷搬到鄜州（今陕西省甘泉县以南）避难，一路上阴

雨连绵，江河水涨，道阻且长。在鄜州三川县华池、黑水、洛水三川汇合之处，杜甫看见滔滔洪水，如安禄山大军，冲得国破山河碎，作诗《三川观水涨二十韵》："应沈数州没，如听万室哭。"

将家人安置妥当后，天宝十五年八月，杜甫只身奔赴灵武投奔新皇唐肃宗，途中写了那首著名的《月夜》："今夜鄜州月，闺中只独看。遥怜小儿女，未解忆长安。"孰料还没见到皇帝，杜甫就被叛军抓获，押至长安软禁。同时被捕的还有王维，由于位高权重，王维还被迫到安禄山政府中担任伪职。王维消极抵抗，长期赋闲在家，住在长安郊外蓝田县的辋川别墅。

与此同时，岑参正在新疆当随军记者，李白还在江南游山玩水，幸而未落入安禄山手中。不过李白不久后到永王府中当幕僚，站错了队，永王事败后被捕，从湖北流放到贵州，一路"风悲猿啸苦"。

以上事件的时间、地点、路线图以及当时的作品，都可以在中南民族大学文学与新闻传播学院教授王兆鹏主持的"唐宋文学编年地图"网站上查到。这是王兆鹏带领100多人的团队，用5年时间打造出来的检索系统，目前已将150位诗人的诗文、年谱、生平考订论文等数据录入其中，未来还会陆续添加到500位诗人，甚至将各朝各代的诗人都纳入其中。

输入诗人的名字后，地图上便会显示诗人一生中到过的地方，点击某地图标，即可查到他在此地经历过何事，写下了什么作品。而输入具体时间段，如755—763年（安史之乱），便可看到当时各大诗人的活动范围。如李、杜二人，安史之乱时一个在东、一个在西，遭遇各不相同，却又同在一个大时空里奔波流离。

王兆鹏说，在只有文献可以查阅的时代，诗人们的身影只是一个个点，整个古代的时空都被割裂了，而"唐宋文学编年地图"把所有的点都聚集了起来，把一个诗人的一生行藏，一个时代所有诗人的行踪，都汇总到一张地图里，构成一幅完整的文学生态地图。"这绝对能引起一种类似'认知革命'的认知变化。"王兆鹏说。

唐代人与现代人，"身皆东西南北之人"。

见到这位"唐宋文学编年地图"的主持人时，他正好从武汉到广州参加中山大学中文系举办的"暑期研究生诗词学校"，为来自全国各地的学员授课。在当晚的诗词吟诵会上，王兆鹏用湖北鄂州的乡音吟诵了杜甫的《登高》，语调苍凉，颇能令人体会杜甫晚年到处飘零、"叹身之衰"的艰难苦恨。

几个月以来，杜甫、李白、岑参、骆宾王等诗人的迁徙图引起了大量网友的关注，很多人纷纷表示：唐代人在那样落后的交通条件下，竟然比我们去过的地方还多，而且移动距离非常大，使得迁徙图看起来像一位经常坐飞机出差的人的航线图。

"这是因为，旅游是唐代人的一种生活方式。"王兆鹏表示，准确来说，唐代文人的旅行叫"宦游"，比今天的"因公出差"还要复杂得多。王兆鹏指出，唐代文人如果想求得出身，出去做官，大约有三种方法：一是科举仕进，不过唐代还是一个士族社会，前中期不是那么重视进士和状元；二是从军卫国，像岑参那样走马川行雪海边；三是周游天下，等到诗名传遍天下时，自有人推荐你入朝为官。

三种方法都导致了一种现象——宦游。宦游自唐代始，跟当时特殊的考试制度与选官制度有关。"同样是科举考试，宋代是闭卷考试，是糊名的，名次由考试成绩决定；而唐代是不糊名的，名次早在考试前就定下了，这种科举制度叫'行卷'。诗人们往往会把自己的作品装订成卷轴，投给政坛大佬、诗坛大佬或地方上的名门望族，请他们推荐给进士科主考官。"王兆鹏说，"所以唐代文人经常往外地跑。"

好不容易当上了官，也不得安定，经常全国各地到处跑。由于汉魏晋以来的士族社会正在瓦解，在新的考试制度之下，士子们无法在自己的家乡当官，而要遵从"本籍回避"的新政，携家带口到外地或者京城去任职。由于唐代国家一统，他们要去的地方往往跨越南北，横贯东西，路途极为遥远。而官员们的任期又很短，加上经常被贬，他们往往在年轻的时候就跑遍了全国各地。贺知章"少小离家老大回"，村童"笑问客从何处来"，原因即在此。

在王兆鹏看来，被贬作为唐代诗人的生活常态，不算是一件坏事，一是说明当时的官僚制度能上能下，诗人们不必担心一被贬就万劫不复，二是因为诗人们在长年的宦游生涯中，寻幽探胜，交游天下，期间写下的登临诗、怀古诗、送别诗、赠序等行旅作品，是唐诗中写得最好的作品。

"与君离别意，同是宦游人"，知此地理大背景，"唐宋文学编年地图"对普通读者的意义就显现出来了：全景地图如同上帝视角，让每一个人动动鼠标就能看到诗人的人生轨迹，而诗人移动之频繁、迁徙之遥远、人事之沉浮、异地生活之不易以及宦游路上的生离死别，则揭示了一种具有永恒性和世界性的人生经验。唐代诗人离乡别井的生活，恰如这几年中国民间纷纷讨论的话题——"谁的故乡不在沦陷"，已成为一种人人都在面对的现代性，我们这个时代的人更是

"身皆东西南北之人"（唐代贾至语）。

从这个意义上说，每个现代人都是唐代人，每个中国人都像唐诗里所写的一样生活。

由唐入宋，诗人们逐渐"书斋化"，由旅行变成了"云旅行"。

由于唐代诗人大半辈子都走在路上，而且越是大诗人，去过的地方越多；家族越是庞大，交游越是广泛。王兆鹏说，无论是读诗还是读词，想要透彻深入理解作品的精妙境界和作者的艺术匠心，必须要了解作者当时的身心状况，通过勘察现场，考察文献，弄清楚作品的时间节点、地理现场、地形地貌，才能获得身历其境的审美感受。

早年间，王兆鹏与师兄肖鹏博士探讨词学时，在媒体工作、经常接触报表的肖鹏突发奇想：能否用现代科技还原宋词的地理现场？两人一拍即合，提出用刑侦学现场勘察方法来读唐诗宋词，把作者假想为一名刑事罪犯，那么创作过程就是犯罪过程，创作现场就是案发现场，创作动机就是犯罪动机，而作品就是留下来的文字证据。

他们认为，读通读透一首诗词，就如同为这首诗词拍了一部电影，而完整的电影故事，要包括人物、事件、地点、时间、背景、性格、心理等要素，甚至包括当时的典章制度、风俗习惯、建筑形制等。所以，阅读一首唐诗宋词，必须回到地理和历史的现场。

好在，我们并不需要像考古学家那样亲自到现场，对普通读者来说，在家用电脑或手机地图 App 就已足够。

王兆鹏说到起兴处，拿出电脑，打开谷歌地图，亲自示范如何用地理学的方法侦破诗歌的秘密。以王维和欧阳修都写过的那句"山色有无中"为例，王维的诗《汉江临眺》写的是襄阳，欧阳修的词《朝中措·平山堂》写的是扬州，两地江北的地势都比较平坦，而江南一边则是青山处处，随着四季转换，日光变化，山色自然时隐时现，晴好时万里青翠，下雨时若有若无，各尽其妙。弄清楚了诗歌的地图，才能懂得王世贞所评价的"江流天地外，山色有无中，是诗家俊语，却入画三昧"。

王维和欧阳修不同的是，当时王维奉命南下选官（"知南选"），是真的到过襄阳，而欧阳修写作《朝中措·平山堂》时，正在京城开封家里宅着，压根没有在扬州。王兆鹏说："唐代诗人的创作，就是'读万卷书，行万里路'，诗人要么从军出塞，要么游历各地。而到了宋代以后，文人们渐渐'书斋化'了。"

而这一"书斋化"过程，自晚唐便已出现。"唐宋文学编年地图"的统计数据显示，唐代诗人主要分布在黄河流域和环太湖流域，宋代诗人主要分布在长江流域和环太湖流域，而唐宋时期诗坛中心的南移，始于晚唐，完成于北宋。这一过程反映在文学创作上，便是登临诗和怀古诗的变化。晚唐大诗人胡曾以150首《咏史诗》得名，每首诗都以地名为题，然而很多作品皆没有到现场登山临水，如咏叹诸葛亮东征事业的《五丈原》，作者便没有亲自到五丈原探访遗迹，只是纯粹的想象和虚构而已。"山色有无中"在王维那里是实地状景，到了欧阳修手中就成了想象与回忆。

由唐入宋，旅行变成了"云旅行"，是诗人们"书斋化"了，也是时势使然。南宋失去了半壁江山，就失去了"江山之助"，来自北方的诗人唯有悬想故国，以解乡愁。

王兆鹏说："唐诗宋词都有一个特点叫'名篇异地化'。"唐代诗人在宦游生涯中成就诗名，宋代词人亦有如苏轼、辛弃疾、朱敦儒、李清照者，因左迁、南渡等政治原因而流离失所，在落魄时写下无数名篇。这也许就是"人生在他处"，李白、苏轼乃至我们每个人最终都会成为一个"异乡人"：天地不过一逆旅，你我皆是行人。

重走"一带一路"，发现边塞诗里的荷尔蒙

文 / 丁正如意

唐诗是自由、开放、充满理想主义和英雄主义色彩的。

唐朝也是边塞诗的鼎盛时期。如今，诗人们踏上"一带一路"，体会到的不仅是"诗与远方"，还有盛唐风范。

谈起唐诗，李少君开始滔滔不绝。

被称为"自然诗人"的李少君，有着奔向海南的豪情壮志，也有着寄情山水的洒脱旷达，行走于都市，也穿梭于自然。近年来他走访"一带一路"沿线地带，既是知行合一的完美实践，也为开拓诗歌的全新空间。

当诗人踏上"一带一路"，或许就是在找寻心中的"诗与远方"。

"尽情尽兴、尽才尽气"是唐诗能够吸引当代人的主要原因。

在李少君的眼里，唐诗的特点可用八个字概括：尽情尽兴、尽才尽气。"唐诗能够把人的情感、性格、才华和气势发挥到一种极致。按现在的话说，就是自由。"

众所周知，在中国历史上，唐代经济发达、文化繁荣的同时，社会风气也可谓是空前自由。正如李泽厚评价"唐代是中国的青春期"，唐代文化艺术多元交融，整个社会洋溢着活泼明朗的风貌。而唐代文人更是个个真实洒脱、豪迈旷达，活得有声有色、有光有热，无论成败贫富，不言出世入世，都能将自身的个性发挥得淋漓尽致。

此外，唐代包容开放，文化兼容并蓄。当时拥有百万人口的长安城，长期居住的外国人多达万人，是名副其实的国际大都会。除了欢迎外国人在中国经商、学习，在大唐王朝 300 年间，任用外国人做官更是不计其数。

再者，唐代以科举来笼络知识分子，高官厚禄极大地激发了他们入世报国的热情。唐代很多诗人都渴望立功扬名，因此主动报名驻守边疆、报效国家。"功名只向马上取，真是英雄一丈夫"是当时有志之士的共同心声。

因此，唐诗是自由、开放、充满理想主义和英雄主义色彩的。而这些，也是唐诗能够吸引当代人的主要原因。

"尽情尽兴、尽才尽气"，这八个字除了是李少君解读唐诗、创作诗歌的"钥匙"，也对他的生活态度、行事风格产生了不小的影响。"年轻时的李白对我的影响比较大。包括上世纪 80 年代我去海南，其实都是抱有一种'建功立业'的心态。按当时的说法，就是'自我实现、自我发现、自我寻找'，在一个新的地方开拓一片属于自己的天地。"李少君说。

"中年之后，王维和陶渊明对我的影响更大，加上海南的天然优势、自然风光的熏陶，我开始对山水田园诗情有独钟。而现在到了五十岁，我读杜甫的诗比较多。过去不太喜欢杜甫的诗，现在却越来越喜欢，对杜甫的诗歌也有了更深刻的领悟。杜甫一生没过过多少好日子，一直生活在艰苦的环境和各种动乱之中，但却保持着乐观的心态来过一种深情的生活。还有一个原因，就是杜甫被称为'诗史'，他的人生就是诗歌的历史，就是当时民族的或者人类的历史。"

在唐代，写边塞诗是一种时代风气。边塞诗是盛唐美学象征。

近年来，《诗刊》主办了"一带一路"沿线地区的采风创作计划，每年都会选择一到两个"一带一路"路线图里的重点区域进行采风创作。作为《诗刊》副主编的李少君把国内"一带一路"沿线地区基本走了个遍。

海上丝绸之路的起点的泉州、郑和七次下西洋的起锚地江苏省太仓市浏河镇、唐诗中高频出现的河西走廊……如今，这些地方虽已改头换面，但每每踏足，仍能予人一种内在的"唐朝风范"。

闻名遐迩的六祖慧能受戒地——广州光孝寺，如今位于广州老城区中心地带。而在古代，光孝寺建在当时的大海边，如今地图上的"广州"，绝大部分区域在当时尚是汪洋一片。而在广州民间更是流传着"先有光孝寺，后有广州城"的俗语。"光孝寺曾经就在海边，而它如今却在市中心，离海有几十公里！"李少君表示，"去了这些地方，才真正体会人类历史地理的变迁。"

"读万卷书，行万里路"，沿着"一带一路"行走，也丰富完善了李少君自身对唐诗尤其边塞诗的认识。

唐朝是边塞诗的鼎盛时期，边塞诗也是当时最主要的创作题材，丝绸之路与边塞诗的关系亦是密不可分。《全唐诗》中有约5万首唐诗，其中边塞诗有2000余首。虽然诗歌数量不多，但公认最能反映"盛唐气象"的，恰恰是边塞诗。

在李少君眼里，边塞诗就是盛唐的美学象征。"因为边塞诗创造和树立了一个个积极的、开放的、开拓进取又充满理想主义和浪漫主义的美学形象。在唐代，写边塞诗是一种时代风气，几乎每个诗人都写过，甚至那些没去过边塞的人也写边塞诗。为什么会产生这种现象？因为，这是重大国家战略、社会历史引导出来的风气，到西域去建功立业，是唐代知识分子的愿景。"

而当现代人阅读起边塞诗，"黄沙百战穿金甲，不破楼兰终不还""宁为百夫长，胜作一书生""莫愁前路无知己，天下谁人不识君"等洋溢着浓浓雄性荷尔蒙气息的诗句，会让当下已经被"小清新""小确幸""小确丧"淹没的我们大呼过瘾；而"明月出天山，苍茫云海间""大漠孤烟直，长河落日圆""羌笛何须

怨杨柳，春风不度玉门关"，又将富有浪漫气息和神秘色彩的异域风情呈现在被
"性冷淡风"审美绑架的我们眼前。

行走在"一带一路"，常让人感觉穿越到了唐代。

作为诗人，李少君在行走"一带一路"的时候，笔耕不辍，写下不少脍炙人
口的诗歌。在《凉州月》中，李少君将历史与现实交织在一起："一轮古老的月
亮 / 放射着今天的光芒 / 西域的风 / 一直吹到了二十一世纪 / 今夜，站在城墙上
看月的那个人 / 不是王维，不是岑参 / 也不是高适 /——是我"。

同样的"凉州月"，同样的"城墙"，同样的"西域的风"，同样的诗歌意象，
同样的英雄情结，却因为相隔千年，成了"今人不见古时月，今月曾经照古人"
般的交辉呼应，在旷达豪迈的英雄气概中也不免流露出感时伤逝、怀古伤今的
点滴愁绪。

行走在"一带一路"之上，常常让人感觉穿越到了唐代。"写作就会变得很
有历史感。正如艾略特在《传统与个人才能》里提到的，诗歌写作要放到一个
大的历史坐标轴（系）中去创作。千百年来不断有人写丝绸之路，面对盛唐这
样的顶峰，了解唐代诗人是怎么写的，你就会对比着来写。虽然你的写作会受
他们影响，但是你面对的是当下的问题，以及未来的问题。"

探寻"丝绸之路"虽然惊喜连连，但是李少君还有一大遗憾，那就是在中
国诗歌史上，比起陆地丝绸之路上的诗歌名篇迭出，比起辉煌璀璨的盛唐边塞诗，
以海洋为题材的诗歌却寥寥无几。但这却给当代诗歌提供了一个值得挖掘的宝藏。

"一带一路"关乎地理、政治、经济，但在李少君眼里，它也是文化之路、
诗歌之路、美学之路，它不只是追溯过去，更关乎当下，指向未来。"'一带一
路'是一个关乎美的开拓，可能人类从此就这样走上了'世界大同'——全世界
的人们互相融合、互相借鉴、美美与共。"

因而，李少君笔下的"一带一路"不仅有荒漠和海洋，还有纽约街头的出租
车司机、巴黎冬日的咖啡馆、斯德哥尔摩的候机厅、河内大街小巷吃着夜宵的越
南人……"为什么如今每年有成千上万的人出国走到全世界，却很少有关于纽约、
巴黎的好诗；而唐代的时候，中国人写日本、写西域的诗歌，却能受到海内外认
可？除了个人才能高低、诗歌积累程度，归根结底还是文明自信问题。若怀有自
信，就像杜甫所言'会当凌绝顶，一览众山小'，就能把任何见闻都写成诗歌。"

唐代人教给我们的好生活

文 / 桃子酱

唐朝就像汉文化一个短暂的度假期，是一次露营。人不会永远露营，最后还是要回来安分地遵循农业理论。为什么我们特别喜欢唐朝？因为会觉得这一年回想起来，最美的那几天是去露营和度假的日子。唐朝就是一次短暂的出走。　　——蒋勋

像唐朝人那样有美感

唐诗给我们提供了一个诗意的世界，也让我们学会了审美。所以马未都在儿子出国留学时，明确要求儿子要把唐诗宋词当成枕边书，希望培养其对汉语的语感以及审美能力。我们小时候背诵唐诗往往不知其所以然，要到多年之后，才发现这些诗句所描绘的画面已经深深印刻在脑海里："孤舟蓑笠翁，独钓寒江雪"（柳宗元《江雪》）；"野旷天低树，江清月近人"（孟浩然《宿建德江》）；"星垂平野阔，月涌大江流"（杜甫《旅夜书怀》）……

2016 年 12 月 29 日，早上一起来，成都茶客王龙就从屋里端出红泥小火炉，坐在腊梅树下烧旺一炉炭火。红泥小火炉在唐代已十分风行。图—视觉中国

像唐朝人那样有气场

唐朝人尚武，气场也就非凡。"十步杀一人，千里不留行。事了拂衣去，深藏身与名。"（《侠客行》）这是李白笔下的游侠，也是唐朝人尚武精神的象征。"功名只向马上取，真是英雄一丈夫"（岑参《送李副使赴碛西官军》），是很多唐朝人的生活理想。而唐朝的女子，也不是弱质纤纤的闺阁中人，虽然也会"悔教夫婿觅封侯"，但"封侯"的梦想可是她们和男人共有的。武则天则是唐朝女子所能达到的巅峰：和男人一样执掌整个国家。

像唐朝人那样有海纳百川的气量

唐朝欢迎外国人。外国人无论是留学、游历还是居住、迁徙、经商，都有相当高的自由度。玄宗年间，仅长安城便有四千户"归化人"。外国人一旦入籍，即免除十年税赋，且"所在州镇给衣食"。这些政策，使得外国人纷纷前来，娶妻生子（唯一的限制是，外国人可娶唐朝女性，但不得携妻回故土）、入籍，甚至做官：日本人晁衡（阿倍仲麻吕）官至节度使；波斯人阿罗汉在武朝时为官，封金城郡开国公、上柱国，等等。这就是泱泱大国的气度。

像唐朝人那样热爱壮游

就像李白所说，"大丈夫必有四方之志"，唐朝人是最有资格说"我的心略大于整个宇宙"的。李白曾"南穷苍梧，东涉溟海"，杜甫也曾"放荡齐赵间，裘马颇清狂"，在那个时代，每个诗人都是壮游家。可以策划一场"唐诗之旅"，就选西北吧：这里有王之涣的"黄河远上白云间，一片孤城万仞山"（《凉州词》）；有王昌龄的"青海长云暗雪山，孤城遥望玉门关"（《从军行》）；有李白的"明月出天山，苍茫云海间"（《关山月》），等等。

像唐朝人那样珍视友情

杜甫曾为李白写过 15 首诗，最出色的是这首："李白斗酒诗百篇，长安市上酒家眠，天子呼来不上船，自称臣是酒中仙。"最深情的则是《梦李白》："故人入我梦，明我长相忆。"（唐朝诗人中另一对著名的组合——白居易和元稹，也有过心灵相通梦到对方的经历。）"孤帆远影碧空尽，唯见长江天际流"（李白《黄鹤楼送孟浩然之广陵》）；"洛阳亲友如相问，一片冰心在玉壶"（王昌龄《芙蓉楼送辛渐》），友人的离别，催生了许多关于友情的佳句。

像唐朝人那样尊重女性

唐朝女性地位不低，学者孟宪实提出的佐证之一是：为了让女性享有家庭之外的空间，敦煌有全女班的社团。这个社团需交会费，成员们一起吃饭、喝酒、念佛、游戏，相当于女子沙龙。佐证之二是莫高窟发现的"放妻书"，饱含深情："愿娘子相离之后，重梳婵鬓，美扫蛾眉，巧呈窈窕之姿，选聘高官之主。解怨释结，更莫相憎。一别两宽，各生欢喜。"不是"去妻"而是"放妻"，这是对女性的尊重，也说明在唐朝男女关系是趋于平等的。

像唐朝人那样甘当吃货

姑且不论白居易晚年的隐逸林泉是否有堕落之嫌，但他确实称得上生活家。他那首《问刘十九》，就深得闲适之趣："绿蚁新醅酒，红泥小火炉。晚来天欲雪，能饮一杯无？"他喝酒的花样也多，据说有时乘兴郊游，车中有一琴一枕，两旁的竹竿悬两只酒壶，他则抱琴引酌。此外，唐朝人酷爱吃鱼鲙，也就是生鱼片，史书里有大量神乎其技的切鲙高手的记载，市面上还有《砍鲙书》这类手册，介绍"小晃白""大晃白""舞梨花"等刀法。

像唐朝人那样逢宴必尬舞

唐朝人爱跳舞，逢宴必尬舞。初唐时流行参演者达百余人的群舞《秦王破阵乐》，刚健遒劲；剑舞也很流行，公孙大娘就是这样走红的。除了看表演，从贵族、高官乃至皇帝，兴之所至也会亲自下场尬舞。李靖平东突厥的时候，宫中开庆功宴，李世民就在席上乱舞，太上皇李渊则弹琵琶伴奏。主人带头起舞，循例得邀请客人共舞，在唐朝叫"打令"。如果主人够热情，非得把到场所有客人都邀请一遍才罢休。

像唐朝人那样及时行乐

《孟宪实说唐史》里说，顺应季节，唐朝人有不同的玩法：春天，大家去游曲江，还赛花。就是各家都种花，比谁家种出来的花是花魁。夏天，大户人家会拣最热的天请客，在大厅里摆一座冰山，座位围着冰山摆，宴请宾朋。这些冰是从渭河取出来，再藏在地下的木箱子里保存的。秋天，去大雁塔吟诗赏花。冬天，有势力的人该出城打猎了。其他如上元节、清明节、端午节，也必有节目，唐朝的小娘子们最爱穿上男装出门逛了。

像唐朝人那样怒放生命

学者蒋勋特别喜欢"不知江月待何人"（张若虚《春江花月夜》）里的"待"字，在他看来，这是一个暗示："在这个时刻，在这个春天，在这个夜晚，在花开放的时刻，在江水的旁边，他好像被等到了。"张若虚、陈子昂、李白……他们都得到了那个让生命闪闪发亮、被后人记住的机会。这一切只有在唐朝才能发生，因为这个时代不要求人们安分守己、平淡度日，而是鼓舞人们及时行乐、怒放生命。在唐朝，如果花不盛放，会被认为是不道德的。

阿加莎：我常常假装自己是成功作家

文／罗屿

童年时的阿加莎从未奢望成为作家，她甚至因作文跑题饱受困扰。阿加莎最初只将写作视作玩票，是"绣完沙发椅垫后的一种消遣"。第一任丈夫的出轨让她一再告诉自己，"绝不能再婚，不能这么蠢"，但她还是在那个保守的年代，谈了一场惊世骇俗的忘年恋。

1926年12月4日，在距离侦探小说家阿加莎·克里斯蒂居住的斯泰尔斯庄园约19公里的一处斜坡下，当地警方发现了一辆失控后冲进树篱的"莫里斯"轿车。车中无人，只有一个行李箱、一件皮毛大衣，以及阿加莎本人的驾驶执照。

由于此前警方已接到报案——阿加莎于前日，在没有通知任何人的情况下开车离家出走，当"莫里斯"被发现后，英国媒体几乎集体宣布——"时年36岁的阿加莎·克里斯蒂人间蒸发"，甚至还有报纸宣称以500英镑悬赏有关作家的情报。

亢奋的何止媒体。阿加莎的读者十有八九都是狂热侦探迷，有人猜测，作家一定是被出轨丈夫阿尔奇·克里斯蒂杀死。警方似乎也认定作家已惨遭毒手。他们以"莫里斯"被发现地点为圆心，以周边的山谷、采石场、湖泊为重点，搜索假想中的女尸。

就在人们苦寻阿加莎下落时，约克郡哈罗盖特的天鹅饭店内出现了一位自称从南非来此旅行的特丽莎·尼尔太太。她在这里购物、泡温泉、和其他客人玩牌，并与他们谈论"阿加莎·克里斯蒂神秘失踪事件"。直到几天后，有人忽然发现，尼尔太太的脸与报上刊登的阿加莎肖像极为相似。警察和阿尔奇闻讯而至。当尼尔太太对着向她缓步走来的阿尔奇微笑时，一场持续了11天的声势浩大的寻人运动就此结束。

阿尔奇虽洗脱杀妻嫌疑，但外界并不原谅他对阿加莎的背叛，几乎所有报纸都拿作家在天鹅饭店的化名做文章。阿尔奇的新欢名为南希·尼尔，Teresa Neele（特丽莎·尼尔）恰恰是 Teaser Neele（惹是生非者尼尔）的谐音变体。有人认为阿加莎是用推理作家的缜密构思故意下这个局，目的就是让丈夫出丑。阿尔奇则一口咬定，妻子患上严重失忆症，她自己都不清楚为什么会在天鹅饭店。

时至今日，阿加莎当年为何消失仍旧成谜，这也给了外界揣度猜测的空间。有位英国人曾声称，经他推断，作家出走是因为患上了一种罕见疾病——间歇性"神游症"。至于阿尔奇，在与阿加莎离婚多年后，也终于放弃了坚持多年的"失忆说"，在给自己和阿加莎的独女罗莎琳德的信中，他控诉"当年的失踪，不过是一种宣传伎俩"。

沉默的，只有作家本人。

1950 年 4 月，阿加莎着手撰写一本关于自己的传记，大约 15 年后，在她 75 岁时该书完稿。在这本回忆录里，她几乎事无巨细地记述成长之路上每一个细节，唯有 1926 年 12 月 3 日至 14 日，也就是所谓"神秘失踪"的那段时间，叙述空白。

在最近出版的《阿加莎·克里斯蒂自传》（中文版）中可以看到，涉及相关时间段的那一章，她只是简单回顾了母亲的病逝、丈夫的背叛，"就这样，疾病、忧愁、失望和令人断肠的事件接踵而至。没必要再多说了"。在一句"我的第一段婚姻生活就这样结束了"后，作家笔锋一转，开始讲述自己离婚后的环游世界之旅。

人生的每个阶段会发生什么几乎天注定。遭遇背叛与轻慢后，她又一次遇到爱情。

最初阿加莎只是想远避他乡疗养身心，但旅行却为这个自小就以爱情婚姻为信仰、以庄园主妇为己任的女人，打开了通向广袤世界的一扇窗。对她影响最大的，莫过于 38 岁那年的东方之行。她先是乘东方快车到伊斯坦布尔，之后去大马士革，再从大马士革穿越沙漠到达巴格达。

火车一直是阿加莎最喜欢的交通工具，在她看来，坐火车旅行"可以看到大自然、人们、城市、教堂、河流，实际上可以看清人生"。东方快车是当时横穿欧洲大陆最快且最豪华的交通方式，各国政要、富豪、明星、间谍乃至诈骗犯都热衷乘坐这趟列车。在车上，阿加莎也结识了各色旅伴。一位女传教士极力劝她服用清理肠胃的药；一位荷兰工程师把她视作 17 岁无知少女；一位讲起话来眉飞色舞的土耳其夫人，不由分说地向她传授各种多子多孙的方法，比如尝试某种树叶煎熬的汤药，或者吃一种特别的大蒜。

不光旅伴有趣，路上的一切都让阿加莎觉得新鲜。在大马士革的市集上，她由着性子买下一个被当地导游贬得一文不值的巨大的、镶嵌着珍珠母和银饰的五斗橱。当时的她不会想到，这个外表光鲜的柜子，在历经 9 个月终于运到英国的家中后，会在每天夜里发出"喀哧、喀哧"的奇怪响声。为了消灭这些声音，阿加莎不得不请伦敦一家专门灭热带害虫的公司，把柜子的木头全部换掉，她在灭虫上花的钱，是五斗橱本身价格的三倍，是把它运回英国费用的两倍。

在巴格达，阿加莎摸索出一套和近东人打交道的方法："假如看到一个人粗鲁地冲你打手势叫你走开，实际上是在邀请你过去；假如他向你招手，才是让你走开；如果两个远远站着的人互相大喊大叫，颇有立刻置对方于死地的架势，他们多半只是在无聊地聊天，提高嗓门是因为谁都懒得向前迈两步。"

在巴格达停留几日后，阿加莎临时决定前往幼发拉底河之南的古城乌尔。在那里，她受到了著名考古学家伦纳德·伍利夫妇的热情款待。彼时，伍利太太凯瑟琳恰好在读《罗杰疑案》，阿加莎猜测，这是自己能够获得优待的原因。"她（凯瑟琳）对此书津津乐道，还询问同行的其他游客是否看过这本书，如果谁还没看过，就会遭到她严厉的谴责。"

阿加莎爱上了乌尔这座古城。"历史的魅力紧紧地抓住我的心，目睹从沙中慢慢发掘出一柄熠熠闪光的匕首，真是浪漫极了……我想，我一直所过的那种毫无意义的生活是多么不幸啊。"此时的阿加莎回想起年少时母亲曾极力劝说她到卢克索和阿斯旺一览埃及的辉煌历史，"我却沉迷于和小伙子们约会，跳舞跳到凌晨。我想人生中的每个阶段会发生什么几乎是上天注定"。

确实有些注定要发生的事情埋下了伏笔。阿加莎在当年圣诞节前结束了自己的第一次东方之旅，1930 年她再次回到乌尔，伍利夫妇派助手马克斯·马洛温领阿加莎到四周游览。

阿加莎一度对这样的安排表示拒绝，因为她不习惯被一个陌生青年陪伴。但表面上寡言少语的马克斯其实为人十分周到。在伊拉克古城卡尔巴游览期间，两人要在警察局过夜，马克斯向阿加莎强调，半夜若有事可以叫睡在隔壁的他。夜里醒来的阿加莎最初很是犹豫。"在我受的维多利亚式教育里，大半夜去叫醒一个素昧平生的年轻人，请他陪我去厕所，那可是无法想象的。"然而很快，她就当此事是理所当然的了。阿加莎叫醒了马克斯，他又叫来了警察，三个人走过长长的走廊，到了一个奇臭难闻的地方，地上有一个洞。"马克斯和警察很有礼貌地等在门外，之后又提着灯陪我一起回到住处。"

某日，旅行途中的两个人忽然看到一汪清澈的沙漠湖。自幼喜爱游泳的阿加莎抵不住蓝色湖水的诱惑，身旁虽没有泳衣，她还是穿上一件粉红色丝质背心，套上两条内裤跃进水中。马克斯则穿着短裤、汗衫和她会合。

一阵畅游后，两人才想到他们停到沙漠中的汽车。车子停久后已陷入沙地。马克斯使用钢板、铲子等各种工具都无法将它拖出来。时间慢慢过去，天气仍酷热无比，百无聊赖的阿加莎在车子一侧的阴影里，睡着了。

马克斯后来曾告诉阿加莎，就是在那一刻，他认定她将是他"无与伦比的妻子"。

小说家与考古学家虽也有隔阂，但他们的婚姻生活却是稳定而有趣的。

马克斯爱上阿加莎的理由很简单：车子抛锚后，她既不抱怨也不自责，甚至好像都不关心能否继续前行。如此不大惊小怪的女人，让他觉得"非常了不起"。阿加莎在自传中坦陈，马克斯的夸奖成了她几十年的"思想包袱"，必须"很努力地不辜负好名声"。不过她觉得自己很幸运，因为素来"善于对发生的事情处之泰然，还有随时随地睡着的本事"。

马克斯并没有马上坦陈心迹，只是继续陪阿加莎一路游览。两人到达希腊时，阿加莎接到电报，她的女儿罗莎琳德感染肺炎（当时没有磺胺类药物，肺炎是一大威胁）。遭受打击的她恍惚间扭伤了脚，马克斯为她悉心包扎后，轻声表示自己也该回国了。他的用意很明显，就是想护送她回家。

一路有马克斯陪伴，阿加莎踏实很多，但途中他们也经历了惊险一幕。火车停靠在米兰站时，两人下车休息，5分钟后他们回到月台，车却已经离站。他们不得不雇一辆汽车追赶火车。"我们在山路中盘桓，火车在隧道中钻进钻出。我们时而领先，时而落后。最终我们比火车晚三分钟到达多莫多索拉站。"阿加莎记得，似乎所有乘客都在倚窗观看这场汽车与火车的较量。当她终于赶到时，一个法国人帮助她爬进了车厢。

由于雇了一辆跑得飞快的汽车，阿加莎几乎花光身上所有钱。马克斯建议，她可以在车到巴黎时，向前来接站的他的母亲借钱。阿加莎后来经常回想，未来婆婆在看到与她儿子在一起的女人从火车上跳下来，简短寒暄几句就把她身上每一文钱都借走了，究竟作何感想。"我觉得她不可能对我有良好印象。"

阿加莎回到英国后不久，马克斯也从法国赶来，正式向比他年长14岁的她求婚。由于年龄差距，两人的爱情遭到了很多人反对，即使是阿加莎本人也一再告诉自己"不能再婚，千万不可以这么蠢"。

阿加莎的犹豫不难理解。受过情伤的她领悟到，生活中唯一能让女人伤心的，只有她的丈夫。"我决定不再让自己受任何人摆布。"另外，阿加莎所受的维多利亚式教育，也让她很难与传统道德观为敌。在自传中，阿加莎就提到很多在今天听来匪夷所思，但在当年却是一个好女孩必须遵守的规则：一个女孩若和年轻男子到酒店喝茶，会被人说成伤风败俗；出于小姐的矜持，总要在餐盘里剩一点残羹；口中满满的时候不可以喝东西；除非是给商人寄票据，否则绝不能在信上贴两张半便士的邮票；坐火车旅行时要穿干净内衣，因为可能会发生意外事故……

就在女作家裹足不前时，她眼中的"住家真神"、11岁的女儿罗莎琳德开始不断鼓励母亲再婚。在女儿看来，马克斯在很多地方都派得上用场，比如他们可以一起弄条船或者一起打网球。而且，阿加莎的狗彼得也喜欢他。

1930年9月，阿加莎和马克斯举行婚礼。然而，在结婚前女作家又险些反悔。原因是，马克斯某天和阿加莎提到了她的外甥杰克·瓦茨，两人竟然是同届同学。这让阿加莎倍受打击，她几乎绝望地大喊："太小了，你的年龄太小了。"

婚后的小说家与考古学家虽然也存在隔阂，比如阿加莎有件时髦的印花亚麻布外套，丈夫却在端详一阵后感慨："有趣！这衣服上布满了象征生殖的图形。"但两人的婚姻生活，却是稳定而有趣的。比如，当阿加莎为服装店员一眼看出她需要选购特大号沙滩装而耿耿于怀时，马克斯会在她的伤口上再撒一把盐——他请阿加莎坐在鼓鼓囊囊塞满书，以致盖子根本合不上的行李箱上，随口说上一句："如果连你都不能让箱子合上，那就没人能办到啦！"

阿加莎多次陪马克斯到中东，她十分享受在考古现场的日子。除了继续自己的小说创作，她还帮助考古队拍照、分类、清理、贴标签和料理后勤。有药剂师背景的阿加莎在叙利亚颇受欢迎，常有当地妇女打着手势向她这位博学的哈通（对女子的尊称）求医问药。在散文集《情牵叙利亚》中她写道："（她们）最常见的手势就是揉肚子，这有两种可能的含义：一是严重的消化不良，二是不孕不育。苏打粉对第一种情况非常管用，对付第二种情况，居然也颇有口碑。'上一季哈通给的白药粉真神！我生了两个大胖儿子，是双胞胎！'"

阿加莎遇到的奇人奇事何止于此，在摩苏尔挖掘阿尔帕契亚小圆丘时，她请到一位与众不同的司机加拉格尔。某日，加拉格尔谈到自己的叔叔弗雷德。"在缅甸，他被一条鳄鱼吃了。"加拉格尔向阿加莎表示，不知如何是好的他只好把鳄鱼做成标本，寄给了老家的婶婶。

在挖掘阿尔帕契亚小圆丘时，阿加莎夫妇曾为当地工人举行了一场跑步比赛。一等奖是一头母牛和一只牛犊，二等奖是一只绵羊，三等奖是一只山羊。最终，获得第一名的是一个强壮的中年人，第三名是一个年轻男孩，第二名则是一个"非常穷困，看上去像饿得半死的人"。阿加莎记得，比赛当晚大家举行了一场盛大的庆祝晚会，获得二等奖的人马上把羊宰了，宴请了他所有的亲朋好友。

时隔 15 年，阿加莎和马克斯曾重返阿尔帕契亚。"人们立刻认出了我们，全村的人都出来了，四处是喊声、叫声、寒暄声和欢迎声。"有一天，当阿加莎坐着卡车在路上穿行时，执勤的交通警察忽然一挥指挥棒，叫所有车都停下，并跑到她身边喊着："妈妈，妈妈！我是餐厅的童工阿里，我现在当上警察了！"此后每当阿里在路上遇到阿加莎，就会命令所有车子停下，请"妈妈"的车优先通过。

一生"杀人"无数的她其实性格羞涩，她常常感觉自己是在假扮一个成功的作家。

阿加莎在与马克斯结合后，小说创作也达到全面鼎盛。然而，这位侦探女王终其一生都没有以专业作家自居。她并不讳言，即便是声名显赫时，她也会在动笔之前经历极为难熬的三到四个星期。她会"独处一室，咬着铅笔，眼睛盯着打字机，或在屋里踱来踱去，或颓然地倒在沙发里，禁不住想大喊大叫"。每当那时，她会走出房间，打扰某个正在忙碌的人——通常会是马克斯，"因为他的脾气特别好"。此后，两人将开启一段此前已重复多次的对话。"真糟糕，马克斯，我没法再写下去，再也写不出一本书了。""你去年就这么说过，前年也说过了。"

阿加莎走上小说创作之路，与第一段婚姻有关。她与阿尔奇结婚时，后者刚刚退伍从商，小家庭经济常捉襟见肘。为补贴家用，阿加莎开始放更多精力在小说创作之上，而不再将其只视作"绣完沙发椅垫后的一种消遣"。与阿尔奇离婚后，阿加莎不得不更加努力地为钱写作，毕竟她要独自支撑一所房子、一个女儿、一群仆人、一条狗。

笔耕不辍的阿加莎一生共著有 80 部小说、19 部剧本，著作之丰仅次于莎士比亚，作为无可争议的侦探小说女王，她在全球拥有大量拥趸。英国女王伊丽莎白二世和法国总统戴高乐都在她长长的粉丝清单中。阿加莎曾说，自己一生中有两件事最为兴奋。第一件是拥有自己的小汽车，也就是那辆灰色的、大鼻子的"莫里斯"；第二件就是在白金汉宫与女王共进午餐。

童年时的阿加莎从未奢望过自己会获得这种"作家的荣耀"，那时的她更喜欢数学和音乐，虽然她也曾满腔热情地学习作文，但老师总批评她的文章太爱跑题。比如有次她写一篇名为《秋》的文章，开始时她确实在描写金色和褐色的秋叶，可是鬼使神差地突然笔锋一转，写起一头猪来。她写了这头猪的许多奇遇，文章以它为朋友们举行盛大的山毛榉坚果宴结尾。

天马行空的想象力对阿加莎成为小说家大有裨益。她只是常常困扰，自己无边无际的想象会在平日生活中忽然而至。比如6岁的她曾在戏院偶遇未来的英国国王爱德华八世，那时后者还被称作爱迪王子。相遇那天，阿加莎晚上在床上想入非非，幻想有一天自己嫁给爱迪王子。"也许有一天他落水遇难，被我救上来，由此引出一段罗曼史……王后恩准了我们的婚事。或者是一场车祸，王子流血过多，奄奄一息，我为他输了血。"几年后，父亲的离世让阿加莎倍感悲伤，于是十二三岁的她常常感觉母亲也会突然离去，她会在母亲外出时，揣度母亲是否被车撞到，或在夜里趴在母亲门外凝神倾听她是否还有呼吸。

阿加莎这些看似荒唐可笑的想象，多少与她天性敏感有关。儿时的她有一次与家人骑马出行，随行导游把一只蝴蝶当礼物，用别针别在她的帽子上。看着那只可怜的蝴蝶努力闪动翅膀挣扎的样子，阿加莎觉得自己像它一样苦不堪言。"我脑袋里有太多互相冲突的想法。导游是好心，我又怎么能说我不喜欢而伤害他的感情？"小阿加莎选择闭口不言、号啕大哭，身边人被她"莫名"的哭声折磨得苦不堪言，认定她是被骑马这件事吓到了。

阿加莎并不否认自己很多时候都是胆小的。《捕鼠器》上演十周年纪念日，她按要求提前半小时"勇敢地独自来到饭店"。可当她要走进为聚会专设的私人包间时，被拦住，被告知还需20分钟才能进入。阿加莎退了出来，但她问自己，为什么不直截了当告诉对方，她就是克里斯蒂太太，是主办方让她进去？"可能还是因为我那可怜、可怕、无法避免的羞涩性格吧。"直到晚年，阿加莎仍感觉自己常常是在假扮一个成功的作家，在那些为她举行的大型聚会上，她告诉自己，要表现得像个大人物，发表一个她做不了的演讲，做一些她不擅长的事情。

也许正是这样的性格，才会让阿加莎对自己第一次婚姻失败后失踪的那11天讳莫如深。虽然有人因此说她矫饰虚伪，但不张扬、不喧哗，也是一种骄傲与体面。阿加莎终其一生，都看重这种骄傲。75岁的她曾在自传后记中写到，自己最佩服的是爱斯基摩人。这个生活在北极地区的土著民族有个传说：儿女们会在一个晴朗的日子为年迈的母亲准备一餐丰盛的饭菜，之后母亲便独自踩着冰雪离开，一去不回。在阿加莎看来，"对于这种充满尊严、毅然决然地告别人生的方式，人们应当感到骄傲"。

见信如晤
——云中谁寄锦书来

瑞士画家简·艾蒂安·利奥塔尔作品《读者》，绘于1746年，现存于阿姆斯特丹国立博物馆。

有一种文字，能让你瞬间回到历史的某一个节点，感动、大笑或者流泪。

有一种文字，能让你瞬间感受一个人的情绪，悲伤、愤怒或者喜悦。

有一种文字，能让你瞬间揭开一个埋藏已久的秘密，震惊、释然或者解脱。

它属于普通人，属于名人，属于每一个想表达思想、感情的人，它描述日常、畅想未来、表达思念，也留下无数隐秘的空间。

它充满了文学和人性的魅力，却在互联网时代，渐渐流逝，离我们远去。

2009 年，英国人肖恩·亚瑟因个人兴趣建立"见信如晤"网站，将历史上五花八门的信件、字条和电报一一展现。2013 年，肖恩·亚瑟将这些信件集结成《见信如晤》。这本书里的很多信，后来成了一个叫 Letters Live 的活动的朗读内容。这项活动现已成为英国、美国许多文艺爱好者心中的首选参与项目之一。无数名人参与其中。

见字如面，展信如晤，这就是 Letters Live。书信这种古老的沟通形式，通过声音的媒介重获新生。

写信是与人交往时最精致的联络方式。今天的我们，要紧随通信科技的发展，书信被逐渐冷落，取而代之的是电子邮件、短信、微信。如今的写作没有了纸香墨香。信的消失，令人们缺失了情感收纳箱。（董桥）

陈绮贞说，世界上有三件事值得做：爱、写信和梦想。而写信，是连接爱和梦想的组带。

让我们在书信里相见，请好好珍藏，给这个世界留下的，会是历史，会是传奇。

今天，当世界日益数字化，在云时代，云中谁寄锦书来？当写信的艺术日益淡出我们的视野，让我们重拾这种文字的魅力，重温一个时代最奢侈、最温柔的馈赠。

人是写信的动物。写信的人，是这个时代最后的贵族。

写信的人，是这个时代最后的贵族

文 / 邓娟

重新发现书信之美，并不只是出于怀旧而已。工具的淘汰不可怕。可怕的是，随之退化的还有我们表达彼此心事的意识，以及梳理自我人生的能力。

见字如面，展信欢颜——已经有多久，这样的问候消失在你的生活里，你没有再写过一封信，也没有收到一封信？

拉美作家马尔克斯写过一个没有人给他写信的上校，一个枯瘦的、浑身硬骨头像用螺钉螺帽连接起来、唯有双眼炯炯有神的老头。他生活的最大动力就是每周五去码头边守候邮船，等待一封信、一笔抚恤金、一份国家认可。十五年里换了七届政府，而上校依然在等待。

这是魔幻大师马尔克斯写过的最不魔幻的故事。在时间无能为力的流逝中，上校从一副自信又天真的期待，到日复一日失望。等不来一封信的落寞，才是真正现实主义的百年孤独。

回顾古汉语，鸿雁、双鱼、青鸟、锦书、尺素，许多美妙的形容都与书信有关。信里有情——驿寄梅花，鱼传尺素；山盟虽在，锦书难托；蓬山此去无多路，青鸟殷勤为探看；欲寄彩笺兼尺素，山长水阔知何处。信里有义——烽火连三月，家书抵万金；若无鸿雁飞，生离即死别；平生意气今何在，把得家书泪似珠。一纸书信，在一代又一代的诗人词人笔下，承载着厚重的思念和绵密的情感。

但这根情感线在今天已然断代。不但少有人提笔写信，连等信的人都没有了。高速时代、快递时代、@时代，所有关于"从前慢"的情结，都遭遇了尴尬。

重新发现书信，并不只是出于怀旧而已。工具的淘汰不可怕。可怕的是，人们变得日益冷淡、疏离，变得懒惰、粗糙；是随着书信一同退化的，沟通彼此心事的意识，以及梳理自我人生的能力。

情书的力量，让最刚愎自用的人也变得柔肠百结。

纸书的没落是从书信的没落开始的，而书信的落寞又是从情书的落寞开始的。

作为书信里最美的一种，情书曾经是最富有生命力的。

最刚愎自用的将军，在给所爱之人的情书里，也可能柔肠百结，脆弱得像个孩童。

"无可匹敌的约瑟芬，你的秘密武器到底是什么？你的思绪正在毒害我的人生，撕碎我的灵魂……我清楚地知道，如果我们继续争论下去，我必然会否认我的心，我的良知。你已经将它们都诱惑去了，它们现在都已归你所有。"这是1796年前后，拿破仑写给约瑟芬的情书，当时他们还没有结婚，他正开始对欧洲的征伐。初战告捷却未能抚慰因为感情风波造成的苦恼。不过，尽管争吵未休，痴心的拿破仑仍在信的末尾写道："我要给你三个吻，一个落在你的心上，一个落在你的嘴边，一个落在你的眼角。"

随着领土的扩张和婚姻生活的展开，拿破仑的情绪变化剧烈地呈现在接下来的情书里。"约瑟芬，你怎么能说你爱我却又不写信给我？""我已经两天都没有收到你的来信了，这也是我今天第三十次扪心自问了。你可能会觉得这实在太令人感到疲倦了，但你不能质疑我对你的脆弱的渴望。"

在他的军事版图狂飙突进之时，收不到爱人回信的哀怨依然令他挫败。他写道："我到底做了什么？我满心里想的只有你，也只爱着你一个人。我甚至是为了我的妻子而活着的——难道这就只能换来她如此无情的回报吗？我亲爱的，我恳求你，经常想想我，每天给我写一封信。"

这个苦苦哀求的可怜

电影《安娜·卡列尼娜》剧照，女主角在忙碌中依然舍不得放下手中的信。

人，没有等来约瑟芬的情书，反而听到了她劈腿的流言蜚语。这段感情让他精疲力尽，"我的生活就是一个永恒的噩梦"。后来他们离婚收场，拿破仑另娶了玛丽。

尽管他曾表示相对于约瑟芬更喜欢玛丽，但白纸黑字难以自欺欺人。1811 年，他给新婚妻子玛丽的信，语气相当淡定——"我写信给你的目的是想知道你好不好……对于你的债务，我感觉很恼火。我不希望你背负任何债务。虽然如此，你不用怀疑我对你的喜爱，也不用为当下的窘境而感到担忧。再见，亲爱的。写信告诉我你过得很好。他们说你现在已经胖得和一个诺曼底农妇一样了。"

爱情里，只有被爱的那个才享有特权。读同一个人的情书，当感觉失去了热度，不再看到任何苦恼、自卑或嫉妒、煎熬情绪的流露，说明他的软肋已经消失，只余下郎心似铁。

烽火连三月，家书抵万金。

书信传情，但如果仅仅止于私情，还不足以让它成为正史之外的民间叙事。许多书信，虽然是私人化的记录，却同时呈现了时代的价值观。

"面貌如玉，肝肠如铁，心地光明如雪"，1911 年，24 岁的林觉民在广州黄花岗慷慨赴死，留下一篇写在白布方巾上的《与妻书》。

"吾自遇汝以来，常愿天下有情人都成眷属。然遍地腥云，满街狼犬，称心快意，几家能够？"

很难狭隘地定义《与妻书》，它是情书，是家书，是绝命书，也是爱国书，绵绵爱意，拳拳之心，任凭后来者千回百转。

特定时代，它甚至是知识分子的一种出路。鲁迅曾说："一个人的言行，总有一部分愿意让别人知道，但有一部分却不然。然而一个人的脾气，又偏爱知道别人不肯给人知道的一部分，于是尺牍就有了出路。这并非等于窥探门缝，意在发人隐私，实在是因为要知道这人的全般，就是从不经意处，看出这人——社会一分子的真实。"

所以，鲁迅的《两地书》并不只是单纯的情书，除了情人间傻里傻气的私语，我们也能读到像"中国大约太老了，除了再想法子来改革之外，也再没有别的路"的公共话题。

我手写我心，书信的情感力量，不只有出自名人笔下才具备价值。普通人的日常叙事，因为真实可感，同样能够动人。

1948 年，长春围城，国民党官兵的大量信件在一架飞机上被截获，后来的半个多世纪，沉睡在吉林省档案馆里。那些信中有最白描的历史记录。粮煤短缺、物价飞涨，"市民有的吃树叶、树皮，有的吃豆渣，高粱米成为上等餐了，一斤四万余元。市内天天听到炮声，射程居然打到了省政府门口，长市变成了一个孤市"。生存危机中发生了一些荒诞事，一名新七军士兵写道："在兵荒马乱的东北，只要有高粱米吃，结婚是特别容易，尤其学校的女学生，你可以任意选择，她们则无从选择，条件只是问你每月的收入和高粱米而已。"

如今，隔着多年光阴，字里行间仍然能够感受围城中人们深重的恐惧。但即便如此，在这些沉重的记录里，也不乏诗意的表述。许多情书、家书，不但文辞优美，表达感情的直白、热烈，甚至能让今天的年轻人也汗颜。

其中，格外有意思的，还有一个叫胡长庚的少尉夹在信里的 300 多篇日记。

这些记录充满童真，4 月 4 日是民国儿童节，21 岁的他仍然庆祝了他认为属于自己的节日。

他带着好奇打量一切，"今天见到了久仰的东北女歌手 miss 王，原来不过是这样一个女人，大失所望""英国人说话时很流利，要轻快，要温柔，K、T、E、Z 音均不发得太明显"。

他也目睹国民党高级军官腐败："灯红酒绿、舞影婆娑与难胞沿街乞讨是鲜明的对照！"

4 月 15 日这天，他写了这样一件小事：副连长因发军饷时被克扣 1 万元发脾气，"狂呼要当八路去，说着哭了起来"！

3 年前偷偷从家里跑出来从军的胡长庚开始思考：我也希望八路来吗？他想通了：哈，少将，我才不稀罕当呢，还是回家去吧，做妈妈的好孩子。

终于，他决定"物色我的收音机、脚踏车的买主，卖掉它们买成金子做路费""只要能回家，就死了我也满足了"。7 月 25 日抽到一支问出行吉凶的上签，3 天后他去邮局寄信，书信到这里戛然而止。

无从得知胡长庚是否找到了回家的路。但如果不是这些未能寄达的家书，也就不会有人知道，那个灰头土脸、风尘仆仆的年代，还有过如此鲜活的生命记录。

解放人的本来天性，或者分裂第二人格。

对于历史迷和侦探迷来说，读信还有一种特殊的乐趣：一方面，写信人可能剖开自己的盔甲，袒露灵魂；另一方面，可能是修饰和易装。

民国才子朱生豪大概是世界上最会写情书的人，他的情书对象宋清如却说，他"唯有与我作纸上谈时，才闪发出愉悦和放达。一旦与我直面相处时，他又变得默然缄口，孤独古怪了"。

在美国诗歌史上与惠特曼齐名的女诗人艾米莉·狄金森，死后名声大噪，生前却默默无闻。她 25 岁开始弃绝社交，过着隐士般的生活，甚至有自闭倾向。据说，当时送给"狄金森小姐"的信要辗转送到几个狄金森小姐之手，发现都送错了之后，邮政局长才保留着怀疑的态度，让人把信交给她。正是那些书信，为后人解开了她性格的面纱。信中，狄金森时而扮演谦卑的女学生，时而扮演自信的诗人，时而扮演批评家，她的书信其实介于真实和虚构之间。

这种虚虚实实，是读信的一大乐趣。你不知道，是书信解放了人的本来天性，还是分裂了第二人格。

就连书信之外的内容——寄信方式本身，都大有乐趣。除了青鸟传书、鲤鱼传书、鸿雁传书、飞鸽传书，中国民间文化中还有柳毅传书、纸鸢传书、木鹅载表，在行动范围有限的时代，人们把最自由的想象力，都发挥在一封信的传递过程里。

英国"毛姆奖"获得者西蒙·加菲尔德，在《书信的历史——鹅毛笔的奇幻旅行》一书中，提及了王尔德任性的寄信方式。当王尔德坐在伦敦切尔西区的家里写信时，他总是天马行空、字迹潦草，写完贴好邮票后就将信封顺着窗口扔出去，他相信路过的行人看到后总会顺路将它投递到最近的邮筒去。

"我们暂且不去谈论这个故事真实与否，光是其中的情节就为我们描绘了一幅维多利亚时代晚期的伦敦城市图景，"西蒙·加菲尔德写道，"马车在清脆的马蹄声带动下快速地驶过铺满鹅卵石的街道，路边充斥着各种嬉笑怒骂的谈话声，一个头戴礼帽的人弯下腰来拾起地上的信件，并将它投入附近的邮筒中。也许对他来说，去邮筒投递书信就是生活中再正常不过的一件事情了。"

木心说：从前的日色变得慢。车、马、邮件都慢。一生只够爱一个人。

如今，交通工具快起来，快递可以次日达乃至即日达，电邮、短信、微信可以即时达，但人们写信的欲望已经没有了。当相亲速配成为爱情解决方案，也没有人再为一封情书而辗转反侧了。

英国作家塞缪尔·约翰逊的一段话，或许提前揭示了书信在这个时代消亡的原因："长久以来，一直流传着这样一个信条：一个男人的品行可以从他的书信中得知，因为他会在给朋友写信时敞开自己的心胸……但是事实上，那只适用于'黄金时代'中的单纯友谊。若是换成今日，也就只有孩童之间才会如此坦诚相待了，很少有人敢于正视自己的内心并把它展示给别人看，而若是自己的心思不小心被暴露出来了，他们也会采取避之不及的态度。如果连我们都不敢正视自己的内心世界，就更别说对别人吐露心声了。"

肖恩·亚瑟：让我们在书信中彼此深爱

文 / 赵渌汀

一段异地恋，让英国人肖恩·亚瑟体会到了书信带来的情感震撼。他创办了从博客延伸到名人朗诵会的"见信如晤"。"阅读肖恩收集的信件非常容易上瘾，这感觉就像沉浸在一袋香味四溢、分外诱人的糖果袋中，你永远也不知道下一颗从未咀嚼过的糖果，能给你的精神世界带去怎样的舒爽和欢愉。"

"我笃信我们能在信中继续深爱。"

13年前，肖恩·亚瑟（Shaun Usher）在一场为时一年的异地恋中，通过书信，收获了女友的真爱。当时他在英国柴郡上班，女友却外派西班牙马德里一年。两地分隔的那一年时间里，他们唯有借助文字，靠写信传递情愫和寄托念想。

"字里行间，我们热恋得愈加不可自拔。"肖恩说，"很多人抵触异地恋，但我们反而缩短了彼此的距离，收获了更深层次的爱。"从那时起，他不仅笃信自己和女友（如今是妻子）能在书信中继续深爱，也认识到了书信能让人类的情感得到有效延展。

于是，在2009年，他创办了个人博客"见信如晤"（Letters of Note），甫一问世便收获无数惊喜，包括肯尼迪、海明威、菲茨杰拉德等社会各界名流在内的私人信件的首度曝光，燃起了英国人对书信的狂热。

经他收集的 1000 多封各式各样、有趣且迷人的书信，铺陈出一幅从公元前至今的社会风情生态画卷，透过社会名流诉诸笔端的私密文字，通过由"见信如晤"所衍生的名人朗诵会，现代人能够听到历史在不同时期纷乱场合中的脉搏跳动。

如今，"见信如晤"已成为英国最流行的博客之一，不过肖恩却并不满足。"马克·吐温一生中写了多少封信？ 10 万封！我现在只收集了 1000 多封名人的信。和他相比，我才刚上路呢！"肖恩说。

"像图书馆一样尽可能多地收录那些有趣的历史信件。"

如果没有"见信如晤"博客，肖恩现在应该还在柴郡的一家文具公司里上班，每天为做不完的单据和发票在销售部和生意场跑前跑后。"现在想想都后怕。"

肖恩自爆年少时不相信任何考试，不认可那些能够鉴定每个人智商和努力程度的成绩单。"我不相信那些东西，每个人都有自己在某个方面的价值，考试只能测试他在特定领域的能力。"他自称在大学期间"成绩很差"，差到最后干脆放弃了读大学。"我要去寻一些可爱的事儿，自己真正能主宰的事儿。"

肄业后他过得并不顺利。他托朋友找了份文具公司的零活，过上了靠销售提成领工资的不稳定生活。"老板总给我派活，感觉自己在不停接单中虚掷光阴。生活在一点点吞噬我自己，热情真的渐渐在消退。"在经历无数次拼命接单和维持业绩的努力后，他决定给自己放个假，于是他在上班期间遛进了柴郡市中心的图书馆。

图书馆里保存至今的古老信件吸引了他。在阅览室里，他望着一封封陈列在橱窗里的信件，有时边读边笑，有时又隔着玻璃窗尝试用手去尽量触摸。"都是名人家书和私人信件，读起来特别美好。"这时距他和女友的"异地书信时光"已过去 6 年，两人已经喜结连理。"当时有个感觉突然蹦出：要像图书馆一样尽可能多地收录那些历史信件。这感觉通透、强烈，让人觉得不可违逆。"

几天后，他辞去玩具厂的工作，创办了自己的博客网站，一心一意过起了收集有趣信件、明信片、电报、传真和备忘录的快乐生活。

有些书信专为自己而写，有些则是多元世界的缩影和写照。

　　由 1938 年沃尔特·迪士尼公司写给某位女性求职者的一封拒绝信开始，肖恩带着"见信如晤"博客迈上了书信收录的"万里长征"。

　　在他珍藏的信件里，有米克·贾格尔写给安迪·沃霍尔的信，信中谈及了滚石乐队唱片封面设计的概要；有英国女王伊丽莎白二世寄给美国总统艾森豪威尔的字条，信的最后还不忘附上女王的私人烤饼配方；有伍尔夫在自杀前夜写给她丈夫的绝笔信，读起来句句痛心，字字浸情；还有自称恶名昭著的"开膛手杰克"寄给警戒委员会主席的血淋淋的自白书，令人惊讶的是，他还随信附送了半个人类肾脏……

　　对肖恩来说，自己收录的最励志的信莫过于美国先驱艺术家索尔·勒维特写给另一位艺术家伊娃·黑塞的亲笔信。肖恩曾多次在采访中提及勒维特的这封信：

　　"要学会时不时对世界说'滚你妈的蛋！'你绝对有权这么说。现在就打住，再也不要去想、担心、小心翼翼地行事、犹豫不定、怀疑、害怕、伤心、盼着轻松解脱之路、挣扎、喘息、混淆、发痒、抓挠、含含糊糊、结结巴巴、嘟嘟囔囔、唯唯诺诺、跌跌绊绊、咕咕哝哝、哆哆嗦嗦、投机、跌倒、争夺、颠簸、图谋、埋怨、悲叹、呻吟、咕噜、临时抱佛脚、胡扯、诡辩、挑刺、滴尿、管人闲事、操人屁股、挖人眼珠、指人短处、抄小道、长期等待、小步走路、毒眼看人、挠背、搜索、停歇、糟蹋、碾磨、把自己磨得棱角全无。打住这些，去干就是了！"

　　"这封信收录在后来成书的《见信如晤》中，但在我的博客上现在还无法查到。勒维特的谆谆教导像小溪般缓缓流淌，高瞻远瞩又特接地气，"肖恩说，"某一个瞬间，我觉得勒维特的这封信不仅仅是为黑塞写就，我自己也获益良多。此后每当遇事不顺，我总会反复阅读勒维特列出的这些人性的污点，并在工作和生活中小心地予以规避。"

　　名流们的文字有时像偶得的阳光，照亮肖恩心底阴翳的角落。与此同时，他发现很多写在过去的书信，恰恰在当代也得以验证和体现，比如他个人最喜欢的一封信，那是美国知名导演兼编剧罗伯特·皮洛许在上世纪三四十年代的求职信："先生，我对文字无比热爱。我喜欢用那些听起来阿谀奉承且浮夸的词，比如卑鄙、谄媚、渗漏、胶着……我喜欢那些画面感强的词，而不仅仅是文绉绉的词语。"

"你都不知道他写得多好！有才能的人去面试，当然得标新立异地让自己显得与众不同，现世里难道不也是走这个路数吗？"肖恩说，"他的语言如此精致有趣，我都想请史蒂芬·弗雷（英国喜剧演员）把它高声念出来了！"

书信像一扇扇窗户，让人窥视作者的热情、美丽、痛苦和幽默。

编书信成册是"见信如晤"博客风靡网络后的一次大胆尝试。肖恩在 2016 年年初将 124 封各国名人的书信编纂成书，时间跨度由公元前起至今，书中涵盖了历史上众多大事件和政要、明星、文艺工作者、科学家的私人书信，一个个血肉丰满的名流形象跃然纸上，一桩桩从未曝光的逸闻趣事正式与世人见面。

请名流读信，则早在他"编信成书"的三年前得以实现。2013 年起，为纪念英国国家写信日（National Letter Writing Day），"卷福"本尼迪克特·康伯巴奇等知名演员齐聚英国共济会大厅朗读各个时期的书信。这个活动被命名为"名人朗读会"（Letters Live）。

"读这些信让我们停下脚步，去想象信件作者的生活和他们当时所处的环境。观众、朗诵者和信件作者在 Letters Live 活动现场彼此紧密相连，让我们更能深入地了解这些鼓舞人心的人类古老文物。很荣幸能朗诵这些信件，书信是沟通交流中的诗意手法，它们像一扇扇窗户，让人窥视作者的热情、美丽、痛苦和幽默。""卷福"这样评价。

"我觉得观众的反响和效果特别好。通过这种朗诵活动，可以把书信的神秘、神奇和神韵延续下去。名人在朗诵书信时是投入个人情感的，每个人赋予信件内容的注解都不尽相同，这样才能更有意思、更多元地传递文字的美妙和历史的厚重。"肖恩说。

只有书信才能为人类提供最原始和最厚重的情感寄托。

《纽约客》曾在一篇特稿中这样描述肖恩和他的"见信如晤"："坦率地讲，阅读肖恩收集的信件是件非常容易上瘾的事情，这感觉就像沉浸在一袋香味四溢、分外诱人的糖果袋中，你永远也不知道下一颗从未咀嚼过的糖果，能给你的精神世界带去怎样的舒爽和欢愉。"

而他又同时兼备着这样的本事：能在迅速阅读和筛选后，将部分冗长枯燥的信件缩编至一两页，并通过组合拼凑，让写信人像讲述短故事一样呈现出来。这个过程显然耗时费力。"有时肖恩需要阅读好几本关于写信者的人物传记，结果却仅仅是为了核实和求证其中的某一句短话。"《纽约客》这样写道。

但肖恩依然乐此不疲。在他最初决定全职打理"见信如晤"博客时，他甚至靠在化妆品公司做经理的妻子养着。"在博客走红和最终出书变现之前，我完全没有稳定的收入。我吃她的、喝她的，我很感激她。不过我却觉得分外值得，因为这件事令我其乐无穷。每当你收集好那些信件时，你总会暗自揣摩一下这些寄信人在几个世纪前写好信投递到邮箱时的感觉。现在你攥着这些信封和邮票在手，攥着写满喜怒忧乐的纸张在手，那感觉就像自己也将即刻扣响收信者的家门一般。"

最触动肖恩的一封信来自一名叫劳伦斯的 21 岁姑娘，她此前给"朋克音乐教主"伊基·波普写了封信，信中描述了自己父母早年离异以及自己目前的艰难生活。波普随后给她回信说："我想看到你穿着黑裙子和白袜子站在我面前的样子。我尤其想看到你能做一次深呼吸，并下定决心做那些只有你自己喜欢的事情。我能想象到你现在的年轻，我可真羡慕你。最后，我想祝你 21 岁生日快乐，永远快乐。"

收到波普的信后劳伦斯惊喜万分，于是她把这个好消息通过 email 告诉肖恩："波普竟然回了我的信！"

肖恩觉得这封信将彻底改变劳伦斯的人生轨迹。"她此前悲观厌世，我觉得是波普的那封信救了她。我甚至觉得写信有时比见面还要纯粹简单，因为有很多话是无法当面言说的。通过文字，很多人既可以避免见面时的某种尴尬，又可以通过含蓄而又令对方明白的方式表达出来。"肖恩说。

他也愈加觉得书信就是人类情感的一种延续。"试想一下，你的信件，尤其是那些求爱信件，你的爱人一旦收到，他们的手触碰着的是你曾经留下字迹的纸面，他们闻到的是你让纸张散发出的文字气味，这种感觉神秘又有趣。电子邮件当然十分便捷，但它失去的是对文字和纸张的使用情趣。只有书信才能为人类提供最原始和最厚重的情感寄托。"

读一封信，就是读一段历史、一面人性

文 / 罗屿　图 / 由被访者提供

一档读信节目，信件成了打开历史与人性的小窗，窗内是大历史叙事中被有意或无意忽略的细节。隔着时间与空间，我们与写信人见字如面。从他们身上，我们看到自己。他们的疼痛哀伤爱恨悲欢，与我们的并无二致。

出现在《见字如面》节目后台的归亚蕾眼睛因为充血红得厉害。原因可能是，为了录制，72 岁的她刚从美国飞到北京还在倒时差，也可能是盯着手里的一摞长信反复读了太久用眼过度。同为参与嘉宾的林更新觉得，《见字如面》是一档需要全心投入，以至于非常耗真气的节目。

这档节目也考验着归亚蕾、林更新以及另外几位参与者何冰、张国立、王耀庆等人的舞台功力——作为国内首档也是唯一一档明星读信节目，《见字如面》选择了从古至今近 90 封私人信件，由明星嘉宾现场朗读。节目的舞台背景非常简单，只有一个讲台。嘉宾上台后，凭借的只有自己的声音，他们要用声情并茂的朗诵，让观众隔着时间与空间，与写信人见字如面。

在这样一个娱乐至死的年代，安静读信的《见字如面》略显另类。它身上自带木心所说"车、马、邮件都慢"的"从前慢"气质，但总导演关正文认为，《见字如面》并非意在怀旧，而是希望可以用书信打开尘封的历史。

信件成为打开历史的小窗，窗内的现实可能让人齿冷心寒。

正是因为强调信件背后的历史感，《见字如面》节目组用将近一年时间，从公开出版物以及众多博物馆、研究机构乃至个人所收藏的海量信件中进行一轮轮筛选，"我们的标准是看一封信是否自带'历史信息'"。在关正文看来，这种"历史信息"涵盖面很广，比如信中可能提及某个历史人物或事件，可能描绘了某个历史场景，或是反映某种风貌人情……"如果具备这些信息，这些信件将成为打开历史的一扇扇小窗。"

而窗内或许是宏大历史叙事下被有意或无意忽略的细节。就像末代皇后婉容与皇妃文绣，当年这两个十几岁的少女为打发寂寞深宫中的无聊时光，常互传纸条短信。"如今总有些文章说婉容欺压文绣，但通过流传下来的两人信件我们发现，虽然有时婉容会作弄文绣，但更像小姑娘之间闹着玩的小把戏。"在关正文看来，她俩有很多类似闺蜜一样的举动，"何来后人所谓的宫斗"。

在节目现场朗诵的这封婉容给文绣的信写于1923年。"同样是这一年，我们还选择了郁达夫写给沈从文的一封信。"关正文说，他们想用对比的方式，体现当时中国"红墙内外，两个世界"的特殊社会现实。1911年辛亥革命爆发，中国最后一个封建王朝土崩瓦解。然而，作为明清两代皇宫的紫禁城，似乎并未太多为涌动的革命风潮撼动。"红墙之内是深闺寂寞，外面则是军阀混战民不聊生。穷困潦倒的沈从文，在濒临绝境时，尝试给作家郁达夫写了一封求助信，但郁达夫自家却也连一条棉裤也没有了。"悲愤难平的郁达夫在信中不免对"北漂"文学青年沈从文感慨彼时中国社会的诸多不公，比如他提到："大学毕业生坐汽车，吸大烟，一掷千金的人是有的。然而他们都是为新上台的大佬经手减价卖职的人，都是有大力枪杆在后面援助的人，都是有几个什么长在他们父兄身上的人，再粗一点说，他们至少也都是会爬乌龟钻狗洞的人。你要有他们那样的后援，或者他们那种乌龟本领，你就是大学不毕业，何尝不可以吃饭？"然而这样近在咫尺的社会现实，却与婉容、文绣似乎隔着万水千山。

张国立在《见字如面》录制现场。黄永玉在看过节目的视频后，高兴地邀请张国立和总导演关正文到家里做客。

有些信件打开后，让人触目惊心，比如"白卷英雄"张铁生当年所写的信件原文，就与"文革"时所流传的版本完全不同。

"张铁生交白卷事件"是指 1973 年辽宁考生张铁生在大学招生文化考试中交了白卷，却在试卷背后写了一封为自己成绩低劣辩护的信。张铁生因此被江青等人称作"反对资产阶级教育路线回潮"的"反潮流英雄"。"但是从信件原文可以看出，张铁生从没有表达过读书没用，也没有反对过教育体制，反倒是在原信中提到上大学是他'自幼的理想'。"在关正文看来，张铁生只是被裹挟入大历史的小人物。"他写信的目的只是为了请阅卷老师体谅自己、照顾自己，并没有什么'反智'动机，但谁让这封信太'勇敢'了，张铁生此信被利用，成了江青反革命集团的马前卒，'白卷英雄'几乎影响了一代人对读书的认知。"

信件还原的，不仅是张铁生这样的大历史中的小人物，也会让人看到那些所谓历史上的大人物不为人知的一面。这一面，有时同样触目惊心。

世人大多了解，曾国藩当年是因代表清政府处理"天津教案"，一时间成为千夫所指的罪人，他自己也有"外惭清议，内疚神明"之感，不久便撒手人寰。但只有从当年留下的信件中，才能更为清晰地看到，这位一些人眼中的大儒"圣人"，其实也是一个矛盾挣扎、深嵌于体制核心的职业官员。

曾国藩在"天津教案"处理的最后阶段，曾给恭亲王奕䜣写了一封信。在信中他表示，抵命的人数最好略高于洋人伤亡的人数，这样才可以堵住洋人的嘴。"之后，他进一步向奕䜣解释，准备通缉捉拿五十余人，最终处死二十人左右，其余各犯建议分别判处充军、流放等罪，还有一些可以准备随时释放。按照他的意思，这个方式既可以让洋人接受，而判决有轻重，也不至于让百姓觉得朝廷滥杀无辜。"关正文认为，这封信生动地还原了朝廷行政议事的场景，"让我们读来倍感意外且深怀恐惧。尽管国力衰弱无法与列强抗衡，但这封信从头到尾都是算术题，都是心机，只有人命如同草芥，让人齿冷心寒。无论后世对曾国藩如何评价，这封信却体现出他真实复杂的一面。"

在爱情面前慌了阵脚的不仅有诗人，还有"革命者"。

《见字如面》选择的 90 余封信件中，很多与爱情婚姻有关。

为感情困扰的才女不仅有三毛，还有林徽因。林徽因 16 岁时，跟随父亲林长民游历欧洲。在英国，少女林徽因遇到了浪漫诗人徐志摩的强烈追求，心有所动。此时，徐志摩与张幼仪仍为夫妻。陷入痛苦的林徽因写下了一封"分手信"。

"这封信的开头，林徽因说'我降下了帆，拒绝大海的诱惑，逃避那浪涛的拍打……'，只是在结尾她这样写：'我又真的收回了留在你生命里的一切了吗？……我说不清。只是，我不期待，不祈求。'"关正文读此信的感受是，可以从中看到林徽因的感性与理性、矛盾与决绝。

与林徽因不同，面对徐志摩排山倒海般的爱情，陆小曼则丝毫不会退却。陆小曼与高级军官王赓婚变、与徐志摩恋爱结婚是当年的轰动事件。《见字如面》节目选择了陆小曼尚未离婚时与徐志摩的书信往来。她在信中写，自己是怎么的运气才能遇到他，自从见了他，她"才像乌云里见了青天"。

蒋介石也会在爱情面前慌了阵脚。1919年，蒋介石随孙中山一起到国民党元老张静江家中拜访，初遇13岁的陈洁如，已有一妻一妾的32岁的蒋介石从此频繁造访，对陈展开猛烈追求。面对后者的拒绝，蒋介石写下了一封"情书"。通篇大谈民族大义、革命情怀，实际上算得上情话的仅此一句：我将我的心置于你的裙边之下。

但蒋介石用一种无可辩驳的义正辞严来给陈洁如施加压力，比如他说："如果你爱我们的国家，就不会只顾自己，就不会吝啬对国家的一位革命者给予些许的快乐。你如果继续拒绝同我谈话或见面，就将减损这位革命者高昂的士气和精神……"

关正文觉得，蒋介石言之凿凿，仿佛中国革命成功与否全仰仗于陈洁如是否接受他的爱情，这种不是情话的情话，对于涉世未深、有浓重英雄崇拜情结的小女子恐怕是一击即中的。

人生际遇其实类似。李白当年写给韩荆州的那封书信，就能看到今人求职的影子。

节目选择的信件中，不仅有名人的爱恨情仇，也有普通人的家长里短。即便是功夫巨星李小龙，《见字如面》也特别选取了他成名前写给妻子的一封信。信中，李小龙信誓旦旦地向妻子保证：等自己的电影在香港火了，"片酬至少要10000美金，还得有十分之一的分红，我们全家都可以坐头等舱旅行"。

出门在外对妻子"念念不忘"的还有秦军将士——惊。战国时期，秦军发动了攻灭楚国的大规模作战。黑夫和惊两兄弟，是当时秦军部队中两名普通的士兵。当征战到淮阳一带时，他们给远在秦南郡安陆家中的兄长写了封信。在信中，惊拜托大哥替他教育管束新媳妇。如果要打柴，一定不要让她去太远的地方，请大哥一定替自己把她看好。

在《见字如面》录制现场由林更新朗读的这封秦国将士家书，其实是经关正文翻译加工后的白话版本。这也是节目组处理古代信件的方式——以白话文朗读，配以文言字幕。在节目总体设计刘宇看来，这种方式首先可以保证古代信件能被今人听懂，"更关键的是，我们希望每封信件可以保持与当下的关联性。因为无论古今，我们所遭遇的人生际遇其实都是类似的"。刘宇就认为，在李白当年写给韩荆州的那封《与韩荆州书》中，就能看到今人求职的影子。"那是一封马屁与狂傲并存的信。只是，李白并没有因为这封自荐信搭上平步青云的顺风车，只留下了一篇好文章。"

"我们希望节目中出现的每一封信，哪怕它来自古代，但你听到后，想到的不仅有历史，还有当下。"关正文提到了一封西汉政治家杨恽写给安定郡太守孙会宗的信。当年步入仕途的杨恽生性孤傲不羁，树敌颇多，进过牢狱。释放后，杨恽依然纵情享乐。安定郡太守孙会宗是他的老友，写信劝他应闭门思过以再展抱负。杨恽写了一封《报孙会宗书》作答。

关正文读过此信后，有种酣畅淋漓的痛快，"能看到杨恽身上清浊自辨的气节"。他尤其喜爱信末杨恽"回敬"孙会宗的一段，他将其翻译为："你老家在西河，是魏文侯的故地，那里出了清高隐居的段干木、刚直睿智的田子方，潇洒，有节操，有气概，拿得起放得下。但是你离开了故土，到安定去做了官。安定这地方在山谷之间，人也视野狭窄。你该不是被这种环境改变了吧？现在，我倒要看看你能混成什么样，这可是大汉盛世，你去努力吧，跟你没话。"关正文觉得，读完这封信，作为观众的我们也许会想到自己，"遇上小人的时候怎么办，遇上朋友失意的时候怎么办"。在他看来，所有的历史不过都是当代史，所有的人生也都是我们自己的人生。"世上不过爱恨生死，我们跑不出去。"

有所感悟的还有读信的明星嘉宾。归亚蕾在录制节目那天，简单处理了一下充血的眼睛后缓步走上舞台，站定后她轻轻朗读一封多年前蔡琴写给前夫杨德昌的"放手信"。1995 年，杨德昌向妻子蔡琴坦白爱上了钢琴家彭铠立。蔡琴和杨德昌结束了 10 年的无性婚姻。杨德昌对这段婚姻的结论是"10 年感情，一片空白"。而蔡琴则答："我不觉得是一片空白，我有全部的付出。"2007 年杨德昌因病辞世，媒体期待作为前妻蔡琴的反应。于是第二天，蔡琴便写了这封公开信。

"我感谢主在他生命结束前，是与他的最爱在一起，我抬起不停涌上泪水的眼睛，坚定地告诉上帝：我可以站起来！我深深地感谢上帝，让我与他轰轰烈烈地爱过……"归亚蕾的声音缓缓响起，那一刻，她就是蔡琴，她懂她的失落与深情，她已进入她的爱里。

20万件名人信札里的秘闻逸事

文 / 苏马

杂·书馆内的20万件名人信札、手稿，可见"浩浩数百年华夏之信仰、民生、娱乐、改良、革命、沉沦"，于官修正史之外，"别有一番呼吸与血肉"。但因为涉及隐私问题，可能会对某些信件进行部分遮挡，再对公众正式开放。

半年前，作家马伯庸去了趟杂·书馆，而后发微博感慨其中的"名人信札手稿档案馆"有如宝库，"沐手参观了一下，感觉像亲身穿越了一般"。他随手拍下的图片里有"两朝帝师"翁同龢手书家信，有康有为写给民国总统曹锟指导其工作的亲笔信，有夹在梁启超书信集里的阎锡山请调折呈，还有蔡元培为借钱给陈寅恪而写的经费批条。

杂·书馆因高晓松为人所知。2015年11月，他以首任馆长身份主持杂·书馆开馆仪式，并介绍其为中国最大私立公益图书馆，藏有"洋洋数十万民间之宝卷、杂志、鼓书、杂字、书信、教材"。让马伯庸感慨良多的"名人信札手稿档案馆"，正是杂·书馆下设的分馆之一。

这些信件于官修正史外，"别有一番呼吸与血肉"。

虽是分馆，"名人信札手稿档案馆"却被外界视为杂·书馆"重镇"，因为内藏 20 万件名人信札、手稿、档案等资料，内容涉及中国近现代史上众多重要人物及事件。引用高晓松的说法，这些信件可见"浩浩数百年华夏之信仰、民生、娱乐、改良、革命、沉沦"，于官修正史之外，"别有一番呼吸与血肉"。

比如，一般提到康有为的"复辟"与"保皇"，有些人会想当然地猜测，他是否从曾经的维新党变成保守迂腐的老古董？否则，为什么在辛亥革命胜利，共和民主已成不可逆转的历史趋势下，他仍念念不忘"虚君共和"？杂·书馆藏的一封康有为 1922 年亲笔信会否定这个疑问，或许就像胡适所说，康有为不曾变换，"只是估价的人变了"。

1922 年，康有为手书了一封长信作为回复民国总统曹锟的电文原稿。信中，他从林肯、罗斯福、法国大革命谈到《管子》。他用"号称共和而无宪法、无国会，此尤地球所未闻而至奇之"等表明立宪共和确为潮流所向，但又用近七千字绕了一个大圈子，想用"英虽有木偶之虚君，而民权最大，无不称其为最盛之共和国"论证英国式君主立宪制可以搬到中国来。"可见他还是那个关心天下大势，对世界各国政治历史颇有见地却过于幻想、缺乏全然革新魄力的知识分子。"杂·书馆副馆长韩悦思评价，这封信对于研究康有为，尤其是他的"虚君共和"观点是再直观不过的史料。

馆内收藏的阎锡山请调书《谨将筹策边防要务请移山西都督府驻扎塞外理由缮摺呈鉴》，也可作为我国近现代政治史上的重要注释。在这篇公函中，时任山西都督的阎锡山向大总统袁世凯写信请调外蒙古，"拟请将山西都督府暂行移驻塞外"。韩悦思解释这封信背后的历史信息：辛亥革命推翻了清朝政府，中国从此结束封建君主专制时代，然而不久又进入混乱的军阀割据时代，外蒙古趁此闹独立，并在沙俄的干预下实现"自治"，阎锡山担心内蒙防务吃紧，于 1914 年向袁提出防俄计划。

戊戌变法人物的匿名信件，多是为保密与安全，可见其处境艰难。

相比康有为、阎锡山以上这两封收信人清晰明了的公函，杂·书馆内还有数千封没有具体写信人或收信人的戊戌变法时期的信件，仅以"两隐""两略""两知""知名不具""两印"等作落款。韩悦思猜测，匿名的原因，也许是为了信件的保密与安全，而这也从侧面证明了那个时代风云人物的艰难处境——清光绪年间，康有为等维新派人士发动戊戌政变，维新党人遭到慈禧太后为首的封建顽固派的阻拦与捕杀，其中谭嗣同、康广仁等六人于 1898 年在北京惨遭杀害，史称"戊戌六君子"。

馆内另一封康有为的亲笔书就没有收信人信息。在信中，康有为详谈治国大事，密密麻麻写了五大要点，杂·书馆工作人员只能从信中"年伯以为如何？余后面谈"推测收信人应该是康有为比较尊敬且关系密切的年长者，因为"年伯"本是科举时代后辈对与父辈同一年考取进士者的称呼，后泛指父辈。

馆藏的一封梁启超书信也仅以"名心印"落款，并附上"付火"二字，即"看完请烧毁"。不过，这封信的内容并不是什么国家机密，而是私事，是梁启超在 1915 年初请北洋政府国务总理梁士诒帮忙的信。梁启超在信里说父亲要过寿了，想得一个勋位让父亲高兴高兴，然后又说这个事情本来是很世俗的，但俗归俗也是要做的，因为"扬显之义，古人盖亦有取焉"，且"十年来文字鼓吹，于新邦肇造，或不无微劳，即两年来与乱党相薄，亦间接为政府张目"。意思是，扬名是《孝经》倡导的尽孝方法，自己这些年辛辛苦苦，于情于理，该获奖赏。

为杂·书馆贡献了多封个人藏品的资深信件收藏人吴森认为，这封信背后的历史细节非常有趣。他介绍，梁启超写这封信时已加入了袁世凯政府，所以梁在信中把与袁政府作对的人叫做"乱党"。根据史料记载，梁启超在 1915 年 1 月底，即写信后没多久，便获得了袁世凯的嘉奖策令，而后于 4 月份如愿"扬名"回乡，为父庆寿；同年八九月间，随着袁世凯复辟帝制的意图越来越明显，梁启超又毅然公开站在袁世凯的对立面，并发表著名的《异哉所谓国体问题者》一文。

大多数人也许会有疑问，对于匿名信件，如何判断出自谁手以及信件真假等问题。韩悦思表示，可从字迹、信件内容、行文风格等多个方面进行考证。比如馆藏的一封梁启超写给梁士诒的信，虽未署名，但信纸左下端印着"饮冰室启事"，饮冰室正是梁启超书斋名，同时这封信的字迹、文风等也与梁启超符合。

"真正的信札藏家，都能看出这是康有为的真迹。"韩悦思指着一封不具名的治国信件如此介绍。她说，康有为习惯写草书，字体苍劲有力，收藏界一般评价他行文时"像墨水不够，有的地方没有写上"。

民国章门书信，可看出章太炎与弟子关系融洽，同家人朋友一般。

杂·书馆 20 万藏信中，吴森最感兴趣的是清末民初的国学大师章太炎与弟子们的往来书信。他觉得章氏门派可能是中国近现代传统师徒关系的最后存续，如吴承仕在成为知名学者后，遇到疑问仍虚心向老师请教，章太炎则认真对待"老学生"的提问并仔细回答，而章太炎自己研究中有疑问也会反过来向学生讨教求助。藏在书信里的这些细节，正应了鲁迅曾经的评价："太炎先生对于弟子，向来也绝无傲态，和蔼若朋友然。"周作人也曾说过："太炎对于阔人要发脾气，可是对青年学生却是很好，随便谈笑，同家人朋友一般。"

"这一大撂都是章太炎的弟子写给他的信，其中这整本是吴承仕写给章太炎的，都是谈学术问题。章太炎也回给吴承仕，让吴帮他找些资料。"吴森指着一封印有"司法部用笺"的三页信介绍，信首称呼的"砚斋足下"正是指吴承仕。吴承仕字砚斋，1912 年任司法部金事，主要研究文字、音韵、训诂学及经学，与黄侃、钱玄同并称章门三大弟子。

章门弟子书信中，黄侃的格外好玩。黄侃是我国近代颇负盛名的语言文字学家、训诂学家和音韵学家，也是辛亥革命先驱之一，因为言行举止狂狷孤傲被叫做"黄疯子"。吴森拿出一封信介绍说："黄侃平时牛得不得了，跟师父章太炎交往时，却变得非常温顺恭敬。"正如吴森所言，这封黄侃致章太炎的信，开篇落款为"弟子侃叩头"。信里，黄侃回复章太炎，已经读了他写的一篇《论语》解读并受启发，并一再夸师父写得太好。

从信中可见抗战时期学者们的深厚情谊及家国情怀。

每讲完一封信件背后的故事，吴森都会及时把信件放回书架原处，以免遗失或弄混。韩悦思解释，这是因为它们实在太珍贵，按照市场行情粗略估计，目前杂·书馆馆藏名人书信总价值超过十亿元。"近年名人信札交易逐渐火热，但宝贝难寻，有时候一场拍卖会，一张真迹都没有。"

包括吴森在内的馆藏提供者们耗时几十年收藏的这些信件，很多早已升值，其中一封陈寅恪大概于 1941 年初写给毛子水、姚从吾的亲笔信，市值估计至少五十万元。吴森介绍，陈寅恪的信之所以这么贵，与其身份固然有关——陈寅恪被历史学界称为"教授中的教授""三百年来仅此一人"，但更重要的原因是，陈寅恪的亲笔信极其稀少。

在韩悦思印象中，基本没听说哪位藏家手里有陈寅恪在西南联大期间的信。陈寅恪在 1945 年因眼疾失明，此后书信只能由他人代写。即便是代写信件，在拍卖市场中价格仍然不菲。比如，由其夫人唐篔代书的"陈寅恪致杨树达信札"，在北京卓德 2015 年秋古籍善本专场拍卖中，底价高达 180 万元。

杂·书馆收藏的陈寅恪致毛子水、姚从吾书，写于香港。韩悦思说，起初，陈寅恪想取道香港，去往英国治疗眼疾。但太平洋战争爆发后，航路受阻，无法成行，他被迫停在香港。那时的他生活极为困顿，借住在好友、香港中文大学教授许地山家。毛子水、姚从吾是西南联大历史系教授，陈寅恪在信中询问，能否到西南联大任职，并表示"如弟仍可随兄等同往云南，则固所甚愿"。据吴森所知，陈寅恪当年在香港时，其实已经收到牛津大学聘书，但他一心想回大陆教书，而他在香港时生活之所以艰难，很大一部分原因是，当时日军占领香港后，他拒绝出任伪职，亦不肯领日军救济粮。"从书信中可以看出战火年代大学教授之间的深厚情谊，以及抗战时期学者的高尚情操。"吴森说，就像陈寅恪当年一封给姚从吾的信，一开篇他就表示，值此国家危难期间，一定要以国家的学术发展大局为重，绝不能计较个人利益。

信中可见"文革"时期的生活轨迹，那时"大家都得这么活着"。

提到吴森这些为杂·书馆寻来数十万名人书信的"藏家"们，韩悦思说，一般人可能会以为有这么多无价之宝的人必定清闲快乐，实际上他们过得一点也不轻松。"书信都是纸，很容易损坏，辛苦搜集而来，除却假货赝品耗费的财力，照料它们更是一种'美好压力'，不免要担心这些宝贝遭水遭火遭虫遭盗。"韩悦思觉得，真正爱好古籍古书信的人，即使如今名人信札市价很高，他们也不太舍得卖出，"因为书信不像书籍，基本都是独一无二的"。

"藏家"们其实更愿意琢磨书信里的故事。

吴森常到杂·书馆翻旧信，正是在读信的过程中，他看到了发生在作家韦君宜身上一段不为人知的往事。杂·书馆藏有一百多封韦君宜家书，在一封写给丈夫杨素的信里，韦君宜一直在讲女儿的户口问题。这封信的历史背景是，"文革"快要结束，知识青年都想回城。作为母亲的韦君宜，同样也想让女儿早日回城落实户口，于是她在信里向丈夫事无巨细地叮嘱"去北京找谁，怎么说话"。在吴森看来，这封信字里行间充满了亲情和智慧："但是她一边为女儿想'走后门'的办法，一边又担心女儿思想走偏，她在信里和丈夫吐露担忧：'（女儿）今天忽又说天下事都要走后门了……好像一切正气已不需要了，青年如此，真令人丧气，还不如老一辈……可怎么好？你和她谈谈正经的，让她不要成天只计议个人。'"

吴森在馆藏书信中还读到了爱情故事。上世纪 60 年代初，一直单身的西方哲学史家、翻译家王太庆经人介绍认识了女医师丁乃蕖，二人之后结为夫妻。婚后王太庆在北大教书，丁乃蕖在湖南湘雅医院工作，分隔两地的他们只能靠书信交流。1964 年 3 月 31 日，王太庆用毛笔回信给妻子丁乃蕖，说喜欢她分享的鲁迅诗句，又说最近脑子里想的东西多，休息不太好，但有时候这些思绪又会突然全都消失，只剩一件事情——"想你"。

他们在书信里说的都是细碎小事，告诉对方自己每天在做什么想什么。"文革"快开始时，丁乃蕖从湖南调到银川，分居异地的两人距离更远了。在一封丁乃蕖写给王太庆的信里，丁乃蕖前半封用的是钢笔，后半封用的则是圆珠笔。之所以这样，吴森解释，从信件内容上可以看到，前半封信里，丁乃蕖告诉王太庆，最近放假睡得很足，正准备精力迎接下农村的任务，但具体任务是什么"迟未联系好"，于是先拿起信纸和钢笔随便写些字。信件的后半部分，显然是丁乃蕖一周后所写。因为她在信中表示，任务已确定。"她换了一支蓝色圆珠笔接着把信写下去，字迹却潦草了些，原来是'为了急于发信'，好让心上人早点得知消息。"

吴森无法想象这对夫妻到底通了多少信。根据杂·书馆相关收藏，韩悦思猜测至少有三百封，时间跨越二三十年。据吴森了解，"文革"前，为了结束两地分居，王太庆一直想把丁乃蕖调到北京，但一直未能实现，为了离妻子更近一点，他只好主动申请去宁夏，任银川宁夏医学院讲师，在那边待了二十余年，后来有机会把妻子一起调到北京，他才于 1979 年重回北大任教。"现在谁还愿意这样谈恋爱？谁会为了一个姑娘，跑到外地几十年，也不管工作事业的机会好不好？"但吴森觉得，"那个年代，其实大家都得这么活着"。

（应受访者要求，文中吴森为化名）

人民需要老戏骨

　　陶奕希和周芷莹所扮演的白娘子和许仙，从服装、道具、造型和气质上都神似 1992 版《新白娘子传奇》。

"印度良心"阿米尔·汗在《摔跤吧！爸爸》里上演了时光奇迹。

从 19 岁到 55 岁，不只是面貌、身材大变换，还有岁月累积的坚毅、慈爱、百折不挠，让人飙泪又感慨万千。

生于 1965 年的阿米尔·汗在电影里玩转了时光，既是小鲜肉，又是老戏骨。

创下国产剧近十年最高收视纪录的《人民的名义》中戏骨云集，"他们的台词背得一字不差，现场飙戏尤为好看，有时候拍着拍着现场就响起一片掌声"。

久违了，老戏骨。

急功近利的娱乐圈催生的是速成速朽的作品和偶像。

但人民需要老戏骨。

对匠人精神和专业能力的尊重其实从未远离，在内心深处，我们一直都在呼唤打动人心的艺术。

小鲜肉养眼，带来愉悦和心动的感觉。但这远远不够，不止痒，不解渴。

老戏骨虐心，他们是生活的真相和针刺一样的感觉，让你对复杂世界又多一层了解。

阿米尔·汗们以作品折射对社会、人性的思考，甚至以一己之力推动国家的变革。

老戏骨背后，是沉淀，是坚持，是人生哲学，是对生活的体察和呈现。

老戏骨需要土壤。

今天影视界的新常态是，一亿成本的电视剧，七八成分给当红偶像，只有两三成留给导演、编剧、团队和后期。

好演员要坐冷板凳，要耐得住寂寞、受得住诱惑，用几年时间等待一部适合他们的好作品。

那些颜值、演技均在线的女演员过了 40 岁只能去演三观雷人的婆婆妈妈。

今天的小鲜肉，也有成为老戏骨的潜质。时间是鲜肉的大敌，却能滋养和成就老戏骨。

社会需要老戏骨。

互联网时代，更需要严谨虔诚的工匠精神。

老戏骨是精神和文化的营养，也是最生动深刻的人生教益。

人民需要工匠精神和老戏骨。

社会需要给予生产老戏骨的肥沃土壤。

人人有责。

一个小鲜肉要走过多少路，才能成为老戏骨？

文 / 孙琳琳

今天的老戏骨，受到了小鲜肉般的追捧；今天的小鲜肉，也有成为老戏骨的潜质。从小鲜肉到老戏骨，基本上是从"星"修炼到"人"的过程，最后修成正果，修得接地气、有人味儿。

如果有人试图在美剧、英剧、日剧等各种剧同台竞技的背景下列举中国电视剧的可观之处，国剧似乎在大多数方面都相形见绌。只有国产老戏骨，因为接地气的精湛表演，毫无疑问绝不会输阵。

老戏骨的表演是撑得起电视剧的骨架，是你舍不得拖动进度条的关键处，也是弹幕雪片般飞来的小高潮，让人击节叫好、欲罢不能。所谓大戏，绝少不了老戏骨的加持。唐国强、陈宝国、李幼斌、焦晃、倪大红、李雪健、冯远征、惠英红、李立群、何冰……这个名单还可以加长，他们是专业人士，兢兢业业表演数十年，既是上一代观众记忆中的熟面孔，也变成了90后津津乐道的鬼畜和表情包。

哪里有老戏骨的加入，哪里就有戏。

老戏骨为什么出彩？

在创下国产剧十年最高收视纪录的热播剧《人民的名义》中，老戏骨演技大爆发，妥妥地刷了一波存在感。导演李路在接受媒体采访时说，邀请这么多老戏骨参演，就是希望能把人物形象刻画得更加生动，"他们的台词背得一字不差，现场飙戏尤为好看，有时候拍着拍着现场就响起一片掌声"。

老戏骨的演技为什么会集中在这样一部"反腐剧"中出彩？那是因为他们惟

妙惟肖地演活了生活中最有演技的人群的演技——官场上的两面派。只有老戏骨的演技，才能够"神还原"现实中这些复杂人物的真真假假和虚虚实实。

侯勇塑造的贪污两亿多元的"小官大贪"，在 52 集中只出场了两集，但那演技绝了，成了整部戏前期的核心话题。从抵抗到躲闪再到崩溃，侯勇演活了这个角色的心路历程。而这一教科书式的表演，灌注了他多年对表演的实践和理解。

在接受《南方都市报》采访时，侯勇说："我们以往的影视剧创作或者文学创作都会有正反派之分，这也是很多影视剧创作的一个路数，也有一些创作者会正反打，就是说看着不像坏人的演个坏人，但这都是表面功夫。我觉得应该去琢磨怎么进入人物内心，用一个角色来打动观众，让观众记得这个人物形象。其实影视剧创作，是编剧的一度创作、演员的二度创作，演员在荧屏上一直跟观众博弈。你让他相信你做的你就赢了，你做不到就失败了。"

观看电视剧在深层意义上不是一种视觉经验，而是一种认知经验，是建立在观众对自己的生活的感知之上的。比如说，爱偶像剧的，是对自己人生的玛丽苏想象；爱武打片的，是对内心暴力倾向的某种释放。而戏骨之所以受追捧，则是因为他们带你入戏很深，准确又细致地表达了真实世界的复杂人性。

在前不久北京电影学院"电影商学院计划"的演讲中，冯远征说："演员怎么样去演一个角色，最重要的来自生活积累，同时还来自想象……作为一个演员最重要的习惯就是观察生活。"每次接到角色，他所做的第一件事就是"打开记忆""寻找信息"。

小鲜肉如何变成老戏骨？

"颜值"与第一印象有关，却与才华和饭碗没有必然联系。就算是最当红的小鲜肉，也要注意人设，也不能仗着颜好就任性妄为，否则粉丝也会转路、转黑。

"颜值"是演艺界的一个起点，翻看老戏骨年轻时的照片，很多人"颜值"也在线。时间毫不留情地剥夺了"颜值"，但也会送赠额外的礼物—演技，那背后是对生活细致入微的体察和表现。

老戏骨懂得如何把他所理解的生活哲学演绎给你看。生活中的真实人物，出于策略、善意或恐惧的考虑而遮遮掩掩的东西，老戏骨都捕捉到了，并通过他所饰演的角色表达出来。演技背后，是一种人生哲学，是一种生活积累，而老戏骨通过他的演技总结出来，组织给你看，让你对这个复杂世界的了解又多一层。

从这个意义上讲，老戏骨的工作是有营养的，是具有人生教益的。不管他的角色是使你恨，还是使你爱，最厉害的是他能使你信以为真。温文儒雅的冯远征，通过在《不要和陌生人说话》中饰演家暴男安嘉和，成了很多人的童年阴影。甚至有人问他的妻子：他打你吗？这部戏是 2001 年拍的，但直到今天，人们提到家暴男还是首先就想到冯远征塑造的这个人物形象，这就是老戏骨的能力和魔力。

今天的老戏骨，受到了小鲜肉般的追捧；今天的小鲜肉，也有成为老戏骨的潜质。从小鲜肉到老戏骨，基本上是从"星"修炼到"人"的过程，最后修成正果，修得接地气、有人味儿。

一个演员的职业生涯经常是从小鲜肉起步的，一开始他是明星，是偶像，也就是说，是"星"，是"像"，是闪闪发光但不接地气的存在。而通过一部戏接着一部戏的演出，通过他自己的生活经历，通过阅读，也许还遭受了一些人生挫折，他最后变成了一个演员，变成了一个艺人，也就是说，变成真正的"人"了。

从"星"到"人"，这个转变并不轻松。胡歌在接受腾讯娱乐采访时形容自己从偶像派向实力派转型的过程是"用尽八年力气，从偶像的泥沼里爬出来"。《仙剑奇侠传》里潇洒的李逍遥，是他驾轻就熟的风格，也是讨人喜欢的角色，但现实生活中不存在那样的人。为赖声川演一年话剧《如梦之梦》，乃至演《琅琊榜》《伪装者》，这些经历帮他回到了人间，也使他最终想通了：演戏并不是为了讨谁喜欢，而是为了过上一种有意义的生活。当胡歌做到这一点，他就在通往戏骨的路上一路狂奔了。

人民需要老戏骨。

鲜肉养眼，这符合人类的最基本需求，但光有肉没有骨头，也是不行的。

小鲜肉带来愉悦和心动的感觉，而老戏骨的表演则像生活的真相和泼头的冷水，对观众来说，有时被他们"虐"也是一种享受。

在快速上行的中国社会里，整个社会语境都在讨好年轻人，对他们格外器重、格外宽容。IP 最火的那几年，很多老戏骨一度没工开，侯勇就曾三年没有拍戏，颜丙燕也停工一整年。冯远征在演讲中也讲了一件事：

"前两年有个演员没戏拍，说现在都请小鲜肉。我问他：你的钱够养活自己两三年吗？他说够。我说：那就停两三年吧，三年以后你就又该忙了。现在这帮人在横店忙得不亦乐乎，一天接仨戏，因为回归正常了。"

人民需要老戏骨。

老戏骨的存在，是整个社会相对成熟的明证。并非年轻的就一定是好的，老戏骨的流行提供了另一种价值判断—对匠人精神和专业能力的认同和尊崇。如果凡是老的就被当成累赘和负担，显然简单而粗暴。

老戏骨的"老"，不是指七老八十，而是指一种心态、一种沉淀、一种坚持，是长久地做一件事的愿望和能力。说一个人是老戏骨，指的是他专业的活儿干得漂亮，做事不浮于表面。而成为老戏骨没有捷径可走，你只能一边演，一边思考，把思考和生活的全部心得放到戏里。

和所有行业一样，演艺界也是优胜劣汰。随着年龄的增长，一个人几乎不可能长得越来越漂亮，但绝对可以演得越来越漂亮。成为老戏骨，看似高难度，实际上可能是小鲜肉唯一的出路。

十大鲜肉型老戏骨

插图 / 李雄飞

今天的老戏骨，受到了小鲜肉般的追捧；老戏骨的流行，是大众对匠人精神和专业能力的认同和尊崇。

唐国强

唇红齿白，眉目如画，一部《小花》，唐国强一夜之间成为风靡全国的"奶油小生"。羽扇纶巾，运筹帷幄，一部《三国》，唐国强从此由"只能演王子"变为"帝王专业户"。上下五千年，他曾出演的历史人物时间跨度达

唐国强

2733 年，金戈铁马，銮殿龙椅，时空任其穿梭。不会说湖南话，他却演了 29 次毛泽东，形不似神似，细节处显伟人风采。每一次尝试前，唐国强都被质疑"他怎么能演？"，每一个作品却都证明"除了他，谁还能演？"。他是观众心中不可替代的诸葛亮和雍正，也是二次元世界里行走的鬼畜和表情包。（文／文莉莎）

陈宝国

陈宝国 ♠

演帝王、演民族英雄，演警察、演泼皮无赖，演阴险狠毒的特务，演老实巴交的农民，从《神鞭》中的大反派出道，到国剧《大宅门》里的白景琦，陈宝国自称"对待每个角色都诚心诚意，也诚惶诚恐"。为了符合人物特点，他把扣子磨薄塞进眼睛；为了体会角色情绪，他把自己关禁闭，6 个月不和别人说话。夏穿棉袄冬穿湿衣，演主角一天背 12 页台词，演配角 3 天甘当人肉道具。不跨组不跨戏，拿戏当命，拿命演戏。从翩翩少年演到年逾花甲，陈宝国用作品诠释了何为专业，用德行诠释了何为敬业。（文／文莉莎）

倪大红

倪大红 ♠

四次报考三次落榜，倪大红 31 岁方从中戏毕业，47 岁才算真正成名。在北京人艺和国家话剧院，他是绝对主角；在电影和电视剧里，他却是御用配角。从严嵩到司马懿，从孙茂才到谢培东，倪大红的作品没有固定的风格和路数，他演谁就是谁，全身上下都是戏，导演张黎说："有倪大红，我放心。"他演谁，谁就别具一格，自创的细节令人过目不忘，演包工头的挣扎，他 43 码的脚穿 41 码的鞋；演地下党员的坚毅，他不惜将角色设计成哑巴。能救戏，会抢戏，最小的角色都能让倪大红琢磨出味道来。（张艺谋语）（文／文莉莎）

李雪健

他是很多人心目中用"精气神"演戏的演员。不管是帝王、奸雄、书记、政委、农民、作家、坏人、疯子、父亲，他都能做到千人千面，甚至让观众忘记

李雪健 ♠

他是李雪健：他的焦裕禄，那一叉腰，从此定义"人民公仆"形象；他的嬴政，被誉为影视剧中迄今对秦始皇最卓越的塑造；他的宋江，用双手背在身后、迈着小碎步的动作设计表现文墨小吏……如果用国画比喻他的演技，早期是高深的工笔画，后期则是大写意的泼墨画，已经达到挥洒自如的境地。（文 / 谭山山）

焦晃

他人称"焦爷"，是不折不扣的戏痴，年近八十时仍希望再次登上戏剧舞台，因为"任何喜悦都不能和创作的喜悦相比"；他拒绝"大师"称谓，更尴尬于"北于（是之）南焦（晃）"的评价，他不要这些虚名。他鲜少出演影视剧，而每次出演，都贡献了教科书般的精准演技；他在《雍正王朝》中扮演康熙一角，被誉为中国电视史上几个巅峰表演之一。他的台词功力、他的嗓音、他的眼神、他的动作、他的气度，都值得细细品味。他是中国的阿尔·帕西诺，或者是马龙·白兰度。（文 / 谭山山）

焦晃 ♠

惠英红

惠英红 ♠

她的人生以四十岁为界，分为上半场和下半场：上半场，她是形象深入人心的"打女"，这既为她带来第一座香港金像奖影后奖座，也让她经历了无戏可拍的巨大落差，并一度患上抑郁症；下半场，她是公认的演技派，岁月的磨砺成就了她，使她蜕变为戏路宽广、表演精湛的女演员。如果说 2010 年她第二次获得金像奖影后是对她转型成功的肯定，2017 年她再次获得金像奖影后，则是褒奖她在表演艺术上的坚持——其实，她已经不需要通过奖项证明自己的演技。（文 / 谭山山）

李幼斌

他 16 岁参演话剧，投身演艺圈 40 年，一直兢兢业业，却大器晚成。年过半百的他终凭李云龙一角大红，走入寻常百姓家。他目光犀利、心有城府，能深入到每一个角色的内心，不让角色脸谱化。即便是英雄，也有英勇无畏的抗洪英雄张子明、"仁义智勇信"的平民英雄朱开山，更有李云龙这般的痞子英雄。他演农民、大夫、刑警，甚至黑社会老大，无一不是有血有肉。身为国家一级演员，他不断挑战自我，拍战争剧《决战江桥》时，他说要演一个"狂霸中有善良，诡诈中有忠厚"的土匪英雄。（文／舒少环）

李幼斌 ♠

何冰

何冰 ♠

他是那种搁人群里你根本发现不了他，但一旦进入既定角色就光芒万丈的演员。小眼睛提溜一圈儿，宽袖子随意一甩，活脱脱一行走胡同的京味儿顽主，平凡得好似邻家兄弟。被他塑造过的"梁子""胡仁儿""黄毛"等角色，可谓对都市小市民群体的最佳演绎。在风云际会的大时代，他却蜷在街角，用心打磨那些不起眼的小人物。"男演员主要不靠模样儿，要看咱就看质量。"他用"个人平凡"，成就了"角色伟人"。（文／赵渌汀）

冯远征

观众眼中的冯远征，是活脱脱的"家暴专业户"和"渣男代名词"。他曾经因塑造"暴力丈夫"而在生活中被大妈警告"不许再打老婆了啊"，也因演绎"极品坏人"在逛超市时被群众围观辱骂。不管是习惯暴力的变态男，还是翘兰花指的同性恋，抑或是《一九四二》里的拉琴人，他要么不演，演则一鸣惊人。他曾因不是高富帅被嫌弃，因长相平庸被拒绝。他认为高级的演技是投入"小技巧＋真实感情"，这样才能把观众"骗"了。他在琢磨剧本时"认真再认真"

冯远征 ♠

的态度，正如他在《天下无贼》里客串时的那句台词："都认真点儿，我们打劫（演戏）呢！"（文／赵渌汀）

李立群♠

李立群

不论是话剧、电影、电视，还是相声，李立群什么都能来。"我就是一个什么都演的动物"，这恐怕是"三栖演员"李立群最精确的自我独白。他是一个无惧剧本的演员，因为他总能用演技和经验化解"本子上的尴尬"；他是一个无惧观念的演员，什么都能演，也什么都敢演：台湾腔调演绎北京人，搞笑扮相塑造千古帝。他赋予每个角色血与肉，使之更立体丰满。据说他连拍广告都"处处是戏"，粉丝表示，拜李立群所赐，长这么大第一次把广告当作话剧欣赏。（文 / 赵渌汀）

十大戏骨型小鲜肉

胡歌

胡歌♥

从"伪装、琅琊、大好时光"三大剧到鸡年春晚，屏霸胡歌在事业上迎来又一次顶峰。但他感到自己被推到墙角。为了撕下"偶像派"的标签，他重回戏剧舞台出演《如梦之梦》。为了远离"巨星"的标签，他主动从当红事业中抽身，再度沉潜。高颜值、高情商、高智商的他一直保持平视自己的姿态。作为一名演员，"不管在云端或者低谷，始终得坚持初心，认真演戏"，这样才能把脚下的山峰远远抛在后头。（文 / 舒少环）

王凯

为了生计，他曾接拍《丑女无敌》中陈家明一角。直到成为《伪装者》里的明诚、《琅琊榜》里的靖王和《欢乐颂》里的赵医生，王凯才完成自己的翻身仗。以至于在《嫌疑人X的献身》这部电影中，导演苏有朋说，王凯是他直奔云南求来的。在和央视记者的对话中，王凯认为，自己最欣赏的品质是坚持和敬业。他说："对于演戏，我一点都没有急过。"伯乐侯鸿亮懂他："王凯很清楚知道自己需要什么。"比自己帅的人太多，不如做块越品越有味的腊肉。（文／曹园）

王凯
♥

黄轩

黄轩
♥

他曾被张艺谋挑中，也与许鞍华和麦兆辉合作过，又即将被冯小刚和陈凯歌盯上。一群大导演统一了眼光：他是一个好用且值得用的演员。他是《红楼梦》里的薛蝌、《无人驾驶》里的里加、《建党伟业》里的刘仁静、《红高粱》里的张俊杰、《黄金时代》里的骆宾基，以及《芈月传》里的黄歇和魏丑夫，超级IP也不会在他身上无故降临。黄轩不是一个急功近利的走小路者，他曾告诫自己，不要做太多黄粱美梦，接到一个角色就踏踏实实地把它完成好。（文／曹园）

焦俊艳

她是抢闺蜜男友的冯佳期、职场"御娇龙"杜拉拉、"攻气"十足的方灰灰、拥有超级嗅觉的女法医李大宝、温暖的音乐老师小北，以及英语专业打工妹谢小秋。她的形象跨度之大，你根本不会觉得荧屏上的她有焦俊艳的影子。很多人问，焦俊艳为什么没有爆红？因为她的目标不是当极艳一时的小花，她有着20年后还"耐看"的潜质。"成功不会有统一的模式。"焦俊艳早就心知肚明。（文／曹园）

焦俊艳
♥

张子枫

她是《唐山大地震》里被房梁、污泥和眼泪掩盖的难民小方登。戏里演她妈妈的徐帆说："这孩子的演技太好了。和她一起演戏，我不能不真实。"她也是

《唐人街探案》中洁净呆萌的小萝莉思诺，当所有人以为她把傻白甜演到底时，她在片末用一抹邪性诡异的微笑瞬间反转剧情与人设，用一个让观众冷汗狂飙的表情，为整部电影收了个烧脑又惊悚的尾巴。张子枫既有老天爷赏饭吃的甜美外表，又具备演员行业的成熟心智。徐峥给了她超越同龄演员的评价："她是个艺术家，把那种天然的感受能力和孩子的纯真完全融合在一起。"（文／詹腾宇）

张子枫 ♥

彭于晏

彭于晏 ♥

他是《翻滚吧，阿信》中练出八块腹肌的体操选手，是《破风》中骑到心脏衰竭的自行车手，是《激战》中打到浑身酸痛的 MMA 猛男，是《湄公河行动》中善用枪械和多国语言的警方卧底，唯独不再是曾经的花瓶偶像男。彭于晏早过了鲜肉的年纪，但依然保有一张洋气而年轻的脸。《翻滚吧，阿信》导演林育贤把彭于晏带出了"只能好看"的困局："彭于晏的执着和打拼让我特别惊讶，现在他可以竭尽全力让自己不受制于外形，有着更宽广的戏路。"彭于晏自认表演天分不高，又曾遭遇事业低谷，遂以"每个角色都当成最后一个角色"的心态扎进戏里，练就了承载故事的能力，成了一个"颜值和演技长年在线"的演员。（文／詹腾宇）

周冬雨

18 岁出演山泉水般的静秋，被赞是最清纯的谋女郎，出道 7 年，参演了 16 部电影和 4 部电视剧。她敢于不断挑战各类角色：盲女、"杀马特"发廊妹、高冷女学霸、叛逆女青年以及"鬼马"少女，终凭安生一角成为金马影后。从清纯小妹到鬼马"冬叔"，她走出了一条"不是偶像派，也不是颜值派"的道路。如今，镜头下的她喜感、自在，又充满灵气，对各类角色驾轻就熟。她不怕别人说她"24 岁的年龄，14 岁的身材"，怕的是被别人说"演戏还那么差"。（文／舒少环）

吴磊

他没学过一天表演，却天生就会表演。3 岁时，他稚气未脱却已灵气逼人，演得了"小哪吒""淘气包"，也演得了"小大人"。他在 16 岁"老树开花"，开始参演当红电视剧，以"主心骨"的角色挺进电影圈。长成少年的吴磊五官越发深邃，目光越发坚定，戏路也越发宽广。如今 17 岁、出道却长达 14 年的他说自己只是个演艺圈的新人。他是"小鲜肉"，也是演艺圈的一棵"老树"。"鲜"是对演戏的热情，"老"是对演戏的态度。（文 / 舒少环）

吴磊
♥

张一山

张一山
♥

他因 12 岁饰演《家有儿女》里的顽皮鬼刘星而家喻户晓。如果按资历算，张一山已是出道 17 年的演艺圈"老前辈"。24 岁时，张一山又一次突破自我，塑造了《余罪》中的卧底警察余罪，演活了小说里那个混不吝、地痞流氓似的警校热血学生"贱人余"。张一山说："演《家有儿女》时我 12 岁，那时不懂什么是演戏，也不懂如何塑造一个角色，更多的是靠天赋和灵气。演《余罪》时我 24 岁，才真真正正用自己的方式去塑造人物，凭着对角色、剧本和艺术的感觉，创造理想中的东西。我希望自己不做'流星'。"（文 / 郑依妮）

杨紫

虽然是 90 后，可很多 80 后都是看着她的戏长大的。她因 2004 年出演《家有儿女》被熟知，成为大家心目中的"小雪"。但她不乐意，通过一部又一部作品，狠狠地将"小雪"这个标签甩开。于是在《欢乐颂》里，人们看到了一个让人抓狂的邱莹莹。相比同一代小花的演技，杨紫是佼佼者。在她看来，所谓演技，不是把所有不同的角色变成你，而是把自己变成一个个不同的角色。好友张一山说："杨紫是我见过最努力的青年演员。"（文 / 郑依妮）

杨紫
♥

张志坚：低调而沉默的"野心家"

文 / 宋爽

生活中的张志坚急性子、暴脾气、爱憎分明。被观众形容"演技炸裂"的他至今仍是国家三级演员。但是如果将他定义为一个不随波逐流的行业楷模未免肤浅，因为他早已在每个角色身上，淋漓尽致地表达了一个低调演员的"野心"。

采访持续的一个半小时里，张志坚抽了四根烟，每抽一口，他都习惯性地把脸侧到一旁，眼睛眯成一条缝，用嘴抿着烟头往里吸，每口都吸得很深，以至于在脸上形成一道道皱纹。

这时的张志坚，有种黑帮教父的气质，那是一种隐晦的锋芒——你很难马上把他归为某一类演员，或者某一类人。和高育良一样，张志坚身上罩着一股浓雾，很难看明白。

如果不能出演高育良，张志坚恐怕不会出现在《人民的名义》里，他热爱这个角色，因为他"贪天下"，要的是绝对权力。在张志坚看来，高育良不是贪官，因为他既不贪财也不贪色，但对家国天下恨不得一口独吞的欲念和疯狂，让张志坚兴趣盎然。

在《人民的名义》之前，张志坚曾是《大明王朝 1566》里的小阁老、《人间正道是沧桑》里的董建昌、《大清盐商》中的阿克占……只是以往这些角色，从没让他有过今天的热度。"善演者无名"，喜欢他的粉丝发出这样的感慨。也有人说，由于张志坚扮演的角色在气质、性格、神态，甚至容貌上的巨大差异，使得他本人彻底隐匿在了角色背后。

"自我"被削弱、被剥夺，在很多演员看来是一种失败，可张志坚好像刻意追求这种"失败"。他说自己发自内心地希望不被别人记住。这话听上去冠冕堂皇。

但在这个喧哗的时代，也许数十年低调而沉默的演员，才是真正的"野心家"。

他有时会瞬间高育良附体，语速平缓但咄咄逼人，露出广为传颂的"迷之微笑"。

斯坦尼斯拉夫斯基这样形容"体验派"表演方式——"通过有意识的心理技术达到天性的下意识的创作"。为了揣摩高育良的处境和心思，张志坚不停问自己："他要什么？他那么处心积虑、费尽周折，他到底要什么？"

和张志坚聊天，你会发现如果想聊得尽兴，话题最好围绕角色展开，只要涉及他个人，聊天就会慢慢熄火。他有时甚至会瞬间高育良附体，语速变得平缓但咄咄逼人。

张志坚坦言，像高育良这样的人，官场并不少见。但这种人，有时也让凡夫俗子心服口服。他们是真正的"自律者"，可以像苦行僧一样对诱惑说不，对女色视而不见，对金钱无动于衷——这并非出于高尚的内心或道德上的无可挑剔，而是早就明白，那些肤浅漂亮的玩意早晚会毁了自己的前程，或者凭空生出羁绊。拒绝掉那些旁人难以拒绝的诱惑，只不过是给最大的诱惑铺路，也就是权力，任何事情只要挡了它的路，就必须退到一边。

然而，怎么才能得到更大权力？张志坚认为，在荆棘丛生的时候，高育良该如何应对，成了这个角色最难把控也最容易出彩的一点。

在《人民的名义》中，有一个场景堪称经典。在省委常委会上，高育良经历了一场惊心动魄的围攻。"作为一个省委副书记、政法委书记，面对一个空降的第一把手，你能怎么着？暴怒吗？不可能。大家对你群起而攻之，你又是一个学者型高官，能有失风度吗？不可能。李达康曾跟高育良有过过节，你明知道他给你穿小鞋，你能如何？我觉得只能如此了。"

张志坚口中"只能如此"指的就是被广为传颂的"迷之微笑"。这个微笑被做成各式各样的表情包，出现在大大小小的网络平台上，观众喜欢这个表情，因为复杂、罕有且意味深长。

"这个微笑根本不是设计好的，"张志坚说，"在一些规定情境中，高育良没有别的路可走，只能微笑。"

生活中他是油滑老到的育良书记的反面。"演技炸裂"的他至今仍是国家三级演员。

　　有网友评论，高育良的微笑，让观众领略到"城府"二字的真正含义。

　　张志坚对"城府"这个词很感兴趣，他又用高育良举例："一个政法委书记想要把权力掌握在自己手中，靠什么？简单粗暴吗？大家都反对他的大弟子祁同伟，高育良偏偏不能放弃，不仅不能放弃，还要玩命推荐他。这里面还有个潜台词，那就是：'我放弃他了，今后谁跟我？'一个江湖大佬，底下人犯错了，取还是舍，这就要靠城府，靠运筹帷幄。在官场里为官，没有城府寸步难行。"

　　张志坚觉得，城府不是一个贬义词。"一个人太单纯，怎么在社会上生存？在单位，面对领导、同事，都需要些城府。至少，你要有心机、有思想、有点子、有方法。"

　　话虽如此，现实生活中，张志坚恰恰缺乏城府，他形容自己"急性子、爱憎分明、暴脾气、说话直截了当、容易得罪人"。

　　可以说，张志坚是高育良的反面：高育良穿着毛背心，留着大背头，和老婆过着"亦师亦友"的日子；张志坚则一身肌肉，穿着时髦前卫，爱骑摩托扮酷，永远用小名称呼爱人。高育良油滑老到洞悉官场规则，张志坚却最不守圈子里的规矩。他讨厌宣传，甚至告诉工作室"一篇通稿都不许发"，因为自己宣传自己是"很恶心的事情"。从刚开始当演员起，张志坚就对剧本非常挑剔，烂戏一律不接。在《人民的名义》之前，他的微博粉丝只有 1700 多，目前过了 7 万。

　　5 月 18 日，第 22 届华鼎奖颁奖典礼盛大举行，李易峰、唐嫣成为当晚最大赢家，分别获得视帝视后，而张志坚也得到了他人生中第一个大奖——"全国观众最喜爱男演员奖"。他在颁奖时说："对于华鼎奖，我是一个新人。"

　　但也有一些东西没有变。虽然很多人用"演技炸裂""冷酷的性感""拥有复杂的人性魅力""同时代中国演员难以比肩"来形容张志坚的演技，但目前他仍然是江苏人艺的国家三级演员。曾有消息，《人民的名义》火了之后，他被提拔为南京市话剧院国家一级演员。张志坚对此的回应是，"胡说八道"。

　　"没有变化，也不可能再有变化。"不善处理人际的他，对于有些事情的态度，是索性由它去。他有时也会反问别人："国家几级演员和演技有关系吗？"

　　《人民的名义》中，孙连城是个值得深思的角色，一方面，他的确是懒政典型，另一方面，他也有自己的追求，而这种追求让现实世界中的欲望显得索然无味。戏里的旁白是这么说的："孙连城仕途不顺，心灰意冷，喜欢上天文学之后，方知宇宙之浩渺，时空之无限，人类算什么，李达康、高育良、沙瑞金，又算什么？不过都是蚂蚁、尘埃罢了。"

一般而言，一个人主动放弃对功名利禄的追求，是因为有一个更有价值的事情给他以强大的内驱力。这个东西不见得是大众眼里的"好"，但一定能在精神上带来某种至高无上的愉悦感，在这点上，没人不贪。所以，大肆鼓吹张志坚如同他的名字一般意志坚定，道德上无懈可击，不图名不图利毫无意义，只不过他"贪"的是别的东西。

张志坚要的东西更宏大，更难企及。"我要的是角色，我要的是表演。"如果没猜错的话，他不会拒绝成为一个伟大的演员。他渴望在角色中体验另一个人的脉搏、热血和悲情，恨不得血型都和角色一样，近视的度数都难分高低，写出的字体都难分真假，经受的苦难都如出一辙。所以，轻易将张志坚定义为一个不随波逐流的行业楷模尤为肤浅。他早已在每个角色身上淋漓尽致地表达了一个演员的野心。

他说好演员一定要有童心。只有把内心腾干净，才能容纳各种角色。

形容小鲜肉，张志坚用了一个词——昙花一现。

"小鲜肉也可能转变为好演员甚至艺术家，但如果拿演戏当儿戏，就不太可能了。"张志坚说。

"很多戏要拍三四个月，甚至半年，小鲜肉可能只来20天，为什么只给你20天呢？因为他要赶去另一个剧组，也拍20天，和抢钱差不多。20天，他再怎么敬业，也不可能演好一个角色，来了就是一堆近景，整个剧组都要围着他转，因为要在短时间内把他的戏抢出来，真的是一团糟。比如我们在横店拍戏，要在一个茶社拍，这个茶社只给剧组5天拍摄时间，因为其他剧组都在等着用。但如果小鲜肉只来20天，在茶社里他就要拍两场戏，拍完他的戏之后，剩下的时间就不够再拍其他演员的戏。其他演员怎么办？茶社又要等多久才能再租到？可这就是市场行为，一个愿打一个愿挨。谁让大家愿意请他，而且还花高价来请。投资方很清楚，这个小鲜肉的片酬要一个亿，但他能赚回两个亿，当然可以请。"

有些事情张志坚看不懂。很多年轻演员连作品都没有就开始宣传。"到底在宣传什么？我都不知道他们拍过什么戏，就能让经纪公司弄得火得一塌糊涂。好多人跟我说，谁谁谁可火了，我说'我没问你火不火，我问你他拍过什么'。"

可现实是，没人在乎小鲜肉演过什么，只要容貌在线，即便被称作面瘫、眼神涣散，也依然被粉丝和资本钟爱。一切皆大欢喜。

在一个严肃的演员看来，这和胡闹差不多。"演员最终拼的是脑子，是思想，那些小鲜肉被市场捧得晕头转向，商演一个接一个，有时间看书吗？"

张志坚不明白，为什么有些小鲜肉在"如何当个好演员"这件事情上并不较劲。他也不明白，还有一些年轻演员，事业刚起步，却完全不把工夫用在琢磨演技上，而是一头扎进"积攒社会经验"的旋涡，他好言相劝："别总想着弄这些，有时间去看书、健身，别没戏就窝在房间打牌。"

究竟多少人听进去，谁也不得而知。但好在，被时代潮流裹挟的只是选择被裹挟的人。最终，该下沉的下沉，该上升的上升，一切各得其所。

张志坚觉得演员一定要有童心。"一个人要是满肚子城府，那干干净净的人你怎么演？只有把内心腾干净了，才能容纳各种各样的角色。"

不论在哪个年代，童心都显得稀有，因为它虚无缥缈，几乎无法带来现实利益。

外人很难搞懂，张志坚到底是活得清醒还是糊涂。和潮流格格不入，终归要付出代价，仅仅是"耐得住长久寂寞"这件事，就足以让很多圈内人士得上心病。爆红之后，人们对张志坚毫不吝啬溢美之词，称他是一个"大器晚成""淡泊名利""纯粹"的演员……可现实却是，人们一边鼓掌赞叹，一边在名利场里红着眼厮杀，还不时祈祷"大器晚成"这种事千万不要发生在自己身上。

张凯丽：演戏要对得起自己的良心

文 / 郑依妮

当初决定参演《人民的名义》，张凯丽只是想给导演李路帮个忙，"客串一角"，她自己都没想到会沉浸其中。她觉得，这可能是他们这一代演员的"通病"：爱较真、要脸面。"如果戏拍出来，观众说演得不好，那就是既对不起自己又对不起观众。"

导演李路觉得，张凯丽很"幸运"。她赶上了两个时代的"爆款"，一是上世纪90年代的《渴望》，还有就是《人民的名义》。

《人民的民义》在国内热播时，饰演吴惠芬的张凯丽人在日本。那时她并不知道自己参演的这部电视剧有多火，直到她在日本街头突然被人喊"吴老师"，对方不仅要求拍照合影，还让她请吃螃蟹。她找到了当年《渴望》播出时的那种感觉，只是这一次，热情粉丝对她的称呼是"吴老师"，不是"慧芳"。

当初决定参演《人民的民义》，张凯丽只是想给老朋友李路帮个忙，"客串一角"，她自己或许都没想到会沉浸在戏里一发不可收拾。她在《人民的民义》中首次尝试"高干夫人"兼"大学教授"的高级知识女性"吴惠芬"，她的"凯丽式微笑"赢得了观众的集体好评。这样的人设与其以往塑造的都市"家常"型人物形象大相径庭。在《人民的民义》中，吴惠芬和高育良书记的婚姻名存实亡。在她和高育良就高小凤问题引发争吵的那场戏里，短短三分多钟，吴惠芬的每一个表情、每一处神经都在诠释着内心的愤怒。吴老师与高书记的这场对手戏，让人感受到戏骨间的"演技对抗"，这一段表演也被网友奉为经典镜头，称为"炸裂式的三分钟"。

张凯丽现在谈起吴老师这个人物，心中还有隐隐的痛。"她太刺激我了。很多人问我这个角色这么难，到底是怎么演的？我认为，把握这个尺度是最难的。当我把情感丰富到100%，然后露出10%，就够了。我把她想得像大海一样广阔、一样深，而表演时只露出一个小水滴，让它一层层激荡出涟漪。如果有10分就演10分，显得太过于直白，不适合诠释吴老师这个'高知型'隐忍女性。"

1990年，张凯丽参演中国第一部室内剧《渴望》，饰演贤妻良母刘慧芳。此后多年，她饰演的女性跨越了不同年龄段、不同阶层，每一个角色都深入人心。回首从前，张凯丽认为，自己演得好的角色除了刘慧芳，还有《中国家庭》里的秋莎。后者是一个集霸道、强势、慈母于一身，爱恨善恶都极度分明的女性。如今，"吴老师"是她比较满意的一个作品。"这个角色特别难演，那段时间我都不敢出剧组，怕自己出戏。"

"吴老师"究竟难在哪里？张凯丽认为，这个人物内心情感非常饱满，但她又必须克制自己的情感，必须隐忍。"中国俗话说，人活着就活一张脸。中国人太愿意管闲事、爱议论，当事人也特别在意这些议论。吴老师这类高级知识分子，比其他普通妇女更多了一层'离不掉'的原因，就是'面子'问题。作为一个大学教授、高官妻子，脸面比什么都重要。吴惠芬就是这样一个人。有人问我，吴老师那种笑中有泪、笑里藏刀的微笑是怎么做到的。我回答说：'当你想哭的时候，你的笑容能一样吗？'按照表面那套去演是行不通的，不能像祥林嫂那样天天唠唠叨叨，所有悲愤都巴不得跟所有人讲。吴老师这个角色必须反着演，心里愤怒，表面微笑。"

别人一个眼神是真诚的、善意的还是痛苦的，内心敏感的她都能分辨出、感受到。

演了十几年的戏，张凯丽几乎饰演过各类性格迥异的人物角色，她对中国家庭中女性的心态尤其熟悉。在她看来，中国传统女性对于家庭和婚姻的容忍度是难以想象的。"我看到一个新闻说一位女性受到家暴，精神和肉体的暴力，忍了几十年，伤痕累累，但就是不离婚。这新闻我看着心疼，非常难受。很多女性都说'为了孩子，再忍几年，等孩子成年后再离婚'。但是在忍的过程中她习惯了这样的日子。很多这样的女性，都是因为精神和人格上不独立。"

在张凯丽看来，有些离婚家庭的孩子长大后不想走进婚姻，就是因为看到父母的关系而对婚姻感到失望。比如剧中吴老师和高书记的女儿芳芳，非常优秀，但不愿步入婚姻。"有时候父母貌似对孩子好而忍着不离婚，其实这是对孩子最大的伤害。但是离婚，对孩子而言也是伤害。为什么中国女性永远处于两难境地？等了一辈子，等到老了，婚也没有离成，把自己的一辈子都搭进了家庭，我觉得特别凄惨。"

如今时代变了，和刘慧芳生活的 90 年代不同，中国女性的地位渐渐在改善。"中国人现在也不怕离婚。离婚原来要单位批准，现在已经简化。离不离婚主要看自己内心，有时候离不了，在于实际利益的牵扯。总体来说，目前中国人的婚姻观开放多了，有时感觉比西方还要随意。这其实也很矛盾。"

之所以能够揣摩并精准拿捏不同女性角色的复杂心理，张凯丽认为也许要归因于她有一颗敏感的心。她经常在报纸上读到一些关于婚姻情感的新闻报道，对别人的不幸与痛苦感同身受，有时还会难过到流泪。"别人一个眼神是真诚的、善意的还是痛苦的，我的内心都能感受到。这种能力对于一个演员来说是一种得天独厚的优势。当然，情感太丰富也会让自己很累。"

直到现在张凯丽还会遇到一些《渴望》的粉丝，他们看到她就激动得忍不住落泪。张凯丽也和他们抱在一起痛哭，互相能把对方肩膀的衣服哭湿。

"演员也好，别的职业也好，你做了这份活儿，就必须对得起它。"

"一个演员自己如果没有情感，就当不了好演员。不管演什么角色，好的演员一定是心里有爱的人，一定会在自己的角色中带出本身的气质。"在张凯丽看来，优秀的演员必须具备真情实感，无论是对角色还是做人，都来不得半点虚伪。作为一个演员，她把自己的成功归因于表演时投入"真情实感"。参加央视《开讲啦》节目时她曾说，相信二十年后，她还敢回看今天的自己。一路走来她所获得的一切，得益于自己的真诚。"我始终没有假过。"

除了真诚，张凯丽认为一个优秀的演员还必须用心。作为一个完美主义者，每次拿到剧本，她都会先判断这个剧本，创作者是否写得足够认真，而自己又是否有足够的空间把人物性格发挥出来。张凯丽感到现在拍电视剧和90年代有太多不同："现在常常剧本还没有成熟就已经开拍，拍摄的时间也特别短，以前《渴望》拍了十个月，现在很多室内剧只要三四个月就能完成，但有一个规律，只有认真做，才能出好作品。快餐式打造，出不来好东西。"

在如今"小鲜肉"当道的影视圈，《人民的民义》这样一出"戏骨"云集的电视剧，让很多人领略了老戏骨们的专业演技。在"育良书记"张志坚看来，小鲜肉和青年演员是不一样的意思，小鲜肉带有贬义。这点张凯丽也认同，不过她借用了吴老师的那句话——"存在即合理。""年轻是最大的资本，趁着颜值在线，多接戏多挣钱，这是社会现象，不能都怪小鲜肉。关键是，演戏要对得起自己的良心。"不过张凯丽认为，她合作过的青年演员都非常好，比如张翰、钟汉良、蒋劲夫、华晨宇，"他们都很谦逊，也很敬业"。

《渴望》最火的时候，一家东北老家的演出公司曾找到张凯丽，希望她回东三省演出，一场给她三千块钱。张凯丽回到家乡，父母告诫她，跟家乡人要钱可不行，一分钱都不准拿。于是，她就高高兴兴免费演了一圈。当年，还有一些大老板是《渴望》迷、慧芳迷，捧着钱请她去演戏。"我也知道那个钱很多、很好，但我真的不能拿。我会想，我演完了怎么办？别人会说，凯丽就为了钱演一些烂片。"

在张凯丽看来，他们那一代演员最爱较真，要脸面。"如果戏拍出来，观众说演得不好，那就是既对不起自己又对不起观众。一个场工哪怕赚不了多少钱，只要他敬业做好自己的工作，我就特别敬重他。演员也好，别的职业也好，你做了这份活儿，就必须对得起它。这是我认为最基本的底线。"

吴刚：演员要摸着心脏去工作

文 / 邝新华

吴刚用"不能急于求成"总结自己的演艺生涯，在他看来，"老天爷给饭吃要珍惜，人一定要懂得感恩，要摸着心脏去工作"。

"我真的没有想到李达康这个人物能够成为网红。"《人民的名义》播出之后，吴刚不在北京，有一次，他偶尔拿起手机一看，"哇！关注度那么大"！连表情都做成了包，不断重复着，把他吓了一跳。有时他打开弹幕，看到自己的头顶上有很多"6666"在飞，他还奇怪：这"6666"是什么意思？

吴刚当时犹豫了很久，才接下李达康这个角色。"我比较早就接触到这个戏，李路他们一开始找我，说吴刚你来。他们贴了两面墙的演员，我说这么多演员这戏怎么拍呀？"看完整个剧本以后，吴刚对李路说："这演员能不能砍一半？要不观众根本记不住谁是谁。"

导演没有采纳吴刚的建议。"他们说这是一部大篇幅、大尺度的戏，"吴刚说，"从一开始就一直在选演员，最后敲定的这一拨人，还是比较靠谱的。"

吴刚给李达康这个人物的定位是："性格还是比较豪放的，我是第一次演这样的人物——敢干敢说、敢爱敢恨。"

这是一个有挑战性的角色，因为吴刚接触过的最大的领导只是北京人民艺术剧院党委书记，对副省级的市委书记，"我认识他们，他们不认识我"。

吴刚开始在网络上搜索政府开会的视频，看省领导如何开会、演讲和接见贵宾。"反复看，说话什么样，倒水什么样，坐着什么样……"吴刚说，"每个人物都不一样，有的人性格非常豪爽，有的人四平八稳。"在研究了无数市委书记的视频以后，吴刚"从里面挑了一些合适的色彩，加到需要演绎的人物中"。吴刚从剧本中理解的李达康是"一个很有张力的人物"。"以前没有演过，所以这回想试一把，而且我觉得这戏不是特好演。"

吴刚对表演有一个骆驼理论："演员的肚子里应该是一个杂货铺，也要像骆驼一样装满各种素材，需要的时候你得倒出来。"（图—CFP）

吴刚开始从细节方面丰富这个人物，最重要的道具是水杯——这在后来果然成为剧中重要的梗。吴刚给达康书记设计了一个"喜欢喝茶水杯不离身"的细节。吴刚非常喜欢喝茶，而剧中的那个杯子，正是他戏外用的茶杯。

吴刚对表演有一个骆驼理论，他说："演员的肚子里应该是一个杂货铺，也要像骆驼一样装满各种素材，需要的时候你得倒出来。"

2008年上映的电影《梅兰芳》，吴刚在片中饰演费二爷，几乎每次拍片都一条过，导演陈凯歌大加赞赏，给吴刚起了"吴一条"的雅号。孙红雷还主动找吴刚交流演技，后来才有《潜伏》里吴刚饰演的情报处处长陆桥山。"我塑造的这个人，要像个实心儿菜，每一层都是扎实的。"这是吴刚在表演艺术中对自己的要求。说起演戏，吴刚喜欢用一个词——"干"。

吴刚在戏里把李达康演绎成一个闯将的形象，为了GDP不顾一切，包括家庭与个人爱好。有人怜悯这样的改革先锋，为他写了歌词：达康书记别哭，祁厅长会笑，别低头，GDP会掉。但也有人评论，剧中李达康的演绎太过于锋芒毕露，这样性格的官员，在现实生活中，最多也就干到科长级别。

在研究了无数市委书记的讲话之后，吴刚在"豪爽"和"四平八稳"中选择了前者，这是一种勇气。因为吴刚心里明白，以人民的名义来选择一位市委书记，人民也会选择现在的李达康。后来，李达康成为网红，吴刚在采访中说："观众这么关注这个人物，是我没想到的。我觉得大家喜欢他，是喜欢他的坦荡、他的执着、他的单纯。"

说到当初对李达康的人物把握，吴刚说："演戏悟性很重要。"早在《潜伏》霸占国内电视屏幕的 2009 年，吴刚就以电影《铁人》中饰演的王进喜，获得第 27 届中国电影金鸡奖最佳男主角。为了演出 60 年代没饭吃的中国人"皮包骨"的感觉，吴刚只吃西红柿和花生，要把自己吃成营养不良，他说："这是演员对于职业的态度和专业精神的要求。"

但最佳男主角的身份并没有让吴刚走红，反而是《人民的名义》中萌萌的表情包让他成为网红。

八年前，吴刚做客朱军主持的《艺术人生》节目。节目中，朱军和吴刚探讨走红的问题，吴刚坚定地回答："机会若落在我的身上，我绝不能辱没它。"

2017 年，当吴刚真的走红时，他用"不能急于求成"来总结自己的演艺生涯："一个人做着一件自己喜欢的事，一件梦寐以求想干的事，是多么幸福。一路走来，回头再看，干得不错，甚至已成事了，这是多大的福分。老天爷给饭吃要珍惜，人一定要懂得感恩。"

达康书记走红全国后，吴刚的生活比以前更忙了，一些拍完了戏就再也不联系他的剧组，也把他找出来做宣传。还在拍《人民的名义》时，吴刚就接到吴京《战狼 2》的邀请，去非洲演一名越战老兵。吴刚在发布会上吐槽吴京："在剧组天天让我滚，打仗的时候在石头地上滚，坦克漂移的时候在坦克里滚。摸爬滚打全干了，拍完戏都没联系过我。《人民的名义》红了之后，突然叫我来宣传。"引来哄堂大笑。

最近十年，小鲜肉占领影视市场，作为实力派戏骨，吴刚却为他们鸣不平："其实我觉得不用那么批这些小鲜肉，各有各的定位吧。我还挺接受这些'小鲜肉'的，有的也很玩命，不是所有的都靠脸，只是个别的人，因为某些人把所有的都按死，我觉得不合理。演员要摸着心脏去工作，说大话没用，首先要对得起自己。"

许亚军：如今爱演内心戏

文 / 冯嘉安

从问题少年"伯爵"到祁同伟这个"于连式"人物，许亚军认为："少年时拍戏靠的是本能，而现在，我会真正地静下心来去阅读人物的内心世界。"

孤鹰岭是祁同伟的最后一步棋。

"猴子！你、我，恩怨已清。陈海的命我会还的，在这个世界上没有谁能够审判我，就算是老天爷也不行！"这位被逼上绝路的"老学长"对侯亮平吼道，随后吞枪自杀，把《人民的名义》推向了最高潮。

一个反派的终结，网络上的评论不是拍手称快，而是不胜唏嘘。

回忆起这场戏的拍摄情景，许亚军感觉恍如隔世，拍摄时间才过去大概一年之久。许亚军当时的感觉很好。"方方面面的准备都让这场戏拍得淋漓尽致，每个人都在一种紧张但有序的氛围中。"那天，片场特警是真实执勤的警察，实弹代替了训练弹。许亚军为孤鹰岭这场戏单独准备了一个多月，包括建构人物的内心世界和设计服装。

和剧组其他成员一样，在接到出演邀请时，许亚军没有想到这部戏播出后能火得一塌糊涂。吸引他接下这部戏的原因就是角色祁同伟——一个渴望胜天半子、追求"进步"的不甘命运之人。

"当时看完周梅森老师的剧本，我觉得所有角色中最打动我的就是祁同伟。"许亚军说，"相对而言，他更丰满、更完整，也更接地气。"他决定试着解剖这个贫穷农家出来的公安厅厅长。

《人民的名义》会聚了大批老戏骨，许亚军和张志坚扮演的高育良演师生戏，跟陆毅扮演的侯亮平演同窗对手戏，从惺惺相惜到反目成仇，最终恩怨两清。

和一群"有料"的演员合作，许亚军自己也深受鼓舞。"在剧中，跟我演对手戏的演员都非常优秀。对戏时，他们的一个眼神、一次气息或者一个细微动作，甚至只是耸一下肩，你都能从其中读到大量信息。"

拍完《人民的名义》后，许亚军并没有看样片，而是跟随着观众的节奏一起追剧。4 月 28 日，《人民的名义》全剧终，许亚军发布了一条微博："发个句号是要逃避祁同伟，发网照也是逃离祁同伟，发新电影剧照是要覆盖祁同伟。但，失败。职业演员完成工作后必须迅速从角色的世界抽离出来，我太业余了。"

祁同伟这个角色让许亚军入戏很深，很容易投入，又很难抽离。"我在演绎祁同伟时付出了太多情感。这个人物非常完整，也就容易进入到他的内心世界，所以势必带入了我自己的价值观和世界观。老实说，在拍这部戏时，我的内心非常纠结和挣扎。人是个复杂的动物，不可能非黑即白，祁同伟也并非天生就是一个坏人，他在作恶的同时，也会有内心柔软、善良和真诚的一面。"许亚军说。

"不光是祁同伟，整部片子都非常吸引我。所以即便全剧结束，我也一直沉浸在这部剧的世界里，很难一下子跳脱出来。"

许亚军的新电影《最长一枪》已在上海和墨尔本两地完成拍摄，这部电影也聚集了王志文和李立群等众多实力派演员。许亚军饰演上世纪 30 年代上海滩法租界里的一个生意人。"上世纪 30 年代的上海滩鱼龙混杂，是鱼是龙谁也说不清楚。"他说。

许亚军是北京人，在中国儿童艺术剧院与中央戏剧学院的联合招生中，他被选中，与他一同被招收的还有歌手蔡国庆。1980 年从中戏毕业时，许亚军才 16 岁。毕业后，他顺理成章地进入了中国儿童艺术剧院，日常工作就是排话剧，一个月挣三十多块钱，踏踏实实地演出。

他出道很早，1986 年凭借《寻找回来的世界》中不良少年"伯爵"获大众电视金鹰奖最佳男配角时，许亚军已经出道 10 年，而当时的他只有 22 岁。

"伯爵"附体的许亚军是一名问题少年，他需要在些许浮夸的表演中流露出克制，使得桀骜不驯的"伯爵"表露背后的创伤。也正是这种一放一收的表演，打动了上世纪 80 年代的观众。

在拍摄《寻找回来的世界》时，女主角宋丹丹总夸许亚军长得好看，大喇叭裤配长发的"伯爵"就是那个时代的小鲜肉。也正是凭借这部电视剧，许亚军红遍全国，成为那个时代女性心目中的男神，并成为登上杂志《大众电影》封面的首位男演员。

当年，他还因此收到各地影迷寄来的情书，多到只好用麻袋来装。如果你在信封上写"北京许亚军收"，就直接能寄到许亚军家里。

人们总爱拿"伯爵"与祁同伟这个"于连式"人物作比较。从"伯爵"到"于连"，许亚军经历了30年。谈起往事，许亚军说："少年时拍戏靠的是本能，而到现在，我会真正地静下心来去阅读人物的内心世界，然后再把人物表现出来，这可能就是两个年龄阶段最大的一个不同之处。"

许亚军让人印象特别深刻的角色往往充满悲剧色彩，这些人物让人感动，又深切地贴近生活。2002年，他在《空镜子》中饰演的马黎明就是这种人物。许亚军用一种充满张力的演技，表现了马黎明如何宣泄长期积压的自卑情绪。

加上之前的《李春天的春天》《守婚如玉》和《太太万岁》，许亚军曾蹚出过一条都市情感剧的戏路，而祁同伟一角，让观众看到了一个与以往印象不一样的许亚军。对于未来，许亚军觉得，好角色可遇而不可求。

有些都市情感剧的角色让人印象深刻，有的却容易陷入程式化。祁同伟这个角色对他来说太重要，让许亚军几十年的积累得到了一次淋漓尽致的爆发。

他觉得自己是一个文艺工作者，又"悲观"地认为这个称谓"貌似早就过时了"，许亚军在微博上写道："我的工作就是塑造各种各样的角色，演绎不同人物的不同人生，大家对那些人物爱也好恨也罢，我都当作是对我工作的批评或褒奖，是我继续努力工作的动力。"

看到大家褒贬不一的评论，他会有小小的窃喜和不被理解时的稍许不快。但许亚军觉得这很正常："我从事的职业就是需要被人评判的。一句话：继续努力。"

周梅森：我始终是一位"在场"的作家

文 / 阿饼　图 / 沈煜

周梅森不认为《人民的名义》是一部反腐小说，而更愿意称之为广义的政治小说。用他自己的话说，大时代变迁的轨迹与他的人生是契合的，他始终是一位在场的作家。

4 月初，女儿给周梅森发来了一张照片：公车上，好几个年轻人都在用手机看电视剧《人民的名义》。原著作者兼编剧周梅森直觉：这部剧火了。

果然，这部被外界评为"大尺度"的年度反腐大戏，豆瓣评分接近 9 分，在近几年的国产剧里实属罕见。"湖南台同志打电话告诉我，追剧观众里，80 后占 35.8%，90 后占 45.7%。"周梅森兴奋地说。

接下来，他的正常生活也完全被打乱了，电话被打爆，来访的人一拨又一拨。当摄影师架设起灯光脚架，年逾六十的周梅森又一次站在了聚光灯下。

"我误会年轻人了。"

24 岁的小西刚追完《三生三世十里桃花》，正闹剧荒，看到平时宅腐的朋友都在发送"达康书记"的表情包和《GDP 之歌》，就被安利着看了一集这部名字很"新闻联播"的电视剧。

"没想到尺度这么大，把贪官描写得太生动了，尤其是那一墙的人民币，太惊人。"看完两集，小西变成了"自来水"，又安利了几个同学一起追剧，用二次元的"游戏规则"解读这部主旋律电视剧。整个 4 月，她每天都和父母、奶奶一起守着更新，这种三代同堂一起看电视的情景，除了春晚，似乎再也没有了。

在电视剧热播过程中，周梅森见识到了 90 后的热情。他在接受采访时透露，如果写续集，剧中角色"达康书记"肯定要腐败。结果，他收到了网友的几千条"威胁"——达康书记要出问题我们就不看你的书、不看你的电视剧了！"他已经有了强大的粉丝团！"周梅森笑称被自己的角色抢了风头。

从知乎、微博等 39972 条网友留言的统计发现，#人民的名义#微博话题阅读量已达 6.7 亿，讨论量达 38 万余次。除"达康书记""侯亮平"外，网友还对魏彩霞、王经理等"小角色"印象深刻。而现实版的"丁义珍式窗口"，引发的话题不仅停留在电视剧层面，很多地方都达到了迅速整改的现实效果。

通过这部剧，周梅森发现，他误会年轻人了。"以前总觉得，他们净看些烂剧和 IP 剧，什么宫斗、玄幻、穿越和韩剧，盲目崇拜'小鲜肉'。错！那是因为这些年轻人出生以来都没看过这样'合格'的电视剧。"

小西也一直在思考，这部剧题材是"政治"和"反腐"，夫妻对话也是国家大事，演员还是一群不熟悉的"老腊肉"，怎么就收割了她和朋友们的口碑呢？为什么有人会喜欢达康书记？他脾气火爆，动不动就炸毛，可就是这略显憋屈的"背锅侠"形象，反而让人觉得幽默可爱。他一味追求政绩、躲避牵连责任的行为甚至也变成了"萌点"。"这个时代，谁还喜欢十全十美的'假人'呢？他很真实，很良心，很有演技。"小西说。

在周梅森心目中，他笔下的每一个角色都像他。

真实、良心、演技，这也是周梅森想传递的。

从一个煤矿工人成长为一名作家，商场宦海，浮浮沉沉，周梅森拥有近30年政治题材小说和电视剧本创作的丰富经验，还曾挂职徐州市人民政府副秘书长，有过深入一线的洞察和体悟。

坊间传言说，他为了写这本书去采访了很多落马官员，在监狱里与他们同吃同住半个月—这位老编剧笑了："你以为那是别墅呀，还可以同吃同住。"他承认，当时去了最高人民检察院的反贪部门了解一些法律程序和侦查手段，包括审讯技巧和犯人心理等，毕竟职务犯罪的侦查属于高智商犯罪，往往更多是斗智而不是斗勇。

其他关于官场和中国社会的部分，他觉得自己不需要做任何采访，他非常熟悉："因为我就在现场。"周梅森非常自信，这个"现场"指的是中国改革开放以来的30年。

在他心目中，他笔下的每一个角色都像他，"李达康像我，侯亮平像我，祁同伟也像我，甚至高育良都像我。每个人都像我，都有我身上的影子，我就是剧中一个个人物的化身，他们的心态我都知道。"

用这样的心态重新看那些腐败落马的干部，周梅森内心充满惋惜。他不愿把他们脸谱化，描

周梅森的官场小说不仅对当前社会中一些非常敏感的社会焦点问题进行了艺术呈现，也对这些问题产生的原因进行了深层次的探讨。

写成一个个贪婪的魔鬼，反而写出了这些人身上的血肉，展示出他们是如何走到这一步的。他希望能通过这种展示让更多人意识到，不受制约的权力对他们自己和家庭并不是什么好事。

写到阿谀奉承的祁同伟悲愤自杀时，周梅森落下了眼泪。这个与自己一样从底层一步步获得成就的草根，身处剧变年代，资本又浅，为了上位不择手段，从而走向灭亡。但周梅森认为，相比其他角色，祁同伟对这个时代的认识更深刻。"他不奋斗，未来几代人就要努力奋斗，所以他要胜天半子，要玩命，他才能神挡杀神，鬼挡杀鬼。这样，制造陈海的车祸和下决心干掉侯亮平才是可信的。而且，他不会接受审判，他赌赢了，未来几代人就全赢；赌输了，就把自己干掉——这个人物的典型意义就在这里。"

周梅森偏爱的另一个角色是高育良。他满嘴人民，把官场的话语讲得滚瓜烂熟。"你永远看到他面带微笑，非常亲切和蔼，手软绵绵的，很温暖，但你也有一种感觉——他的心跟你远隔万里，你永远触摸不到他的心跳。"

剧里一对对破裂的婚姻与情感，在周梅森看来也是社会现实。他看到一则新闻，一位高官与妻子离了婚，却天天安排司机去前妻家接她上班，实际上却是空车去，空车回。"空城计"演了好几年，直到这位高官落马。周梅森觉得，这个情节非常过瘾："你看，这就是现实中的高育良，甚至做得比高育良还绝。要是早看到这个新闻，我肯定把它写进剧里。"

周梅森并不认同所谓"大尺度"的说法。他认为相比起现实生活，他的写作毫无突破可言。

他也不认为《人民的名义》是一部反腐小说，而更愿意称之为广义的政治小说。用他自己的话说，大时代变迁的轨迹与他的人生是契合的，他始终是一位在场的作家。他要文学全面介入社会生活，要讲述"一个大中国的故事"，或者说，是一幅中国当代社会的《清明上河图》。

"什么肉咱都不用。在我眼里没有任何肉，只有表演。"

"我不会用任何小鲜肉，只要我做主，我绝不用。"周梅森决绝地说，没有犹豫半秒。他选角的标准是"具有一流水准的表演艺术家"，但迄今为止，"我没看一块小鲜肉具有表演艺术家的气质，如果看到了，那他就不是小鲜肉，他就是表演艺术家。什么肉咱都不用。在我眼里没有任何肉，只有表演"。

讲起《人民的名义》里的"老家伙"，周梅森就来劲了。他觉得导演李路的情商高，会"忽悠"，先把陈道明"忽悠"过来，陈道明虽未出演，但他却主动为剧组邀请了一些实力派，还为角色出了很多好主意。

吴刚一场长达 18 分钟的"懒政"戏，让周梅森震惊得想为他写一篇《吴刚表演艺术论》。张丰毅饰演的省委书记沙瑞金是个正面形象，经常要讲一些官话、套话，却又不能显得过于官气，把老百姓拒于千里之外。两人在片场经常就台词切磋，最后的效果，让从来不允许修改台词的周梅森也服气了。给周梅森最大惊喜的是侯勇，"本来这个角色我想找的是范伟，时间合不拢。没想到上天眷顾我们，给了剧组侯勇这样一个好演员，他那两集的表演简直出神入化"。

"张丰毅、侯勇、吴刚、张志坚、张凯丽和许亚军，个个优秀。为《人民的名义》这些演员，我们就可以开一个学期的表演课，分析他们的表演。"

导演李路透露，这部剧全部用"同期声"。"他们都是带着一身功夫来的，不仅台词背得只字不差，现场飙戏尤为好看。他们也没有任何一个要大牌的，没有带一堆助理来的，出场费更是'良心折上折'。"

而被观众认为可以删掉的黄毛"郑胜利"，周梅森则一再强调："没有郑胜利，没有郑西坡，这个戏我不敢叫《人民的名义》，应该叫《官员的名义》。"他认为郑胜利代表了年轻一代，他会用自媒体手段去造谣八卦，去传播大风厂的纠纷，网络暴力一类的事件也只能通过他来展开情节。

"假设让靳东演郑胜利，你们还讨厌吗？"周梅森调侃道。

由于种种原因，这部本来设想应该在官方场所里做开播仪式的主旋律电视剧，最终把地点选在清华大学。

面对着莘莘学子的年轻面孔，周梅森讲了一部上世纪 30 年代的电影《桃李劫》，那是一个发生在 1936 年，抗战即将爆发，号召年轻人关心国家兴亡的故事。他把那首由田汉作词、聂耳作曲的主题曲，当作一首诗念了出来：

> 我们今天是桃李芬芳，
> 明天是社会的栋梁；
> 我们今天是弦歌在一堂，
> 明天要掀起民族自救的巨浪！
> 巨浪，巨浪，不断地增涨！
> 同学们！同学们！

快拿出力量，

担负起天下的兴亡！

"我也希望，这代年轻人也来关注这场反腐斗争，关注一个剧变过程中的大中国。"周梅森说。

周梅森希望，能用反腐的文艺作品影响到年轻人，让他们有机会接受新的教育，明白这样做的危害性，从小树立起反腐反贪的意识，这才是真正的国家之幸。

李路：和会演戏的艺术家合作是一种快乐

文 / 罗屿

李路说，《人民的名义》能有今天的戏骨阵容，靠的是大家还在乎理想、在乎情怀，把艺术价值放在商业属性之前。李路念念不忘和众多老戏骨一起创作的100 多天，"永远要和会演戏的人合作，和会演戏的艺术家合作是一种快乐"。

自开播以来，虽然《人民的名义》（以下简称《人民》）无论口碑还是收视率都成为当之无愧的"爆款"，但直到 2017 年 4 月 28 日该剧圆满收官，导演李路的心才算真正踏实下来。

因为涉及"高层反腐"这个特殊题材，从决定拍摄起，《人民》项目无论找资金、组演员，还是最终层层审查，都充满了不确定性。多家投资方因担心尺度和风险，最终没有参与。最后一笔资金是在拍摄十几天后到位，剧中三位主演也是在开机后才确定加盟。

众人的犹豫不无道理。2004 年，国家广电总局发布通知，限制"涉案、反腐、恐怖"题材电视剧的播出时段，要求其退出黄金档。随后，反腐剧进入十三年

"沉寂期"。可以说，筹备《人民》时，反腐剧在当时的市场几乎没有成功案例。

但李路想的是，"一旦回归，必须做成经典"。他将自己以及最高检影视中心专职副主任范子文和"政治小说第一人"编剧周梅森称作护航《人民》的"三剑客"。

"本来我们是要把贪腐写到省级。"李路记得，在剧本研讨会上，中宣部原副部长、中国作协原党组书记翟泰丰认为，他们的步伐迈得太小。"翟泰丰说，以前是作家反腐，现在是国家反腐，十八大后倒掉这么多贪官，要在作品里把段位飙得更高。"主创团队这才最终确定，将剧中汉东省老省委书记、副国级官员赵立春定为幕后终极"老虎"。

《人民》里，赵立春是个"暗场人物"。李路说，不是没有想过实拍这个人，甚至提出由周梅森来客串这个角色，"只是后来推敲，赵立春没有必要出现在行动线"。所以观众最终都只闻其声，不见其人。

戏骨们都带着一身功夫来，个个把台词背得滚瓜烂熟，说错一句脸都会红。

没有演成"大反派"，一度让周梅森"耿耿于怀"，毕竟很多剧组成员都在《人民》里过了一把"表演瘾"，有人还因此高兴得从老家给李路带咸肉。

李路的剧组有个不成文的规矩：所有人要聚在一起探讨剧本，哪怕财务和驾驶员也要发表意见。拍摄《人民》时，有 10 天时间，周梅森就被请来给大家读剧本，大家一起丰富人物线。

李学政是《人民》的发行人，当他提出想要出演一角，李路认为，大风厂工人王文革非他莫属，"满脸写着中国的苦难"。而王文革跟同伙一起开个车谋划绑架蔡成功儿子的那场戏，饰演他同伙的是剧组司机。"我们从不把表演妖魔化。只要给他选的角色，他能承载。我们要求的是人物的契合与准确。"

《人民》首集播出时，就让人们体验到了何为"教科书式"的准确表演。比如，那场所谓的汇报会，俨然成了省委副书记、市委书记、省公安厅厅长以及反贪局、检察院各位领导权衡各自利益得失的心理博弈舞台。

还有"巨贪小官"赵德汉，扮演者侯勇将一个貌似憨厚的贪官的微妙心理演得酣畅淋漓。李路记得那场戏拍了三个通宵，"一遍又一遍，侯勇光吃面条就吃了一斤"。李路还给侯勇设计了不少细节，比如在赵德汉住所搜出 2.3 亿元人民币后，为体现他濒临崩溃，李路让侯勇趴在地上试图逃走，"又撞冰箱又流泪，他是真认真"。

此前，侯勇在接受媒体采访时曾说，每次接戏他都会把自己封闭起来熟读剧本，先捋人物线，再捋情节线，再捋人物关系线……只有这样，到了现场他才知道一场戏要用多少劲，每场戏该怎么演。就像《人民》中有一句词"你这同志很搞笑，你太搞笑了"，侯勇强调，演的时候不能照本宣科，而是要处理成"你这个同志，你，你……你很搞笑，你非常搞笑"，演出剧本的"言外之意"。

"他们都带着一身功夫来"，李路说，没有高片酬的《人民》能有今天的戏骨阵容，靠的是大家还在乎理想、在乎情怀，还都把艺术价值放在商业属性之前。"请他们来演的时候，我就跟他们讲，片酬如果按照市场价格，我就要赔钱。"李路实事求是，一个演员一个演员地谈。

最终，张丰毅来了，吴刚来了，张凯丽来了，陆毅来了……很多演员甚至自备服装。李路说："大家或许也都知道，剧组承担不了过高的置装费。"

说动这些"实力派"并不容易。"演员到达一定级别后，都很爱惜自己的羽毛。对他们而言，挣钱有的是机会，你要知道他们想要什么，你说的每一句话都要扎进他们心里。"

剧中赵瑞龙扮演者冯雷，近些年几乎已弃演从商，他与李路最初只是"微博互粉"，当李路找到他时，将心比心地和他讲"生意人满街是，好演员却很少"。《人民》拍完，冯雷给李路发了条微信，说这部戏激发了他重回演员队伍的热情。

"很多好演员真的就缺个机会。"李路说动祁同伟扮演者许亚军，靠的也是向他强调"机会"的重要。《人民》里"公安厅厅长"祁同伟出身贫寒，却对金钱权力欲望难填；他曾是英雄，最终却说"英雄只是权力的工具"。李路觉得，祁同伟的人性光辉与丑恶，在《人民》所有角色中描摹得最为深刻。"这个角色既有柔情似水，也有硬度狠度。这个角色的挣扎和悲怆，可以给他以往角色都无法提供的表演空间。"

在片场，李路常拎着洋酒，当许亚军贡献一场精彩表演，他就会和对方喝上一杯。"他平常就喜欢喝口小酒，我这算投其所好。"李路说，他希望每个演员都能在最舒服的状态下揣摩、塑造角色，"作为导演，你只有让演员信任你、信服你，他才会愿意和你探讨艺术。你们才能享受创作过程中的那种过瘾"。

李路至今记得，拍摄祁同伟密谋暗算陈海那场戏时，剧组本来选的场景是一个建筑工地的烂尾楼，但临时生变，大家冒雨转景，在深夜一两点，找到适合拍摄的地下车库。"我们一直探讨车怎么进，怎么迎上去，怎么拿倒车镜看两个杀手和驾驶员之间的交易，怎么扬长而去。虽然夜那么深，我们还是喝着小酒，一边聊一边开心地拍。"

和众多戏骨合作，李路最大的感受就是踏实。"也许一上来看不出大家做了功课，但几个人上场一对戏，我就明白了，这是有过设计的啊。"李路说，剧里演的那出《沙家浜》"智斗"，大家拍摄前已经用了几个月到练歌房把这出戏练得滚瓜烂熟。"高手出手是不见声音的，都是暗地里下的功夫。每个人都把台词背得滚瓜烂熟，没有一个现场打磕巴，台词说错了脸都红。人家是要脸的。"

"导演要知道每一句台词的潜台词是什么，每一场戏的戏核在哪里。"

戏骨见戏骨不仅会飙戏，更会惺惺相惜。

达康书记饰演者吴刚有一场戏演完，对戏的演员第一句话是："大哥，我服了！您这么演我接不了，太厉害了！"李路记得，剧中陈岩石老人给省委常委领导上党课的那场戏，白志迪演得朴实无华，不露痕迹。饰演沙书记的张丰毅看完都带头鼓掌。

当陈岩石回忆抗战经历时，剧组放弃纯口述，采取实拍战争场面，李路认为必须实拍。"现在小情小爱已经打动不了人了，必须是大情大爱，只有实拍，才能把人带入过去真实的状态。"事实证明，这场戏成了哭点。

拍摄前，白志迪曾把李路叫到一旁，认为剧本里有些台词不生动，得改，并表示要加上一幕：自己坐下来，哭一下。白志迪现场给李路演了一遍。李路说："很好，就按这个来。"在李路看来，好演员比作者和导演思考自己的角色更深刻、更细致。"就像张丰毅也改了一些词，他认为原台词太正，可以处理得更生动些。"

但有些词，李路坚持不能动。比如陆毅扮演的侯亮平，有一场戏是和妻子钟小艾在家里谈刮骨疗毒。陆毅一度觉得两口子谈这些未免太正式。李路告诉陆毅："别闹，必须说。"李路甚至觉得，这场戏拍得还欠火候，还可以更正式。

"导演要知道每一句台词的潜台词是什么，每一场戏的戏核在哪里。只有知道这些，你把它们加在一起才是有力量的东西。现在中央讲的是反腐刮骨疗毒、壮士断腕，这部剧里，沙瑞金提过，侯亮平提过，这两个人是戏里的正面形象，表达这个主题时，台词不可以随便删。"李路说，就像有人觉得《人民的名义》

这个名字太正而不够商业,"事实证明,最接民意、最接地气的才最商业"。

《人民》播出后,有些观众对陆毅演绎侯亮平的方式略有微词。"陆毅是扛着压力接下《人民》的。"李路说,侯亮平有一个 8 岁的孩子,对一些还比较年轻的演员而言是不会接受的,"因为以后再选角色可能会有限制,很难再向年轻靠"。李路认为,剧本赋予检察官侯亮平的就是单面人性,没有太多瑕疵,这个人物非常难演,"大家对陆毅表演的评价应当厚道些"。

剧中有一幕,听说侯亮平将"空降"汉东执行任务时,钟小艾有过犹豫与不舍。而在原剧本中,钟小艾的表现是举双手赞同。"这不合常理,彼时陈海刚出车祸,侯亮平此去汉东,将面对极其复杂的形势,作为妻子不可能欢送。"因此在实拍时,李路进行了调整。

类似这样的细节还有很多。在周梅森完成剧本后,李路又从影像角度对剧本进行了深度打磨。比如陈岩石去世那场戏,李路认为应该将追悼会改为追思会,将默哀改为省委书记带领所有人回忆陈老一生历程,并为他鼓掌。

还有高育良和肖钢玉摊牌的那场戏,本来安排在庙里拍摄,但李路把它改成大众澡堂,他觉得,水汽蒸腾的澡堂正是谈阴谋诡计的好地方。另外,第一集有人扔掉手机卡,第五集李达康带着一群干部扒脚手架,陈岩石顺着脚手架跌跌撞撞爬上去,都是剧组二度创作的结果。

为了让《人民》更具时代感,李路在拍摄时加入了网购、网聊和视频直播等内容,还将剧本中的胡玉贵改名为高育良,陆小梅改为陆亦可。也有人建议,为贴近年轻人的喜好,可以选择"小鲜肉"加盟。

李路认为,没必要将"老戏骨"与"小鲜肉"对立。在浮躁的影视大环境中,"小鲜肉"或许也有难言之隐。"鲜肉有鲜肉的玩法跟打法,有时你拿你那套东西跟他无法对接。鲜肉们只是需要一个进阶的过程。"

在《人民》项目里,李路既是导演,也是制片人和出品人之一,虽然累,但好处在于"知道钱往哪儿花,每一分都用在刀刃上"。身兼制片人也有更多创作自由,李路觉得自己操心惯了,"特别不愿意让不专业的人随便安排演员,我听到很多观众评价说《人民》里的人物一个是一个,这都得益于最初的坚持和不妥协"。

从《老大的幸福》《山楂树之恋》《坐 88 路车回家》再到《人民的名义》,八年时间,李路只拍了四部戏,他不想为了挣钱而去拍戏,更不想做流水线上的导演。"现在影视文艺作品假的太多,观众已经习惯于在假象、假话和假剧情中生活，"李路想，这大概也是《人民》能够成功的原因，"大家突然看到一个这么真的，心里受到震撼。"

《人民》拍摄过半时，周梅森曾提过要拍姊妹篇，李路当时的回答是："梅森老师，再见！我就受这么一次惊吓吧！"虽是玩笑，但李路坚持不拍重复题材。他念念不忘的是和全剧组、众多老戏骨一起创作的100多天，"永远要和会演戏的人合作，和会演戏的艺术家合作是一种快乐"。

鲜肉易得，戏骨难当

文 / 谭山山

老戏骨秉持匠人精神，耐得住寂寞，受得住诱惑，全心全意磨炼安身立命的技艺；小鲜肉则是资本中心制的产物。但只有小鲜肉的审美是不是太单一了？

小鲜肉霸屏，他们最被诟病的，是得到了天价片酬，却没有与之匹配的演技、人品以及敬业精神。业内人士在担忧的同时，引入"老戏骨"这个概念作为参照对象：老戏骨是演员，小鲜肉是偶像；老戏骨靠演技吃饭，小鲜肉靠脸吃饭；老戏骨重质量，小鲜肉重数量；老戏骨是里子，小鲜肉是面子；老戏骨是奢侈品，小鲜肉是快消品；老戏骨是常青树，小鲜肉是烟花；等等。

老戏骨如赵立新自谦为手艺人，他在拿到第22届华鼎奖百强电视剧最佳男配角奖时表示："演员就是个手艺人，祖师爷赏饭吃，传给了我们这门手艺。而我作为一名手艺人，要用自己一双干净、勤奋、善良、勇敢的手守住它，让它能够别流失，别偏废，别走样。"

既然是手艺人，就得耐得住寂寞，受得住诱惑，全心全意地磨炼自己安身立命的技艺——这就是所谓"匠人精神"。《人民的名义》出品人、总制片人高亚麟坦言，为该剧选角时从未考虑小鲜肉——他所说的"小鲜肉"，特指"没有演技、不是职业演员的所谓年轻明星，靠脸吃饭的那种"。《人民的名义》的火爆，让高亚麟感觉"又回到手艺人的时代"，"把手艺练好，这才是王道"。

也有人认为，一味抨击小鲜肉，是不是跑偏了？《人民的名义》中的"吴老师"张凯丽也对小鲜肉表示宽容：老戏骨已经有了一定的年龄和阅历，小鲜肉则刚刚出道，让他们和老戏骨拼演技，这不太公平。

时间是小鲜肉的大敌，却成就了老戏骨。

还记得电影《喜剧之王》的开头，周星驰扮演的尹天仇在海边大喊"努力！奋斗！"那一幕吗？

每一位老戏骨在完成蜕变之前，都经历了这个"努力！奋斗！"的艰辛过程，支撑着他们的，就是尹天仇所坚守的信念："其实我是一名演员。"

冯远征和吴刚、丁志诚同为北京人艺 85 班的学员。根据吴刚的回忆，刚刚入学，班主任林连昆就告诉他们："孩子们，演戏是非常清贫的，你要想发财，现在就可以走，这个职业一辈子也发不了财。你们必须有无限的热爱，才可以站住。"

在那篇著名的访谈稿《我穿墙过去》中，冯远征提及，1986 年年初，西柏林高等艺术学院教格洛托夫斯基流派的露特·梅尔辛教授受邀来北京给 85 班上课。梅尔辛教授会大量使用身体技术来激发演员的潜能，她的课一次三四个小时，要练翻滚、跳跃等，很辛苦。吴刚跟梅尔辛教授说自己有脚气，以此逃避上课。翻译把脚气翻成"脚上有病"，教授信以为真，以为吴刚骨折了，马上准假。冯远征则因为上课认真、不惜力，领悟也快，得到梅尔辛教授的青睐。

梅尔辛教授安排冯远征去德国留学，并希望他留在德国，成为格洛托夫斯基流派的传人。但冯远征焦虑的是，留在德国，很可能没有人找自己做演员；即使能演戏，演的也一定不是自己想演的角色，无非是演个"外国人"，不停地在台上跑来跑去，偶尔说上一句话，也就比龙套好一点。于是，带着对梅尔辛教授的愧疚，他回了国，回到北京人艺，开始拍影视剧。"很多事情都看机遇，我赶上了。其实当初如果我再在德国待个五年十年，回来可能也能当演员，但我就不会遇到《不要和陌生人说话》。"

对，机遇，这就是尹天仇在《喜剧之王》中一直没有抓住的东西。一个演员，首先得有戏演，才谈得上磨炼演技。尹天仇屡败屡战，一次次死缠烂打，争取每一个出镜机会；而他哪怕当临时演员，也希望带入自己的演绎方式。"临时演员也是演员，虽然你们扮演的是路人甲乙丙丁，但一样是有生命、有灵魂的。"日后，这些磨砺经过时间的发酵，会成为滋养演技的养分。所以，时间是小鲜肉的大敌，却成就了老戏骨。

老戏骨有着手艺人的全心全意和坚持。

虽然李雪健在《水浒传》中成功塑造了宋江的形象，他自己却认为，"宋江是我事业的最大遗憾"。

在娱记孟静的报道中可以看到，为了演好宋江，李雪健是这样设计角色的："五百年前人是怎样的？你看那些人，腰带系在肚脐眼下，挺着小肚，像小老板似的，穿袍不可能敞开走，都是迈小碎步，小肚一挺，小屁股一撅，跪那儿是种礼仪，像国画那样，有五百年前那种又近又远的味道。"但《水浒传》播映之后，他为宋江特意设计的小碎步，被认为猥琐、狡诈、夸张，"一副奴才相"，这让他失望。

作家张发财在微博上替李雪健打抱不平："李雪健《水浒传》里那种小碎步走路，不是猥琐是时尚，因在宋朝有身份人走路都是小碎步（日本艺伎走路方式就是学宋朝的）。同时还讲究走时鞋不露出裙边，裙边容易扬起，就用玉佩来压裙角。所以玉佩的正确位置应该像尿袋一样在膝盖以下。看了下《水浒传》，李雪健的玉佩位置也没出错，这人够敬业。"

李雪健对《水浒传》的另一个遗憾，就是他的宋江是别人配的音。他和宋江同为山东人，在他的设想里，宋江应该是朴实的、就事论事的，再带一点憨憨的山东腔。但是，《水浒传》是后期配音，他自己配了三四集，就碰上陈凯歌的《荆轲刺秦王》（他演嬴政）要到坝上抢季节，等他拍完《荆轲刺秦王》的镜头回来，发现配音工作已经由别人完成了。人物创作的两大要素，一是形体，二是语言，他觉得自己只完成了形体部分，没让观众看到完整的创作，就成了遗憾。之后，他表示，"再接戏必须配音，不让我配我就不接，合同上写明。把语言拿掉，我只完成一个形体，语言是别人的，只能是两个人创作的角色，两个人有两种理解"。

现在的李雪健，除了得过喉癌使声线变弱，听力也下降得厉害，需要戴助听器。演戏时肯定不能戴助听器，于是，他把跟他演对手戏的演员的台词都背下来，这样人家一张嘴，他就知道人家在说什么，自己该给什么反应。

这种一丝不苟、兢兢业业的敬业态度，是成为老戏骨的必备条件。李雪健如此，其他老戏骨同样如此。侯勇演《大染坊》时，是这样做案头准备工作的：他把自己封闭起来，大概半个月足不出户，熟读剧本后一页页拆开，贴在墙上，然后先捋人物线，再捋情节线，接着捋人物关系线，把这些都想清楚，让人物在心里活起来。他形容这个过程就好像怀胎十月。

在资本中心制的统辖下，小鲜肉的霸屏成为必然。

出演《人民的名义》之后，侯勇在接受采访时表示，自己也见识过"资本的力量"，"当时有人直接说你过来拍一个戏，啪，一笔钱往这儿一搁，我都傻了，没见过这么多钱"。

阅读量达数百万人次的《编剧宋方金"卧底"横店带回一线实录：表演，一个正在被毁掉的行当》一文中，提出了一个说法："以前是导演中心制，现在是小鲜肉中心制。"知乎用户"梅冬冬"则认为，目前影视界最叫得响的是"资本中心制"，资本凌驾一切，至于什么导演中心制、编剧中心制甚至小鲜肉中心制都是伪命题。

在资本中心制的统辖下，小鲜肉的霸屏成为必然，因为资本不关心商品（注意，他们产出的已经不是传统意义上的"作品"，而是"商品"）的质量，只关心如何尽快得到回报。现在流行预售制，流程是：头脑风暴想点子——找人攒大纲——和平台谈预付价——计算每集成本——根据成本敲定演员。要想收视有保证，就得把钱花在自带粉丝和流量、"既卖网（视频网站）又卖台（电视台）"的明星上，这直接抬高了这些明星的身价。网络上有一个"当红电视剧演员片酬榜"，吴亦凡、鹿晗、杨洋的报价分别达到了 1.2 亿元、0.8 亿元~1 亿元、7000万元，而 Angelababy 出演《孤芳不自赏》，实收 8000 万元。

资本中心制是因，宋方金那篇卧底文所披露的诸如"抠图"演出、只负责拍摄面部特写的表情包表演、大量使用替身、演员不背台词由副导演提词或者念数字等乱象，则是资本中心制酿成的果。影视剧成了规模生产的产品（所以要控制成本，明星一天要花几十万，替身只需两三百，当然选替身），剧情的设定、演员的选择都是精心设计的结果：×× 分 ×× 秒，女主流下一滴眼泪，你应该也感动到哭。啊，你居然不哭！还是不是人啊你！

小鲜肉们也很委屈：既然卖人设就能吸粉，谁还苦哈哈地在表演上下功夫？

而且，他们也非得到处参加活动露脸不可，因为只有频繁曝光才能固粉。粉丝经济嘛，就像媒体人杨时旸所说，靠脸吃饭正是 IP 剧这个行当最重要的要义，粉丝们只要见到爱豆的脸就足够了，更何况还给他们安排了那么多催泪又虐心的情节。"粉丝对于偶像的一切需求都是'见面会'，电视剧、电影、演唱会、唱片、写真集，等等一切，不过都是'见面会'的各种变型罢了。至于见面会的内容和质量本身并不太重要。"杨时旸写道。

我们希望，小鲜肉的终点是老戏骨。

刚刚出演电视剧《白鹿原》的何冰并不厌恶资本的进入："你没有力量和资本对抗，也不能要求别人对物质无欲无求。我们也没有权利要求资本懂戏，所以你不能责怪它，甚至你应该觉得赶上了一个好时候，资本终于来了，因为不来更不好。"他的困惑是：玄幻没问题，小鲜肉也没问题，但缺少国字号的正剧，好像也不对吧？

何冰的意思是，影视行业本来应该百花齐放，各种类型的电影和剧都能找到市场，各适其所。但现在的问题是，影视剧类型日趋单一，大部分观众尚未建立自己的审美，而是随波逐流，市场提供什么就看什么（编剧界都在骂《三生三世十里桃花》原作者抄袭，但吃瓜群众根本不关心这个），于是形成了恶性循环：多数人满足于看烂片烂剧，于是投资人觉得烂片烂剧好卖，继续砸钱做烂片烂剧。

所以杨时旸说，在这样的机制下，让作为个体的小鲜肉有内在动力去提高台词能力和演技，那是痴人说梦。他们一直在安心做偶像，而偶像，是区别于表演的另外一个体系。

但我们仍然希望这些小鲜肉不满足于此。不少老戏骨也是从小鲜肉走过来的，比如一度苦恼于"第一奶油小生"称号的唐国强。还有些演员则处在"小鲜肉以上，老戏骨未满"的阶段，比如胡歌。他认为小鲜肉的终点是老戏骨，他自己处在"从小鲜肉到老戏骨的过程中，是骨肉相连的一种状态"。

所以，小鲜肉面前有两条路径：一是小鲜肉在变成老腊肉之前就消失了，被另一拨小鲜肉代替；二是小鲜肉经过修炼，终于变成了老戏骨。

就像何冰所说："一个男演员，你漂亮归漂亮，但你毕竟还是要演点什么的。"

你好，请来一打"业界良心"

文 / 曹园

"真正的演员靠什么能够长久地维持自己的演艺生涯呢？最终就是两个字：角色。你靠角色而活着，靠角色而生活，靠角色说话。"

尹天仇躺在床上，手捧《演员的自我修养》，不甘龙套命。即便明天出演一具死尸，他也要奋力表现到极致。

《喜剧之王》火了，却很少有人研究透斯坦尼斯拉夫斯基的这本书和他创造的表演体系。周星驰曾在公开采访中遗憾地表示，自己并未完成阅读。"小弟不才，智慧又低，所以理解起来比较慢，但它一定是一本好书。"

电影道具之外的《演员的自我修养》，谈的是演员职业、责任和使命。它告诉那些天真的表演热忱者："不能创造那连你自己都不相信、连你自己都认为是不真实的东西。"它又点醒那些陷入套路的技术派："艺术是自由的，它要求广阔的空间，而不是狭小的真实。"

另一组被绑定在一起的形象和道具，是容嬷嬷和她的针。心狠手辣的容嬷嬷咬牙切齿地对紫薇吼道"你叫万岁爷也没有用"，面部表情扭曲恶毒到让人信以为真，时至今日仍是不少人的童年噩梦。

"说句良心话，我一针也没扎过孩子，那都是假的。"李明启在央视《开讲啦》节目里说，"但我的表演必须到位，我得特别狠。"拍那段戏时，李明启怕碰到林心如，把针尖捏到自己的手指里。有人评价，人们对容嬷嬷的每一次痛恨，都是对李明启的又一次敬畏与赞扬。

世上最缺"认真"二字，李明启说，我们因停止学习而变老。浮躁社会也最怕尹天仇式的有心人。对角色精雕细琢的演员，带上了一股追求完美、不苟且、不将就的行业工匠精神。

可有科技和资本搅局的互联网时代，还需不需要这类严谨虔诚的工匠精神？

为了契合《神鞭》里满身痞气的无赖玻璃花，陈宝国在左眼里塞了个有三四个隐形眼镜厚度的扣子，被不适感折磨。但他认为这是艺术形象塑造过程中所必经的苦头和基本的道德："其实做演员的，你该吃这份苦，你该受这份罪。既然从事这个职业，也喜欢这份工作，那你就去做就是了。"

周星驰在《喜剧之王》中饰演跑龙套的尹天仇，《演员的自我修养》一书是他最珍贵的财富。

无论是汉武帝刘彻、越王勾践，还是掌柜王利发、老农民牛大胆，陈宝国认为，如果光靠一个"帅"字，恐怕自己也走不到今天。"你演了半天，最后给观众一个印象是'他演什么角色都挺帅的'，那就坏了。"在影视界耕耘多年，陈宝国时刻提醒自己在艺术创造上要避免雷区。

"真正的演员靠什么能够长久地维持自己的演艺生涯呢？最终就是两个字：角色。你靠角色而活着，靠角色而生活，靠角色说话。"陈宝国说。

所以，当街上的人们都叫王刚为"和大人"时，他又高兴又沮丧。这种"幸福的烦恼"似乎能够被理解，就像伊恩·麦克莱恩和《指环王》里的巫师甘道夫、玛吉·史密斯和《唐顿庄园》里的老伯爵夫人，他们的角色名总是比本名更能让人脱口而出。

表演界的"食物链"虽不能简单粗暴地分成网红、明星和表演艺术家三层等级，但三者的准入门槛也因行业上的成就而有所区别。尽管演员们对获得"人气奖"一类的奖项心存感恩，但斩获专业级别的最佳男/女角奖，更显扎实的功底和分量。所以，自称"帅过"的演员刘威也依旧记得老师说"要当艺术家，不要当明星"的职业建议。

可谁曾经不是个"小鲜肉"呢？"奶油小生"唐国强、"绝色美颜"姜大卫、"香江美少年"狄龙，还有"无线五虎"一众男神，也都拗不过时间，但不管是脱胎换骨还是日益精进，他们换来的技艺加身同样羡煞旁人。

为一部戏倾其所有不仅是艺术态度，也是职业道德。可惜的是，这种扎实认真的作风常在"替身"和"特效"需求面前败下阵来。于是，当"印度良心"阿米尔·汗在《摔跤吧！爸爸》里完成了 19 岁到 55 岁的身材变换实验，人们才又意识到，日渐模糊的职业精神在被一群有心者弹掉灰尘。一如 30 年前拍摄《紫菀草》（Ironweed）时的梅丽尔·斯特里普，为饰演一个被冻死的女人而怀抱冰块。

在《走出非洲》（Out of Africa）中与梅姨合作的导演西德尼·波拉克曾评价道："谁要是演她的情人，真的会爱上她；谁要是演她的情敌，就会恨她。她具有改变演员与角色之间关系的魔力，我从没看过任何演员能做到这点。"

不仅仅在演员行当，职业精神在体育界更备受推崇。20 世纪 50 年代中期，由于职业篮球的对抗过于激烈，一半的 NBA 球员都没有门牙。

获得职业上的认可，才有了"李小鹏跳""托马斯全旋"和"京格尔空翻"，才有"贝氏弧线""梅西走廊"和"休斯敦姚明日"。因为专业，所以命之以名。

甚至有了"史高维尔辣度"（Scoville Heat Units）——来自药剂师威尔伯·史高维尔的不断尝试。在各自行业上靠技艺和能力吃饭的谦逊强者，人们的尊敬也会有如喊出"captain"或"master"一词的服气感。

但事业的热情也会因备受打击而磨损，如何维持长久的进步？巴西作家保罗·柯艾略在《牧羊少年奇幻之旅》里点明了挑战："每个人的寻梦过程都是以'新手的运气'为开端，又总是以'对远征者的考验'收尾。"

"小戏骨"：在大戏里演活了成人世界

文／阿饼

平均年龄 7 岁的萌娃们，一本正经演大戏，无论《刘三姐》《焦裕禄》《白毛女》，还是《白蛇传》《花木兰》，他们都能驾驭。他们是一群用演技吊打"面瘫鲜肉小花"的"小戏骨"。

宁波，42 摄氏度的高温下，一个由平均年龄 7 岁的萌娃组成的剧组，正在拍摄儿童版《白蛇传》"水漫金山"。小演员曹子杰顾不上暴晒，他的一门心思都在如何"保卫"自己的头发上。

作为扮演小和尚的群众演员，曹子杰本该按剧组要求剃光头，但他觉得"这样就不帅了"，宁死不肯就范。他身后是苦口婆心追着劝说的妈妈和现场导演。

但曹子杰打定主意不为所动。就在大人们无计可施时，12 岁的"法海和尚"陈禹衡出场了。他身披袈裟、手持禅杖，对曹子杰语重心长地说："是帅哥都敢剃光头！你是不是帅哥？走！"

这一招激将法居然奏效。曹子杰强忍悲伤擦了擦眼泪，乖乖跟着"法海哥哥"走去剃头，留下妈妈和现场导演感慨着孩子之间互相影响的"魔性"力量。

陈禹衡和曹子杰出演的儿童版《白蛇传》，出自湖南电视台电视剧频道"潘礼平团队"的"小戏骨"栏目，它和赵雅芝版《新白娘子传奇》极其神似，除保留经典段落与主要剧情外，黄梅戏唱段、服装扮相等均高度还原，只是砍掉了爱情桥段。

除《白蛇传》外，"小戏骨"栏目还有《焦裕禄》《刘三姐》《补锅》《洪湖赤卫队》《三笑寻亲记》《白毛女》《花木兰》《西游记》和《红孩儿》等。

据总导演潘礼平透露，"小戏骨"播出前没投入一分钱做宣传，但这个"小孩一本正经演大剧"的节目却"意外"成了 2016 年国产影视的"爆款"，《白蛇传》在腾讯视频首日的播放量就突破了 1000 万，网友评价孩子们演技"逆天"，"吊打一众面瘫鲜肉小花"。

把原片看上 100 遍，从单纯模仿转为"灵魂附体"。

然而，与其说孩子们是用演技，不如说是用认真的态度吊打成年人，因为在"小戏骨"剧组拍戏，是一件异常艰苦的事。

就像《白蛇传》，2016 年 3 月开始筹备，8 月正式在浙江宁波开机拍摄，在此之前，小演员进行了长达三四个月的彩排。潘礼平要求他们把原片看 100 遍、将每场戏排练多遍，从单纯的模仿，转成"灵魂附体"，再到现场实拍。

当时恰逢宁波史上最炎热的一个夏季。整整一个月，"电视湘军"陪着孩子一遍一遍地受"虐"。其中一场，现场导演现身说法，自己跳进水里说戏。而在拍摄"水漫金山"时，剧组来来回回拍了很多次，孩子们顶着酷暑反复在水中奔跑。两三个孩子摔跤，擦伤了膝盖，但没有一个喊疼。休息时，中暑的小演员陈昊彬让妈妈给他刮痧，他说："我觉得，什么事都要坚持到底，不要放弃，不要半途而废。"

正是在这样的磨炼下，观众才能看到萌娃们的演技爆发。哭戏对他们而言，是最有挑战的表演。

《白蛇传》播出后，饰演白娘子的陶奕希参加综艺节目，现场表演五秒转笑为泣，震惊了主持人和观众。但在"小戏骨"剧组，演哭戏有过之而无不及的小演员并非少数，《白蛇传》中饰演许仙的周芷莹、饰演许仕林的钟奕儿都是"哭中高手"。

但高手也不是一朝一夕练成的。据说，在演绎许仕林多年后与父母重逢的片段时，导演帮助萌娃们进入情绪的方式是，请他们想想自己"突然就见不到妈妈了"。这一招对小朋友果然奏效，在场的孩子听罢个个眼泪涟涟。

在这样的启发下，"小戏骨"们逐渐找到了进入角色的方式。在《白蛇传》拍摄现场，工作人员指着钟奕儿（"许仕林"）问周芷莹（"许仙"）："她这么可爱，你对着她竟然可以哭出来？"周芷莹用长沙口音回答："剧中她是我的孩子，这么可爱，但这么多年我也没能守在'他'身边，看着'他'成长，所以我会伤感。"

"你才这么小，怎么会有这种感触？"工作人员问。

"我要琢磨啊，要演啊。这就是演员。"周芷莹不假思索地说，然后对着镜头"嘻嘻嘻"地笑，露出了可爱的小酒窝。这时她又回到一个 9 岁孩子的样子，凑近镜头说："你看，我都有老年斑了。"

此时导演喊："下一个是你们俩的近景啦！"只见"许仙"和"许仕林"麻利起身，口中念念有词："快点快点。"她俩开始酝酿情绪。钟奕儿用小手遮住两旁的视线，专注在自己的情绪中。周芷莹一看小伙伴这样做，也跟着有样学样。不一会儿，钟奕儿蹦起来，喊着"我找到感觉了！"，周芷莹也连忙跟着站起来。俩人一个在门里，一个在门外，演活了那场让无数成年观众哭得稀里哗啦的"父子相见不能相认"的戏码。

钟奕儿在《白蛇传》里几乎从头哭到尾，哭出了"教科书式的表演"。她会琢磨如何哭得恰到好处，这个孩子的理解是："酝酿情绪时必须让眼泪留在眼眶里，不准流下来，演戏那一刹又必须要流下来……"一组镜头结束，工作人员给她递纸巾擦鼻涕，因为担心她把眼泪也擦了，不免叮嘱几句。听罢，小姑娘很敬业地回答："一会儿，我再哭。"

他们演绎的是传统经典，里面有成人世界的精华。

　　潘礼平平时很少应酬。但"小戏骨"每个片子拍完，他都会请家长们吃饭，给每个孩子的家长敬酒，听他们说心里话。他总觉得孩子和家长都很不容易。

　　潘礼平和他的团队最初是如何选择小演员的？据说选择的方式很"简单"：节目组做的只是和小朋友"聊天"，了解这个孩子喜欢什么，想表达什么，再看孩子会什么技能。通过聊天，寻找孩子和角色相符合的性格和气质。

　　在主创们看来，"白娘子"陶奕希在生活当中也是端庄的女孩。

　　陶奕希7岁时就饰演了《奋斗》里女主角的童年角色，2016年年初，她放弃了一个去知名歌唱类综艺节目表演的机会，选择参加"小戏骨"海选比赛——当时，"小戏骨"并没有任何名气。陶妈妈说："一群孩子演大人，肯定比在一群成年人里演小孩的难度大。"陶妈妈和陶奕希都希望能真正学点本事。

　　几年前初涉影视圈时，陶奕希每次出去表演回到家，外公总黑着脸不理她们母女。随着陶奕希表现越来越出色，外公也慢慢接受了这个事实。他对外孙女说："既然你这么喜欢跳舞和演戏，那就把唱歌也学起来吧。"说完这话不久，外公就脑溢血离世了。陶妈妈一直觉得很遗憾，她想，如果父亲能看到外孙女在《白蛇传》里又演又唱，一定非常开心，因为他们这代人特别喜欢这部经典剧。

　　除了拍戏，陶奕希要坚持练舞，每天至少跳八小时，文化课也不能落下。为了演出和排练，母女俩一年有大半时间在全国各地跑，偶尔回一趟家就是参加补习和考试。"这两年我跟在她身边，都觉得太辛苦了，我反复问她：'你真的喜欢吗？你不是特别喜欢的话，我们赶紧放弃。'"陶妈妈说，反倒是女儿常常安慰她："妈妈，我不累，我喜欢，你要支持我。"

　　《白毛女》中扮演喜儿的陶冰蓝，她的母亲也有类似的心酸感受。自从陶冰蓝多了一个妹妹，母亲就分身乏术，不能经常去剧组照顾大女儿。每每想到这个11岁的孩子要长时间离开父母独立生活，母亲就很内疚。

　　平时看起来成熟大气的陶冰蓝被导演问道："会不会吃妹妹的醋？"她马上下意识地抱紧妈妈，嘬嘴不承认——"没有！才没有！"说着说着，不争气的泪水却流下来，她伸手推开镜头，把头深深埋在妈妈怀里。

　　但大多数时候，这些"小戏骨"是坚强的。钟奕儿在演"雷峰塔锤门寻母"时，小拳头锤门太用力受了伤，手指还被门夹破出血，一旁的妈妈心疼到流泪，钟奕儿倒像没事人儿一样赶紧跑过来抱住妈妈，给她安慰。年轻的妈妈忍不住用纸巾擦着鼻涕感慨："一路走来真心不容易，但我们在'小戏骨'学到了太多，也成长了不少，从稚嫩的'小屁孩'到对角色有自己见解的小大人。"她对女儿的期望是，"不忘喜欢表演的初心，做自己喜欢的事"。

《白蛇传》中还有一位"小戏骨"值得关注——"许仕林"配唱李正康。这个来自湘西古丈岩头寨镇的 11 岁小男孩，非常内向拘谨，起初放不开自己去演绎《雷峰塔塔前声声唤》这个唱段。可当他得知自己一直患病在床的母亲确诊为癌症，再次面对麦克风时，他唱出了那段感情丰沛、催人泪下的"娘啊娘啊在此受灾星……"虽然未曾在剧中露脸，他还是凭着有穿透力的歌声以及坚强与孝顺，让许多观众记住了李正康的名字。

潘礼平看到一个个孩子在"小戏骨"中的变化，说："'小戏骨'们表面上看是一群稚嫩的孩子，但他们所演绎的都是传统经典，里面有成人世界的精华。这让他们变得内心更强大。"

拍戏是"工作"，也是玩，或者说是参加一次集体夏令营。

内心再强大，他们的骨子里仍是孩童，就像钟奕儿听说有小粉丝想要她的签名，第一反应是，"肉包里的粉丝还蛮好吃的，我就是这个包子，我希望粉丝多一点"，说完她噗嗤一声笑了。但她还是很认真地给"粉丝"签名，边一笔一画地写边说："我不会写大牌明星的连笔字。"她写了好几行祝福，画上可爱的笑脸和心。

像钟奕儿这样的"小戏骨"，在拍摄时偶尔调皮，也是正常事件。比如一场白娘子寻找许仙的戏，白娘子要大喊"官人"，可饰演小青的女孩，也忍不住学着一起喊。两人你一句我一句，越喊越开心，喊得停不下来。在这些萌娃看来，拍戏是"工作"，也是在玩，或者说，是一次集体夏令营。夏令营里有他们的父母，还有剧组请来的驻组老师，而他们拍戏之余也不能忘记写作业。

事实上，在欧美国家，戏剧教育早就被纳入幼儿园至高中的教育体系中。我国港台在戏剧教育方面也紧跟国际前沿。台湾在 1971 年就在小学课程里设置了"儿童戏剧班"，戏剧更是香港中小学生的必修科目。

"小戏骨"播出后，收获的并不全是赞誉。有人认为，让孩子出演与年龄不相符的角色，是过度"成人化"表现。但也有人认为，"小戏骨"之所以可爱，正是在于他们"演大戏"时，仍完整地保留了自己的一份"真"，以孩童应有的心理、心智、思维方式，出现在屏幕之上。

当"小戏骨"们面对"成人化"的质疑时，另一类人群也备受关注——"巨婴"。2016年，成年人的幼稚风愈演愈烈，他们自称"本宝宝"，动不动就"么么哒"，整日沉溺于电玩、动漫中，乐此不疲……幼稚的"巨婴"和成熟的"小戏骨"形成对比，与其说是童年的消逝，不如说是成年的消逝与童年的转型。

当一种新型的童年已经到来时，作为成年人的我们是否做好准备？或许，我们该谦卑地说一声："小朋友们，还请多多指教。"

2017 年度佳作

小姐姐传

　　2015年6月11日，天津，中国民航大学的三个90后美女飞行员毕业了。（图—视觉中国）

小姐姐是谁？

她比你年长，比你能干，比你更看得懂世间规则；她不太在乎你，也不要求你太多；她不是一个具体的人，而是一个形象、一种渴望、一种对女性期望值的折射。

洪晃曾说中国有两种男人，一种是找妈型男人，一种是找抽型男人。

今天，中国男人爱上了找小姐姐——找一个可以照顾你、理解你又不管你的人。

小姐姐什么样？

她可能是埃贡·席勒暗恋的邻家女孩，是钱锺书的灵魂和生活伴侣杨绛，是中国近代"女性公敌"林徽因，是颜值与智商并存的艾玛·沃森，是"我的身体我做主"的詹妮弗·劳伦斯，是让中日男人都想和她谈恋爱的新垣结衣，是称霸韩国国民女神榜20年的宋慧乔。

中国式小姐姐，成熟胜于清纯，性感胜于可爱，智慧胜于迷糊。

小姐姐不作，不慌张，不盲从，不攀比，不是傻白甜，不随便喊人"老公"或"干爹"，以礼待人，事事皆有原则和主见，内心柔软，却有力量。

在小姐姐身上，比爱和知识更核心的东西，是教养。

"姐姐，今夜我不关心人类，我只想你。"（海子）

人人都爱小姐姐

文 / 孙琳琳

小姐姐是谁？她比你略年长，比你略能干，在你眼中相当有吸引力；她不太在乎你，也不要求你太多，但不吝惜鼓励你；她不是一个具体的人，而是一个形象、一种渴望，是你对女性期望值的折射。

两性关系的软化和萌化，是从有小姐姐开始的。

叫一声小姐姐，是把自己自谦成晚辈；叫一声小姐姐，是对女性外表和能力的双重点赞；叫一声小姐姐，是把魅力、亲切、暧昧的感觉都糅合在了一起。

小姐姐是"老司机"。如波伏娃所言，在她们的带领下，"年轻男人初次进入'上流社会'和所谓'生活'这复杂现实"。她们是女性世界对年轻男性的第一次吸引和悦纳，是少年维特 6 月 16 日记下初见绿蒂心绪的日记，是阳光灿烂日子里的阳光——没错，就像《阳光灿烂的日子》里的米兰。

很难说清小姐姐具体是什么样子，是长得像邱淑贞、新垣结衣，还是索菲亚·科波拉。文学中有"小妇人""小王子"，但从来没有小姐姐，也没有哪个演员演过一个叫小姐姐的角色；虽然海子写过《姐姐》，张楚唱过《姐姐》，但没人歌颂过小姐姐。

小姐姐是谁？她比你略年

民国时期，香烟广告上的女性形象。

长，比你略能干，在你眼中相当有吸引力；她不太在乎你，也不要求你太多，但不吝惜鼓励你；她不是一个具体的人，而是一个形象、一种渴望，是你对女性期望值的折射。

中国现实中的小姐姐，至少比二次元世界大 10 岁。

最初，小姐姐的重点在"小"，主要用于称呼二次元萌妹。后来，这个概念的重点转移到了"姐姐"上，主要强调魅力和能力。

知乎网友"风格里哦"溯源道："'小姐姐'本来是 LoveLive 企划的粉丝对 μ's 偶像组合九位成员的称呼……先是在二次元圈内，称呼的对象扩散到了一般的萌妹动漫角色和游戏形象上，然后再到现实偶像圈和网络社交平台里，更多的粉丝对自家女性偶像以'小姐姐'相称。最后对象范围彻底变大，成了当年的'美眉''MM'一样的后缀，被用在各种对象身上……"

二次元文化概念里的小姐姐，年轻、好看、萌萌的，是纯粹虚构、绝对完美的幻象，如同少不更事的纯纯初恋。而当这个概念突破次元壁，与社会现实和人心欲望发生化学反应，便改变了内涵和外延。

现实中的小姐姐，至少比二次元世界大了 10 岁，更强调这个称谓中包含的聪明才智和个人能力。养眼的外表和过人的能力时而相混，时而对立，形成了一种颇具魅力的女性形象，那就是小姐姐。她们不是粉红小萝莉，而是聪明能干的明艳女郎，加 10 岁为她们增加的是能力和阅历。中国式小姐姐，成熟胜于清纯，性感胜于可爱，智慧胜于迷糊。她可能是学霸，是作家，是专业精英，为小姐姐这个称谓赢得的尊敬远多于爱慕。即使是靠脸吃饭的艺人，小姐姐也不仅仅是以色侍人的那种，2017 年入围虎扑女神的邱淑贞、王祖贤和朱茵，个个都有作品，个个都承载着满满"回忆杀"。

"女性成长，则百业俱兴。"

在校园和职场中，小姐姐都表现得相当优秀，甚至经常有女强男弱的情况发生。

小姐姐大多从小就是班干部和学霸。上了大学后，中文、外语、新闻等专业中，女生数量也一直大大超过男生。就算女生数量不多的理科专业，班上的学霸也多是小姐姐。5 年来，广东 10 个高考状元中有 7 个是女生。2017 年，北京有 33 所大学女生比例超过 50%，其中北京第二外国语学院女生占 77%，对外经济贸易大学女生占 71%。为了缓解男女比例失调的问题，很多高校都不得不实施男女生分别排队录取的招生政策。北大小语种 12 年前男生录取分数线就比女生低，但就算这样女生比例还是超过 70%。2011 年，南京师范大学 14 名学生获得费孝通奖学金，其中只有一个男生。

进入职场的小姐姐，同样能够独当一面，但需要付出更多努力。在世界经济论坛最新发布的《2016 年全球性别差距报告》中，冰岛是全球性别平等指数第一的国家，中国只排到第 99 位。尽管在受教育率、就业率和薪酬水平上基本平等，小姐姐在面临职场晋升时仍和男性有较大差距。

2016 年，世界经济论坛性别和就业计划主管萨阿迪亚·扎赫迪表示，中国 21% 的公司高管是女性，高于美国的 20%。阿里巴巴 IPO 的招股书显示，公司 40% 的员工是女性。小姐姐做到高层不易，但在各大公司的中层势力很大，勤勤恳恳撑起一片天。代表公司外出谈合作的，多是特别能干的小姐姐，手下带着一帮小男生跟班。

职场小姐姐的崛起，不仅仅是个人价值的实现，也会给企业带来好处，为地区经济发展作贡献。2016 年，人力资源咨询公司美世（Mercer）专门推出一项报告，就叫做《女性成长，则百业俱兴》。

叫小姐姐之前，她们叫什么？

称呼是人际沟通的第一步，叫什么背后，体现的是社会定位，也是情商。

其实小姐姐并非二次元独创的概念，广东人一向客气地将年轻女孩称为"姐姐仔"，天津人也有类似叫法。所以在中国，小姐姐也是一种来自民间的传统人际关系智慧。

在小姐姐这个称呼广泛使用之前，小姐姐叫什么？叫同志，叫同学，叫这位小姐，叫女士……这些称呼都比较生硬，使用不当说不定会带来尴尬，而那些尴尬随着小姐姐这个词的出现都被轻松化解了。

另一些称呼则隐含着女人的性别魅力等级，比如美女、女神、仙女、才女……虽然表面上都是恭维，但背后隐藏的价值判断却很清楚，使用起来有时显得很庸俗，好像在冒犯对方。小姐姐的出现，把对女性的价值判断模糊化了、萌化了，只留下其中表示欣赏和亲昵的感觉。虽然从某些人口中说出来还是会有浮夸味道，但总体而言是客气的、认同的、距离适当的。既然叫你姐姐，那我肯定是弟弟或妹妹了。一声小姐姐，就好比敬酒的时候酒杯比对方低一样，伏低做小，简直是日常语言进化的神来之笔。

不过小姐姐虽好，却不太适合用于自称。新浪微博的@虎掰掰分析了其中的心态："'小姐姐'这个称呼并不是对被称谓者的恭维，而是把自己设定为一个又年轻、又可爱的角色。换句话说，'小姐姐'其实与你无关，是个年轻漂亮的女生都可以，我用这个词，言下之意就是'我是个更年轻的人，而且敲可爱的'，本质上是一种撒娇。"

这样说来，小姐姐可不是随便叫的，还需要身份认证呢。

寄托了抒情的"姐姐"文本。

文艺的世界里，过去没有小姐姐，但早就有"姐姐"了。

"姐姐，今夜我在德令哈，夜色笼罩 / 姐姐，我今夜只有戈壁 / 草原尽头我两手空空 / 悲痛时握不住一颗泪滴"，"姐姐，今夜我不关心人类，我只想你"，在海子的诗《日记》（1985）中，姐姐既是一种温暖亲近的慰藉，也是恋人的折射。海子一生的恋人中，确有一位是青海德令哈人。当时已婚生子的白佩佩是海子口中的佩姐，也是他诗歌写作的缪斯、生活中的姐姐和精神上的恋人。

"姐姐我看见你眼里的泪水 / 你想忘掉那侮辱你的男人到底是谁 / 他们告诉我女人很温柔很爱流泪 / 说这很美 / 噢，姐姐 / 我想回家 / 牵着我的手 / 我有些困了 / 噢，姐姐 / 带我回家 / 牵着我的手 / 你不要害怕。"据说，张楚的《姐姐》也是写给北师大中文系的"姐姐们"的。上世纪80年代中期张楚在北京闯荡，寄住在朋友伊沙宿舍，得到了北师大中文系很多姑娘的喜欢和帮助。

为姐姐而写的诗，为姐姐而抒的情，虽然相隔三十年却仍很动人。它们表现了男人最干净而真挚的一面，其中有性冲动，但主要是形而上的感情，表达的是孤独与寻求依赖的感觉。

小姐姐作为一种话术，也许很难再产生这种带有悲剧感的文本。但是当年海子和张楚在姐姐身上体会到的情感，今天在小姐姐身上仍然可能产生。"小姐姐性"是流动的，视乎你如何与她互动而表现出不同的形态：她可以是任性的，也可以是深情的；她可以是脆弱的，也可以是强韧的；她可以是索取的，也可以是牺牲的。

从找妈、找抽，到找小姐姐。

2013 年，洪晃曾在专栏中写过"找妈型男人和找抽型男人"，其实如今中国男人还有一种情结，那就是找小姐姐——找一个可以照顾你、理解你又不管理你的人。

小姐姐不是从属的贤妻良母，而是智力、能力和财务平等的对象。从小姐姐身上，男人可以同时找到亲情和爱情的感觉、伴侣和同事的感觉、朋友和对手的感觉，这些感觉混杂在一块，重塑了两性关系。

姐弟恋在中国社会一向有广泛的基础。这可能是因为中国文化向来较为看重女性的成熟稳当的特质——宜室宜家、旺夫、"女大三抱金砖"等，都是这个逻辑之下的说法。

不过，爱上小姐姐与传统姐弟恋有所不同。小姐姐是兼具母亲和女儿特性的一种存在，前者有母性和奉献的属性，而后者则是青春与生命力的化身，融合了两者的小姐姐可以说是一个完美的矛盾体——既年轻又成熟，既纯洁又有吸引力，既能干又包容——是理想的另一半。

杨绛比钱锺书大一岁，用她的话说，"我原是父母生命中的女儿，只为我出嫁了，就成了钱锺书生命中的杨绛"。作为钱锺书的生活伴侣和灵魂伴侣，她最大的功劳是"保住了钱锺书的淘气和那一团痴气"。钱锺书 1998 年去世后，杨绛为他整理出版手稿集，一直工作到 2014 年 104 岁。

在小姐姐身上，比爱和知识更核心的东西，是教养。

当代女性对自我身份的识读和地位的上升，导致了部分女性过于任性强势的形象和行为，引发不少社会事件。找小姐姐，分分钟变成找抽。2017 年 6 月，武汉一女博士因晚到误机大闹机场，掌掴地勤，以致上了法航黑名单，就是为高知女性减分。

很多事与性别无关，在追求卓越和平等之前，先要做好一个人。

港星邱淑贞：直男票选的最美小姐姐

文 / 詹腾宇

　　直男们坚定地反潮流、反小花旦、反网红感、反无演技、反高曝光、反多绯闻，最后找到心中的一种清净与平衡，把更多的票数，投给了自己最深层而真实的意愿：一个真正的女人，一个小姐姐。

　　虎扑，一个典型的直男向体育网站。直男爱讲黑话。虎扑综合论坛名为"步行街"，旧称"甘比亚大陆"，是宅男、直男聚众闲逛之处。NBA论坛叫"湿乎乎"，其命名理由是："工业时代是干巴巴的，我们在虚拟世界的关系是湿乎乎的。每一个话题都会让我们更多一些交集，更多一些黏着力。"

　　直男一下至十五岁，上至五十岁——爱好不言自明：或喜看球，或喜看女生，或两者皆是。为了自己的观赛与审美原则，常与异见者争论不休。他们聚在虎扑，看球、品球、评球，为自家偶像摇旗呐喊，力怼别家粉丝。他们看尽竞技体育激烈碰撞之余，又借各路美女缓和心境，洗洗眼睛。此两项消遣，消解和发泄了直男们多余的荷尔蒙。

无论篮球还是女神，非蜜即黑才过瘾。

　　虎扑的"步行街女神终极一战"，是这种文化背景下水到渠成的产物。

　　"在'步行街'逛了这么久，吵了这么久，是该有个官方发起的高下之争了。"一位参与投票的虎扑网友表示。比赛名称透着浓浓的直男风格，直白而较真：女神，道尽直男们心中那份如梦似幻的追寻；终极，道尽直男们为捍卫自己的审美水准，"誓以一战争高低"的气魄。

"步行街女神终极一战"的赛制充满了男性喜好，与足球世界杯赛制一致：先分组循环争出线，再单怼淘汰制一路向前。合乎情理，不乏刺激。对美女们评头品足之余，投上代表自己审美与情怀的神圣一票。在网友们的概念里，两强会面，本就没什么输赢之外的中间选项。无论篮球还是女神，非蜜即黑才过瘾。

比赛迄今办了两季，第一季冠军是贾静雯，第二季冠军是邱淑贞。而在第一、第二季的"冠军友谊赛"中，邱淑贞依然以明显优势胜出，成为真正的"终极女神"。

戴上"女神大赛总冠军"后冠的邱淑贞，美于何处？有十字总结曰：性感、明媚、天真、妖娆、娇憨。

巅峰期的邱淑贞，小脸、红唇、甜笑、媚态，直击人心。她在御姐与萝莉、正戏与艳剧的设定中无缝切换，都极动人。《赌神 2》里身着飘荡入心的红色长裙的海棠，《倚天屠龙记》中御姐、萝莉来回切换的小昭，《不道德的礼物》中风情万种的港式高仿梦露……一颦一笑极尽挑逗之余，又能轻易收回而不至放荡，举手投足里，尽是男人喜欢的样子和欲望的投射。靠得太近，又有危险，就像海棠，长裙之下，藏着手枪。

直男们要的，正是这种从不设防的温和相待，以及时刻存在的荷尔蒙。但她又会跟你说"别靠太近，这可不行"，这正是邱淑贞式小姐姐！当年沈嘉伟娶邱淑贞时，许多男人愤恨交加，"他迎娶的不仅仅是一位女明星，更是当年全香港男人的欲望"。

邱式小姐姐的魅力：美，且不遥远；甜，但不油腻。

邱淑贞戏里戏外充满桃色诱惑，又不至于成为丑闻；戏里的任达华、戏外的王晶，都是宅男们意图成为的角色。小姐姐和"小姐"有时仅在一步之遥，但邱淑贞成功地让自己偏向了可爱而不是可耻的那一方。无数直男都幻想着做海棠发牌时轻咬着的那张梅花 K。

带着这一幻想，他们在虎扑女神大赛中，坚决地点了邱淑贞名字旁边的圆框。

虽然巅峰期已过多年，邱淑贞仍能击败同时代一众港星——王祖贤、朱茵、关之琳、李嘉欣、黎姿、张敏，夺下冠军，除了萌艳兼具的巅峰期影视形象，也得益于她息影后保养有方、处事低调的加成，营造了一个前期可人、后期低调恬静的形象。邱淑贞年近五十，容颜当然有被年岁欺凌的痕迹，但拾掇一下出现在人前，颜值虽有退步，却没崩；退隐后相夫教子，偶尔出镜，还能得到"与十五岁女儿争艳"的评价。

这就是邱式小姐姐的魅力：美，且不遥远；甜，但不油腻。巅峰期，姐姐式的成熟风情和妹妹式的可爱娇萌融于一体，纵然年岁渐长，依然能引着一群直男对她保有美好印象，岁月流逝而幻想不流失。

为什么直男最爱邱淑贞？

虎扑"步行街女神终极一战"第二季四强中的另外三位女神，为何不敌邱淑贞？高圆圆、王祖贤、朱茵当然很美，但无论是她们塑造的角色还是私下的人设，都离宅男们喜闻乐见的小姐姐形象更遥远一些。

高圆圆在早期作品《十七岁的单车》中，饰演了一个纯净无瑕的女神角色，屌丝男主角差五毫米就能亲到，却被偷单车的桥段意外打断。这种给直男添堵的、吻之不得的剧情，给高圆圆的亲近形象减了分。

对 JRS（"贱人们"，虎扑网友之间的称呼）来说，高圆圆还有一个减分点：她被号称虎扑四大直男公敌之一的赵又廷抢走，而且时常放出虐狗照片，着实气人。剩下的三位直男公敌，是抢走贾静雯的修杰楷、抢走张雨绮的王全安、抢走佟丽娅的陈思诚。

可仙可妖、气质出众，而且会打篮球（这对 JRS 而言加分很多）的王祖贤，年少时美得脱俗，年老时却崩得脱相。她的脸因为整容而垮掉，一切旧日的极致美好都屈从于自然规律的折损。而朱茵在影视作品中的形象，其实非常符合小姐姐的感觉，《大话西游》一段经典深情的独白、一滴悲怆至极滴下的泪、一个眨眼的俏皮表情，秒杀了许多人。但她在电影之外的感情生活颇为不顺，尝尽坎坷才收获平静生活，这也让她在直男处留下的印象减了分。顺带一提，黄贯中因为娶了朱茵，也被列入直男公敌的候选。

除了接近后座的高圆圆、王祖贤、朱茵，其他参赛者有各自的局限：小清新如佐佐木希、新垣结衣，明艳如郑秀妍、林允儿，甜美如林志玲、郭碧婷，都不如旧日香港女星有张力。刘亦菲、佟丽娅、刘涛偏正统，迪丽热巴、江疏影、李一桐太年轻而缺乏旧日情怀的寄托，也没有在出线之后的单淘汰赛制中走得太远。

一项愉悦灵魂的竞赛。

虎扑"步行街女神终极一战"八强之中有七位旧日港星,很说明 JRS 的年龄及审美。JRS 怒捧邱淑贞和一众巅峰时刻的香港女星,除了对她们容颜的认可,也是对过去视听干净无污、唯有美好向往的时代的缅怀。

我们在年岁渐长之后,才渐渐听闻邱淑贞们的旧日逸闻,而这些逸闻,都不如当初印象里的美好来得深刻。互联网时代,太多女星身上爆出来的新闻,都是未定调、先乱套,对形象有折损,影响了我们最初对这个美好皮囊下的人设的期待。

"虎扑女神大赛",未必是在选一个高而远的女神,而是选一个给你留下过深刻印象的、在心中挥之不去的美好的女人。

有个用户在比赛组织者、赛事帖版主"我是神棍 123"的主页留言:"恭喜你功成名就了。你现在的历史地位,足以和雷米特创世界杯相提并论。"虎扑这一创举,在参与用户眼中几乎可以与改变世界的雷米特杯,以及 1951 年在英国斯特兰德学苑舞厅的第一届世界小姐比赛相提并论:提供了一项竞赛,分出了一个高低,愉悦了一众灵魂。

"我是神棍 123"表示,比赛倒谈不上太深厚的社会意义,是 JRS 内部自娱自乐的活动,但是客观上也能反映论坛的年龄段和一部分人的审美。

说到底,这是一群年纪不小的直男追寻旧日情怀,并把心目中最美好的女性形象投射出来的过程。在这个比赛、重塑、回忆的过程中,直男们坚定地反潮流、反小花旦、反网红感、反无演技、反高曝光、反多绯闻,最后找到心中的一种清净与平衡,把更多的票数,投给了自己最深层而真实的意愿:一个真正的女人,一个小姐姐。

舞者王亚彬：茧子、淤青、色斑成了身体的包浆

文 / 冯嘉安

采访王亚彬的时候，她刚从以色列回来。作为导演和主演的王亚彬，带着由毕飞宇同名小说改编的舞剧《青衣》亮相以色列。演完的第二天，王亚彬在当地报纸上读到："王亚彬把中国传统的舞蹈语言与当代西方舞蹈激情洋溢的表达互相碰撞，表演得出神入化。"

在《青衣》里面，王亚彬演绎"一个极致的女人"筱燕秋。王亚彬说："中国戏曲行当里面的'青衣'就是'极致的女人'。'青衣'是一个载体，是一抹致命的、迷人的、具有杀伤力的气质，是一种女人的极致。"

筱燕秋站在舞台上面对自己角色时的生命态度，深深打动了王亚彬。同样是以舞台为生命的王亚彬，也在不断思考和演绎"生命该如何寄托"这个问题。

作为一名从小习舞的女性，王亚彬在成长过程中忍受了比其他同龄女孩多得多的苦楚。低年级时，一切基础动作都要从地面练起，王亚彬每天光着腿只穿小袜和地板亲密接触。身体与地面的摩擦中会刮起木地板上的刺，木刺悄无声息地刺进皮肉里。她和同学休息时的"娱乐"就是互相"挑刺儿"。

王亚彬的左脚和右脚都能写一篇很长的故事，舞者的修行过程就是用每一寸身体去历练，把流露自灵魂的肢体语言淋漓尽致地表现出来。王亚彬说："在历练艰辛过后，那些茧子、淤青、色斑成了身体的包浆。远远看去，只能欣赏到舞台上舞蹈现场所带来的美和震撼力，而只有舞者知道身体包浆的味道是疼痛的、辛辣的、折磨的。但不去浸透这样的包浆，是无法重生的。"

艰辛的练习换来了回报，王亚彬14岁时参演了张艺谋作品《图兰朵》，20岁那年再度与张艺谋合作，担任电影《十面埋伏》的舞蹈设计及章子怡的舞蹈

替身。2015 年在国家大剧院，王亚彬迎来了自己舞蹈生涯最重要的一部舞剧《青衣》，她在里面的角色是导演、编舞和主演。

《青衣》讲述一个女人的一生。王亚彬钟情这部剧，不仅因为毕飞宇的小说原著本身写得好，更是因为在这部中篇小说中，她看到了青衣筱燕秋这个角色所要探寻的"生命该如何寄托"这样的主题，王亚彬说："这也许是每个人需要思考的问题。"

筱燕秋通过登台演戏和饰演戏中角色去寄托生命，这似乎就成了她生命里的全部。王亚彬说："她有时如痴如醉地自我陶醉，有时醒来又扪心自问自己到底是谁，她就在这样的内心困境中挣扎，可生命的目的到底是自我还是他者，我想对她而言，可能已经不重要了，甚至，她可能都忘记了自己。"

最近这部舞剧到了以色列巡演，以色列有着世界上一流的当代舞团及高产的舞蹈创作能力，那里的观众看过非常多优秀的舞蹈作品，眼光很高且品位独到。当地舞蹈界的人士看完演出，非常喜欢王亚彬和她的伙伴的创作表演。回忆起在以色列的演出时，王亚彬说："过去以色列的观众在观看演出过程中非常'内敛、淡定、宠辱不惊'，而在观看《青衣》时，他们'兴奋、激动、热泪盈眶'。那一定是舞蹈艺术在不同面孔、不同文化背景相遇时起了作用。"

筱燕秋的美征服了王亚彬，王亚彬的美征服了以色列的观众。当大幕拉开的瞬间，王亚彬所有的紧张与压力随着演出逐渐消失。她说："我不能不说，当谢幕时，看到沸腾的现场，流泪满面的老外，看到他们起立，听到经久不息的掌声，这一切令我及我的舞者们深深感动。"

毕飞宇说："青衣从来就不是女性、角色或某个具体的人，她是东方大地上瑰丽的、独具魅力的魂。王亚彬抓住了她，并让她成为了王亚彬自己。"

在疼痛的过程中，王亚彬明白自身生命的承载和要面对的当下及未来。除了身体的疼痛，王亚彬认为真正要克服的是"浮华的诱惑"，修得内心的安静与定力。

王亚彬内心的安静一部分来源于文字。她出版了《身体笔记》和《生命该如何寄托》两本书。王亚彬说："文字具有超赞的保鲜功能。我觉得，人其实活得清醒一点以后假装混沌，是特别棒的状态。文字一如我舞蹈的倒影，一写给自己，二为遇知音。"

对于每一个女性舞者来说，生理的衰退却是不能不面对的残酷事实。从 6 岁算起，王亚彬的舞龄已经有 27 年。王亚彬说："舞者的逆生长都是从日常坚持不懈的练习中滋养出来的。在欧洲，有很多跳到四五十岁的舞者。只要想，真的可以跳一辈子。年轻的时候可能技术好，年长的时候可能表现力更好。可惜大多数舞者还没等到真正绽放的时刻就转行了。这真的很可惜。"

王亚彬特别喜欢"德国现代舞第一夫人"皮娜·鲍什。2009年6月30日，皮娜·鲍什因癌症去世，终年68岁。皮娜·鲍什把舞蹈跳到生命的尾声，在去世五天前，她才被诊断出患有癌症。之前的周日，她还与自己的舞伴站在剧院的舞台上。王亚彬说："她的作品都在呈现人性的深刻性和戏剧性，余音绕梁。"

游戏主播石悦：选游戏就是选世界观

文 / 舒少环

从清华建筑系学霸成为一个"勇士派"游戏女主播，她说自己最开始是一个从世界拿走东西的人，做直播之后，她变成了一个管道，吸收的东西要传播给更多的人。

6月19日下午四点半，石悦比约定晚了一个半小时才开始直播。此前，她还曾因出去旅游"任性"地七天没有直播，因参加展览会十天没有直播。这次直播中，她"任性"地在粉丝面前啃玉米、"任性"地全程直播刷碗，一言不发。在她的节目《心灵砒霜》中，她还"任性"地奉劝粉丝们不要把时间花在无聊的恋爱上。她丝毫不回避自己的缺点，包括被粉丝们吐槽的"驾照梗"，以及被粉丝吐槽的衣服像桌布。

但这样的"任性"丝毫不影响众多粉丝为她充卡刷火箭、刷飞机，也丝毫不影响她成为坐拥百万粉丝的人气播客。

她是一个很另类的主播，当被问到自己属于哪一派时，她先是笑着说"我也不知道，我也没啥所谓的一技之长，长得好看的人又太多"，随后又回答"我觉得我可能是勇士派吧，因为我敢做自己，不太会因为别人的观点影响自己的选择"。

的确，从内蒙古高考状元到清华建筑系学霸，随后直升北大读城市规划研究生，再到毕业后选择去一家游戏公司工作，如今成为人气主播，成立自己的工作室，她一直按自己的方式在人生的轨道上行驶。

从学建筑到做游戏直播。

从小学到初中再到高中，石悦一直有打游戏的习惯。刚从内蒙古的小县城来到北京时，她经历过一段迷茫期："我们那个地方在我小的时候只有两条街，人口也只有几万。但是来到北京之后，你会发现优秀的人太多了。"她花了一段时间去寻求自我认同。直到大二，她开始录制游戏视频上传到网站上。"我觉得通过播客这种形式来分享挺好的，因为我手头有很多好游戏，但身边又没有人可以跟我分享，所以我通过互联网的方式跟大家建立连接。"

就这样，她做游戏视频一直做到研究生毕业。直到不得不进入社会，她才下定决心离开原先的专业，从事一份不是特别有把握的工作。

石悦做好决定后，导师十分支持她。她的导师也有过在不同领域跨界的经历—从最早的学建筑出身，到后来学艺术史，做房地产，现在又做起城市设计。导师的话让石悦记忆犹新："每个人都有自己的人生轨迹，但在画轨迹时，并不是每个人都知道起点以及终点，能去连一个线。有的时候人生真的是一个摸着石头过河的过程，当你觉得你对一个方向有热情时，那就是你要做的选择。"

随后石悦开始在一家游戏公司做视频工作，直到 2015 年直播兴起。对她来说，接触直播是个意外。做游戏视频起家的她，在直播尚未出现时，就积累了一批粉丝。直播出现后，她利用下班以及周末的时间试了一下，一直坚持到现在。她坦言，做直播的两年来，没有遇到过粉丝数目爆发式增长的情况，粉丝一直处于平稳的上升状态。

现在的她跟 2006 年来北京时相比已经脱胎换骨，变成了另外一个人。这一切的改变都源于她之前接受过的教育，包括在学校见识过的人、读过的书，以及跟老师的接触、跟同学的交流，这一切早已融入她的身体里。

物以类聚、人以群分，直播中也是如此。

石悦说自己是一个游戏媒体人，在一个新兴行业创业。直播已经变成了她的习惯，她笑称如果今天下午三点钟不直播的话，她会一直自己跟自己对话。通过直播，她开始与另一个世界产生更多的关联。石悦说她最开始是一个从世界拿走东西的人，做直播之后，她变成了一个管道，吸收的东西要传播给更多的人。她变成了大家的"眼睛"，她开始要跑很多展会，包括这次去洛杉矶参加E3展会。接下来她还要去日本，让没有时间旅行的人跟着她去旅行。

直播也让她在性格上发生了变化。她从小到大都是一个能自己待着就不会跟别人在一起的人，但是做直播以后，要在直播群里与大家愉快地聊天。"直播毕竟是媒体，你必须学会表达，才能吸引别人。表达的方式很多，有严肃，有沉浸，有认真，有戏谑，也有快乐，大家喜欢看到跟直播间不一样的自己。"

石悦把自己的粉丝统统称为"水友"，"水友"一般年龄偏大，性格偏理智。线下见面时，"水友"们看她在工作，会远远地打个招呼，然后再合影、送书，就像好友相见一样。"水友"们也会做一些很感动她的事，比如这次洛杉矶之行，当地"水友"毫无保留地帮助她。"我在直播的最后说忘了带一个化妆品，一个女水友就托朋友开了两个小时车，把化妆品送过来。"

石悦在直播中说，以后在国内哪个城市旅行，就会约见当地"水友"。网络上的直播交友跟现实生活中的交友没多大区别，石悦说："物以类聚、人以群分，即使在生活中能吸引到的人也都是跟你说得上话的。直播也一样，在直播中喜欢你的人一定在灵魂深处有某种共通点。"

作为一个游戏主播，石悦平时会花更多的精力在找游戏上。"那么多游戏中找到一款你满意的，观众又能喜欢的，还得是一个有创意的、不落窠臼的游戏。"

虽然已经成立工作室，但她说找游戏这个事情不能让别人来代替，因为每个人对好游戏的定义都不一样。"之前在STEAM平台上玩过一个《小猫钓鱼》游戏，一款非常小众的游戏，可能大部分人都不会觉得好玩。但恰恰这款游戏是我喜欢的，很多人也因为我买了很多款游戏。"

她选的游戏就是她的世界观。

石悦脑洞很大，思维跳脱于宇宙边境之外，经常被"水友"们称为"中二"少女。她从小喜欢看科幻杂志，喜欢玩的都是些脑洞很大、想象力丰富、故事相对完整的游戏，她享受在另外一个次元建立世界的感觉。她曾经玩过网游以及手游，但怎么也喜欢不起来。

很多人都不能理解玩游戏的人，在这些人眼中，游戏就是一个编纂的、假的东西，有什么可感动的？但石悦却不是，她在玩游戏时会进入这个世界，相信这个世界的角色。"一些游戏会带给你快乐，一些游戏则会带给你悲伤感、孤独感或者猎奇感。"

石悦认为，游戏和文学、电影、书籍、艺术一样是一种媒体，也是一种表达方式。创作者希望通过游戏表达一个故事、一种观念。她说："打游戏其实相当于给了你再活一次的机会，在另一个世界里从零开始。你会遇到不同的人，不断地成长，最后完成一个拯救公主的任务。"

她特别喜欢《美少女战士》里的木野真，一个大力士、假小子，又是美食达人，非常会打扮，有很"女人"的一面。石悦说自己也很独立，不会小鸟依人，另一方面又希望自己能拥有传统女性身上的"贤惠"。《北斗神犬》的索拉尔也是她喜欢的角色，索拉尔是个"在末日中寻找光明的人"，"你看到作者通过这个角色渗透出来的世界观，而作者观念最后会传递到玩家身上"。

石悦说，最大的成功是创造价值，"粉丝数目当然越多越好，但比起数量，我更看重我对他们的影响，无论这种影响是正向的还是负向的，是有积极意义的还是一种无意义的消遣。"

李银河：很多女人都想当男人

文 / 宋爽

李银河从未听说过"女权癌"或"中华田园女权"等网络词汇，她甚至不知道网上已经对"女权癌"讨伐声一片。她对此的态度很明确："这仍然是弱势群体的表现，不自信。"

从 1791 年法国大革命妇女领袖奥兰普·德古热发表《女权宣言》至今，"女权"概念已经诞生了两百多年——从18世纪的女权主义者玛丽·沃斯通克拉夫特，到20世纪初的英国女作家弗吉尼亚·伍尔夫，再到波伏娃在1949年提出著名论点"人造女性"，直至20世纪六七十年代兴起于美国的第二次妇女解放运动。但令人遗憾的是，女权主义所伸张的男女平权思想，甚至仍没有被大部分女性所接受。

李银河曾经在调查问卷中设计过一个问题——"如果能随便选择，你想当女人还是男人"，结果女人想当男人的比例特别高。她认为："这是典型的弱势群体的自我定位特征，说明女人对自己的性别持否定态度，觉得做女人不好。反过来要是问男人想不想当女人，那肯定的答案就非常少了。"

玛丽·沃斯通克拉夫特在著名的《女权辩护》一书中写道："任何时代的女性主义面临的根本问题都没有改变过。最为核心的总是广大女性群众没有生成强烈的自我权利意识，在社会的舆论压迫下处于弱势地位，而这点只能通过教育来改变。"

参与李银河调查问卷的女性，不论社会地位、教育水平都和生活在18世纪的女性不同，但却仍然无法改变她们想要当男人的意愿。这种自我贬低的背后，暗示着残酷的事实，即女性身份意味着获得的权利比男性少。

李银河认为，造成男女不平等的根源之一是体力上的差异，而体力差异则造成社会分工、社会地位的不同。"在原始社会时，女性在生存竞争和养家糊口的贡献上小于男性。另外，女性要生育哺乳，在这期间，她丧失了生产力，进而彻底退出生产。而一个传统的、男主外女主内的家庭中，男性几乎是全部生活来源，这就造成女性地位的进一步下降。"

在今天的中国，相当一部分受到过良好教育的女性已经具备了某种模糊的女权意识。她们逐渐意识到，不论精神层面还是经济层面的独立，都是争取男女平权的重要途径。

不可否认的是，虽然这种意识早已生根发芽，但在追求的过程中却有诸多矛盾之处。购买任何一本女性杂志，里面的几大板块无非是美容、穿衣搭配和情感。前两者教女人如何变得更美，而情感部分的核心思想就是"如何取悦自己"（言下之意就是不要再取悦男人）。

但翻看男性杂志，永远不会看到类似于"活出自己，别满脑子都是你女朋友"这类话题，因为这件事不用努力，男人也能轻松做到。英国诗人拜伦曾经写道："爱情是女人的全部，但只是男人的一小部分。"而事实也的确如此，在情感咨询行业中，女性客户的数量远多于男性客户—这几乎是不争的事实。

女人陷入了某种扭捏的境地，一方面渴望自由独立，一方面不厌其烦地强调自己多么不需要男人。我是剩女我骄傲，用几十种方法充实自己的生活，宣扬自己如何在一个又一个孤独的夜里感受到了难以置信的幸福感。这听上去简直让人绝望，并且恰恰证明了男人的重要性。玛丽·沃斯通克拉夫特写道："现代的文明女性，除了少数例外，都只顾着激起男性的爱慕。"而现代女性对此强烈的厌恶感，又加剧了其在自我认知、自我定位上的困难。

时下网上声势浩大、被人诟病为"女权癌"的群体，正是性别认知混乱所引发的另一个极端。所谓的"女权癌"，是一个充满双重标准、看似追求男女平等又认为"男人天生有义务埋单"的群体，其本质则是追求女性权利大于男性权利。

李银河从未听说过"女权癌"或"中华田园女权"等网络词汇，她甚至不知道网上已经对"女权癌"讨伐声一片。她对此的态度很明确："这仍然是弱势群体的表现，不自信。"她认为这些主张"自相矛盾""说一套做一套"，没有合理性，甚至没必要讨论，因为这绝不是真正意义上的女权主义者。

在采访中，李银河一再提到"社会建构论"，这一理论的主张之一便是"所谓的心理现象，包括意识、情绪、认知等并非实实在在地存在于人的头脑中的某个地方，而是一种社会文化的、语言的建构"。

李银河打了一个比方："假设一个女性当了总统，报纸标题可能会是这样——《我们相信她会做得和男人一样好》，但你无法想象一个男人当选总统，标题会写成《我们相信他会做得像女人一样好》。"

李银河在《性别问题上的生理决定论与社会建构论》一文中指出："社会建构论对此作出了有力的论证：近几十年，女性犯罪率在世界各地都有所升高，表明攻击性（常被当作由男性生理决定）与社会因素而非生理因素有关。当社会条件允许时，女性可以变得同男性一样好或一样坏。例如女律师就全都表现出敌对性、雄辩性和统治性的行为。"

从上世纪60年代起，新的性别概念认为，将某些行为归属于男性或女性只是一种社会习惯。比如女性就是温柔的、附属的、情绪化的，男人则是刚毅的、果断的、理性的。

李银河认为，这是男权社会的话语体系。"我不认为男性就是理性的，女性就是非理性的，这没有科学依据。生理上的区别我们都看得到，是板上钉钉的，被科学所证明；可心理上的区别则是社会灌输的结果，是刻板印象，是社会建构论，而社会建构论就是反对生理决定论的。"

有人会认为，社会上成功的女性是那些更具备男性品质的女性。比如女强人、女领导、女老板，会相对更坚毅、果断。"这是归因错误，比如我把刚毅、领导力、攻击性都归为男性气质，那这个前提就是错误的，女性为什么就不能自然而然地具备领导力呢？"

话虽如此，女性在各个行业的顶尖领域似乎表现不佳。从全球范围来看，金字塔塔尖仍然被男性占领。从国家领导人、科学家、企业高管再到被普遍认为"更适宜"女性施展才华的厨师、服装设计师甚至化妆师，其行业灵魂人物或最有天赋的人当中，都罕见女性的身影，这就有些匪夷所思了。

但李银河觉得这种一边倒的现象很好理解——因为女性是后来者，"不管哪个行当，男性都干了几千年，女性一直是不参加社会生产的，一个后来者，不论是科学还是文化领域，都难以占据多数席位；另一方面，实际竞争时男性会利用已经掌握的资源打压女性，而正是由于女性是后来者，缺乏实际经验，导致爬到顶端相对困难。所以，这不过是时间问题，假以时日，便会扭转"。

小姐姐前传

文 / 谭山山

不论她们被称为"飒蜜"还是小姐姐，可以看到，有一条隐隐约约的伏线，串联起近百年来把自己活成传奇的那些女性。

"绝顶聪明，又是一副赤热的心肠，口快，性子直，好强，几乎妇女全把她（林徽因）当作仇敌。"在抗战胜利后写就的《林徽因》一文中，作家李健吾这样写道。按照今天的说法，李健吾称得上林徽因的"男闺蜜"，而年长他两岁的林徽因，无疑是他心目中那个既敬且爱的小姐姐。

陆小曼，翻译家、文学家、画家。1924 年，陆小曼与当时在北大教书的诗人徐志摩相识，两人互相吸引，给后人留下了一段佳话。

他并不掩饰自己对她的爱慕之心。《林徽因》一文开头就写道，他逢人就打听林徽因的消息，因为听说她得了肺病，死在重庆一家小旅馆。后来得知她的近况，生病是真的，去世却是误传，"一颗沉重的爱心落下了一半"。

李健吾与林徽因在 1934 年相识。当时，林徽因读到李健吾在《文学季刊》发表的关于《包法利夫人》的论文，颇为激赏，随即致信李健吾，请他来"太太客厅"做客。李健吾用来说明林徽因成为"女性公敌"的例子，正跟"太太客厅"有关："我记起她亲口讲起一个得意的趣事。冰心写了一篇小说《太太的客厅》讽刺她，因为每星期六下午，便有若干朋友以她为中心谈论种种现象和问题。她恰好由山西调查庙宇回到北平，带了一坛又陈又香的

山西醋，立即叫人送给冰心吃用。她们是朋友，同时又是仇敌。"

李健吾说林徽因"缺乏妇女的幽娴的品德"，这句话当然不是批评她，而是赞扬她身上有着一般女子没有的范儿和气场。因此，也有人把林徽因称为"中国近代第一飒蜜"。众所周知，高晓松老师最推崇的大飒蜜是徐静蕾。不论她们被称为"飒蜜"还是小姐姐，可以看到，有一条隐隐约约的伏线，串联起近百年来把自己活成传奇的那些女性。

莎菲们："该时青年，崇尚精神恋爱，为现代人所不能理解。"

同样倾倒众生的陆小曼，独独对林徽因怀着莫名的羡慕嫉妒恨。她曾酸溜溜地表达对林徽因这个"徐志摩前女友"的妒意："早四年他（徐志摩）哪得会来爱我，不是我做梦么？我又哪儿有她那样的媚人啊！我从前不过是个乡下孩子罢了，哪儿就能动了他的心？"她更忿忿于林徽因对徐志摩的拒绝："可惜这样一个纯白真实的爱，叫她生生的壁了回来，看得好不生气……他还说他不敢

侵犯她，她是个神女，我简直不用谈这件事吧，我说起就发抖。"

而对林徽因来说，徐志摩之于她的意义，更多的是在精神层面："志摩警醒了我，他变成一种 simulant（激励）在我的生命中……"她自己也坦承，自己不会爱他，"这几天思念他得很，但是他如果活着，恐怕我待他仍不能改的。也许那就是我不够爱他的缘故"。林徽因的闺蜜费慰梅也说，徐林之间，"非情爱而是浪漫，更多的还是文学关系"。

也就是说，在与徐志摩的关系上，林徽因是掌控方。丁玲成名作《莎菲女士的日记》中的女主角莎菲在对待忠心爱慕者苇弟时，显然也是掌控方："当苇弟进来时，我只默默的望着他；他以为我又在烦恼，握紧我一双手，'姊姊，姊姊'那样不断的叫着……这有多么久了，你，苇弟，你在爱我！但他捉住过我吗？自然，我是不能负一点责，一个女人应当这样。其实，我算够忠厚了；我不相信会有第二个女人这样不捉弄他的，并且我还确确实实地可怜他……"

其实苇弟比莎菲还大四岁，但经常在莎菲面前掉泪，这让莎菲得意极了："看到他哭了，我却快意起来，并且说'请珍重点你的眼泪吧，不要以为姊姊像别的女人一样脆弱得受不起一颗眼泪……'"，"自然，得意够了，又会惭愧起来，于是用着姊姊的态度去喊他洗脸，抚摩他的头发。他镶着泪珠又笑了"。

《莎菲女士的日记》是丁玲和胡也频同居后写出来的，从苇弟身上，可以看到"那个穿着月白长衫的少年"也就是胡也频的影子。胡也频比丁玲大一岁。他们初识时，丁玲正为弟弟的早夭而痛苦，胡也频送了她一盒黄玫瑰，附上一张字条："你的一个新的弟弟所献。"丁玲把她和胡也频的关系定位为"很深的友谊"，"他的勇猛、热烈、执拗、乐观和穷困都惊异了我，虽说我还觉得他有些简单，有些蒙昧，有些稚嫩，但却是少有的'人'，有着最完美的品质的人"。

小说中，苇弟对莎菲说："我除了希冀你不摒弃我以外不敢有别的念头。一切只要你好，你快乐就够了！"而莎菲的回应是："我恨不得跪在他面前求他只赐我以弟弟或朋友的爱吧！""苇弟爱我，并会说那样好听的话，但他忽略了：第一他应当真的减少他的热望，第二他也应该藏起他的爱。我为了这一个老实的男人，感到无能的抱歉，也够受了。"她也承认，自己对他的折磨也是够了。

《莎菲女士的日记》其实不是一部爱情小说，它讲述莎菲这样的新女性面对自我时的困惑：苇弟虽然全身心地爱她，但是他无从理解自己的痛苦与需求，没有那种找到灵魂伴侣的欣慰。现实中的丁玲，自 1925 年与胡也频同居，三年后仍然没有与之发生关系，因为在她看来，纯粹的精神恋爱可以保持各自的"自由"。

张艾嘉：也只有她，才像那种"尽管年龄相差 39 岁，但还是会爱上"的女性。

"你有没有爱过我？"

2006 年 5 月，在李宗盛世界巡回作品音乐会台北站上，作为嘉宾的张艾嘉问了李宗盛这么一句话，李宗盛顿时语塞。张艾嘉还透露，李宗盛在录制《忙与盲》时比较爱她，录《爱的代价》时就比较不爱她。而李宗盛在一时的心情激荡之后，恢复冷静："因为录《爱的代价》时，你已经结婚，这张专辑就是我想着你而写的，想着你为何嫁给别人。"

那是上世纪七八十年代，流行文化的黄金时代，张艾嘉正是那个年代的风头人物。杨德昌、侯孝贤、李安与她探讨电影，罗大佑和李宗盛为她写歌，所以黄霑说她是台湾的"众人教母"。

张艾嘉曾先后与杨德昌、罗大佑、李宗盛等传过绯闻，但她一直没有承认。直到上《志云饭局》，接受时任 TVB 总经理的陈志云"拷问"时，她才亲口证实，自己和罗大佑谈过恋爱，甚至到了谈婚论嫁的地步。两人在 1977 年合作电影《闪亮的日子》时相识，才子遇上才女，自然有火花。"跟罗大佑当然有拍拖。他真的是个很有才华的人呢，我一看他写的歌，哗！那个年代就能写这些歌，真是惊为天人！"在《志云饭局》上她这样表示。

1980 年，张艾嘉推出第一张个人专辑《也许》，那一年辞去台北医院放射科工作的罗大佑为这张专辑贡献了五首作品。次年，张艾嘉跳槽到滚石，同时把被她视为铁杆小弟的罗大佑拉进滚石。年龄上，她比罗大佑大一岁，但罗大佑一直叫她"小妹"。在罗大佑 1983 年推出的专辑《未来的主人翁》里，有一首歌就是献给张艾嘉的，歌名就叫《小妹》。歌中唱道："秋风已萧瑟地吹过林梢，小妹快披上我身上的外套 / 黑夜已笼罩这城市的苦恼，小妹让我将你轻轻地拥抱……"这简直是在明示他们之间的感情。

至于李宗盛，张艾嘉则明确表示，没和他谈过恋爱，也没有喜欢过他。她叫他"小李"，他叫她"张姐"。"我真的当他是弟弟，他是一个会令我心痛的男人。（为什么？）你看他写《当爱已成往事》，全都是咒语，最终竟变成了自己的心声，所以他现在不写歌。他所写的歌真的会令女人心痛。"

当爱已成往事的时候，张艾嘉是走得潇洒的那一个。在自导自演的电影《20

30 40》中，张艾嘉扮演 40+ 的 Lily，她本想俘获初中同学、单身王老五梁家辉的心，最终男人选择了年轻女友，她悲愤地回到家中，一边念叨"我是个被抛弃的女人"，一边拿着剃刀在水中比划。你以为她要自杀？不，在突如其来的地震之后，她平静下来，拿起剃刀优雅地刮起腋毛。

还有一个细节：她和梁家辉去酒吧喝酒，歌手陈升在现场演唱《把悲伤留给自己》。梁家辉问她，有没有觉得很伤感？她回答："我只觉得他唱得很好。我现在没时间伤感。"

所以，可以想见为什么贾樟柯找她出演《山河故人》中和 90 后董子健谈一场忘年恋的女性。也只有她才 hold 得住这类角色，或者说，也只有她才像那种"尽管年龄相差 39 岁，但还是会爱上"的女性。

徐静蕾：飒蜜最在意的是自个儿高兴，自个儿痛快。

"大飒蜜的意思是人长得好看，不仅没有公主病，而且你越 man，我越爱你。你上街打架我帮你提板砖；你上街茬琴，我帮你唱和声。你被打成植物人，我养你一辈子。"

高晓松是在许晴上《奇葩说》时说这番话的，他盛赞许晴是北京老炮时代标准的"大飒蜜"，顺带解释了一下何为"飒蜜"。不过，大家都知道，他心中永远的大飒蜜，是徐静蕾。

"徐静蕾是摇滚果出身，小时候喜欢摇滚，摇滚果出身在北京范儿是最正的，玩的邋遢帅，就是完全不修边幅的年轻人，我特别喜欢这种人。因为否则我觉得特别累，每天描眉化妆，你打扮给谁看啊。"这是王朔对徐静蕾的评价。

马东在那篇刷屏的公号文章《与王朔和徐静蕾有关的日子》中，写出了自己对徐静蕾的倾慕之情："第一次在电视上看到《一场风花雪月的事》里的徐静蕾时，年幼的我就着急火燎地把这辈子唯一一次使用'惊为天人'的名额用掉了，盯着屏幕里这个面生的演员，我第一次明白了性幻想是一种怎样的体验。后来每次在电视里看到徐静蕾演的各种剧，都会有一种打开了自家冰箱的感觉：'都是我的菜。'"

而王朔对徐静蕾的定义是"红知"（红颜知己）。王老师爱"红知"，他曾公开在电视上表扬凤凰卫视主持人曾子墨，"范儿多正啊，林徽因以后就没有这么正的范儿了"。但徐静蕾绝对是他的"红知"中最特别的一个。王老师告诉曹可凡，他自己住的别墅就是徐静蕾买的，"你们上海的男的不给女的花钱么。我们北京从来女的都给男的花钱，而且我是吃软饭出身的，我是软饭硬吃。就是谁有钱谁出钱，北京的女的我喜欢的一条，就是她们拿自己当男的"。他也明确表示，死了之后钱都归徐静蕾。

"徐老师一路过来，越玩越花哨，写博客、办杂志、出字体、拍电影，其实就是玩儿，才不才女无所谓，飒蜜最在意的是自个儿高兴，自个儿痛快，一圈儿转下来找到了志同道合、臀翘腚圆的黄立行老师，带有自己优秀飒蜜基因的卵子也冻起来了，伊复何求。"马东写道。

章子怡也是这样的大飒蜜。胡紫薇在《章子怡的气象》一文里说，从第二个角色起，章子怡就开始塑造不那么寻常的中国女子。"别样的女子—你在文学作品里不常见，在生活里更是绝难见到的那些女子。她们的行事主张，她们的为人态度，她们的样貌，她们的眼神，她们的质地，都迥异于常人，她们是每个时代、每种处境里活着的例外。"

飒蜜不仅吸引男人，也吸引女人，胡紫薇对章子怡显然是有爱的，所以她对章子怡的择偶建议就有了恨铁不成钢的味道："只想对子怡说，如果能够不爱，就尽量不爱，因为天若有情天亦老；如果一定要爱，尽量避免轰轰烈烈，因为一切的轰轰烈烈都是不祥之兆；如果一定要轰轰烈烈，那么至少，不要轻易臣服于一个人，急于加冕你的王，直到找到一个真正值得的另一半。你那么美，这个国度里似乎只有少数最聪明最值得敬重的人才配得上你。"

小姐姐的自我修养

文 / 郑依妮

当我们聊小姐姐的时候，能不能不提风油精？可以的。

1. 女生与朋友的关系被人分成三种：洗了头才能见的、不洗头就能见的、洗了头都不想见的。小姐姐不会看人洗头，更不会懒到顶着一头油腻的头发就出门。

2. 不用爆款产品，"这些都是小姐姐玩剩下的"。小姐姐总是能够走在所有人的前面，"爆款"在变成爆款之前，小姐姐都玩腻了。

3. 无论什么时候，小姐姐都"举止优雅，毫不慌张"。

4. 不管是通宵加班还是打游戏，总是元气满满，不会萎靡不振。

5. "身如柳，脸如峰，肤如玉，指如葱。"

6. 既能聊国家大事，也能聊感情琐事。

7. 内心柔软，却有力量。

8. 亦舒在《假如苏西堕落》中说：女人的堕落从高跟鞋开始。小姐姐不一定爱穿高跟鞋，一双运动鞋搭配白衬衫、牛仔裤也很舒服。

9. 以礼待人是一种习惯

10. 懂得品酒，但拒绝酗酒。端得起香槟杯，也拿得起啤酒杯。

11. 对于食物能够保持节制，不暴饮暴食。

12. 为有可能会遇到需要帮助的流浪猫狗随身带一包猫粮或狗粮。

13. 可以不同意别人的想法，但是会尊重每个人的选择。

14. 拥有一条品质好的围巾或项链，注重生活的细节。

15. 对待节日不盲从消费，但必须保持节日应有的仪式感。

16. 不随便喊别人"老公"或"爸爸"。

17. 在社交场合不需要哗众取宠，不需要刻意取悦对方，更不需要滔滔不绝地谈论自己。小姐姐会聆听对方最关心什么，而自己又能提供何种帮助。

18. 不作，这很重要。

19. 不会每天在朋友圈发自拍照或者鸡汤。

20. 小姐姐不看成功学，但会看一些"无用之书"。

21. 能听意见，也有主见。有自己独立的人格与处世观，对事物有自己的判断，不随波逐流。

22. 独立是小姐姐的名片，它代表着自信、勇敢、乐观和奋进。经济上自立，是现代社会女性保护自己不受约束和压制的资本和条件。

23. 不盲从、不攀比，买适合自己的衣服和饰物。

24. 一个女人要让自己幸福，有一个能充分展示自己人生价值的职业是必不可少的，但现代职场犹如一个没有硝烟的战场。作为一个职业小姐姐，如果要在职场上左右逢源，还要懂得一些职场兵法。

25. 小姐姐待人处事不一定非常圆滑，但一定有原则。

26. 小姐姐不是傻白甜，她的修养与气质是一种实在的东西，不像女人的容颜会随岁月的流逝而消失。

我的妈妈是超人

文 / 罗屿

母亲是一个家庭的灵魂。她决定一个家庭的生活情趣与生活方式，影响所有家庭成员的审美、认知与情绪。亚里士多德把妈妈的作用提高到治国安邦的高度，他说"必须有优良的妇孺，才会造就优良的城邦"。

尼采在《查拉图斯特拉如是说》中以绮丽的文笔诉说"女人没有同其他人建立友谊的能力，她们其实只是猫、鸟而已，最多不过是奶牛"，"当你走近一个女人，记得带上你的鞭子"。这位力证"女人天生低下"的哲学家不会想到，在他去世一百多年后，美国性别研究专家沃伦·法雷尔会在《男权的神话》一书中提出一个"惊世骇俗"的看法：男性才是世界的弱者。

沃伦通过大量调查研究发现：一百年前男性的平均寿命比女性短了一年，但一百年以后，比女性短了七年；男性比女性的自杀率更高；男性赚的钱往往不由自己支配；成千上万的男性参加战争，战死疆场被认为是理所应当，而如果同样数量的女性死了，引起的震惊将是骇人的……

沃伦特别提到男人在家庭中的从属地位。"在日常生活中，家庭拥有和政府一样强大的力量，而当家做主的都是女人。虽然男人嘴上一再强调自己是'一家之主'，但大多数时候他们更像一个来到妻子城堡的游客。"沃伦的论调也许不被所有人，尤其是女权主义者认可。但不可否认的是，几乎在全世界，"男性至上"的社会规则都在发生改变，女人的地位在持续提升。

尤其在家庭，几乎每一个女人都扮演着重要角色。即便是日本，这个在家庭私人空间女人也要对男人使用敬语的国度，女人在家庭中的地位同样不可小觑。1992年日本股灾让成千上万日本主妇投资在股市中的数十亿美元打了水漂，而她们的丈夫大多不知道这些投资的存在。

沃伦说："从某种意义上讲，很多妈妈都是小企业——她们的家庭——中的董事长。"台湾心理学博士洪兰也说过："从人类演化角度而言，母亲是一个家庭的灵魂。母亲焦虑全家焦虑，母亲快乐全家快乐。"

母亲所示范的人际观、世界观，对孩子影响深远。

受妈妈影响最大的，莫过于孩子，这源自母子间出自生命本能的亲密联系。美国心理学家、精神病医生鲁道夫·德雷克斯在《婚姻：挑战》中写道："由于女性早期的成长训练，如玩耍、教育等，令女人普遍具有一种被称作母性本能的态度。如果母亲不干扰孩子的自然发展，会发现每个孩子都天生倾向于偏爱母亲。即使母亲只能为孩子腾出有限时间，她也能维持这种亲密关系。"鲁道夫认为，作为孩子最早的陪伴者，母亲只要给予孩子理解、同情以及一点温柔，就能获得孩子永久的感情。

儿科医生、在日本被称作"育儿之神"的内藤寿七郎，从临床角度证实了母亲对于孩子近乎神奇的天然影响力。内藤寿七郎记得，曾有一位年轻母亲找他咨询，说自己用母乳喂养婴儿五个月后，开始给孩子喂断奶食品，之后孩子一连四天发生便秘。内藤寿七郎检查后认为，问题主要出在母亲。"她因为给婴儿服用了断奶食品而心理紧张，这种不

2016年9月，美国一所高中足球赛赛场上，摄影师 Melissa Wardlow 背着两名孩子在工作。图—John F Rhodes

231

安通过肌体传到婴儿那里，从而破坏了婴儿大肠的植物性神经的平衡，引起便秘。接下来，孩子的便秘又引起了母亲的不安，由此产生了恶性循环。"

无论鲁道夫还是内藤寿七郎，都想表述一点：母亲作为孩子第一个互动对象，她所示范的人际观、世界观，对孩子影响深远。

在中国，妈妈们同样发挥了无可比拟的作用。孟母三迁、岳母刺字的故事人们早已耳熟能详。现代作家莫言在谈到母亲时说，正是妈妈向他示范何为"不屈不挠地活着"："当时，在我们这个人口众多的大家庭中，劳作最辛苦的是母亲，饥饿最严重的也是母亲。但她在辛苦地劳作时，嘴里竟然哼唱着一支小曲！"老舍在谈到日夜操劳的母亲时表示："在忙碌中她还把院子屋中收拾得清清爽爽。桌椅都是旧的，柜门的铜活久已残缺不全，可是她的手老使破桌面上没有尘土，残破的铜活发着光。院中，父亲遗留下的几盆石榴与夹竹桃，永远会得到应有的浇灌与爱护，年年夏天开许多花。"在老舍看来，正是母亲的言传身教，让自己一生都保持着"守秩序，爱花，爱清洁"的习惯。

妈妈决定一个家庭的生活方式，影响所有家庭成员的审美、认知与情绪。

历史学家伊丽莎白·阿伯特在《婚姻史》一书中就提到，"一个好妻子要让全家过得好。她们通过高超的购物、烹饪、缝纫和清理技巧提高全家的生活标准"。伊丽莎白以 1851 年《纽约论坛报》的一组调查数字举例："当时家庭每周食品预算是 4.26 美元，据此计算，一位节俭的妻子，如果批发买入食材，再对多余的食物进行干燥和腌制的话，每周可以节省 40 美分到 2 美元，把家庭食品预算降低 10%—50%。如果在厨房的院子里种菜或养鸡，同时自己生产奶酪，每周可以节省 25 美分，相当于 1 蒲式耳土豆的价格。"

好妈妈除了要管好柴米油盐这些琐碎细节，有时还要动些大手笔。"家庭生活指南"的作者凯瑟琳·比彻在与妹妹哈里特·伊丽莎白·比彻·斯托合著的《美国妇女的家庭》一书中，探讨了妈妈在"房屋建造"中的重要作用。在《美国妇女的家庭》中两姐妹提到，为了节省在房子里走来走去和上下楼的时间，应当取消仆人使用的楼梯和位于地下室的厨房，把客厅、厨房和育儿室放在一起。为了保护隐私，女主人尽量不使用帮工，有活自己干，或者请孩子帮忙。

妈妈们不仅可以改厨房、拆楼梯，大刀阔斧地改造家庭生活环境，还可以"润物细无声"般影响他人。111 岁高龄辞世的上海滩名媛严幼韵，一生致力于在家中传播乐观与开朗。关于严幼韵本人的"乐观活泼"，宋子文长女宋琼颐有这样一段描述："几年前我们有幸乘坐幼韵阿姨的车子……有一阵她简直像是INDY500赛事中的疯狂赛车手。为了躲避原本支撑第三大道高架铁路线的钢柱，车被剐蹭了几次。"但严幼韵坚持认为自己是个好司机。她说自己有一次粗心地把手提包放在汽车后备厢上，"到达目的地时它还在上边，足以证明我开车多么谨慎"。

严幼韵晚年时嫁给第二任丈夫、"民国第一外交家"顾维钧。顾维钧本是很严肃的人，但和活泼的严幼韵待久了，"严肃顾先生"也被"改造"过来。他像孩子一样喜欢过生日party；会忍不住"童心大发"，72岁那年，拉严幼韵和孩子们一起滑雪；他曾送妻子一对玻璃小猪，并贴上纸条"W admiring J"（维钧爱慕幼韵）；他还为成功骗过一众拦路抢劫者，快乐一整天。

爸爸因为妈妈太能干，患上了"没成就丈夫综合征"。

与严幼韵对顾维钧源于尊重与爱的"改造"不同，有些家庭中，一个妄图改造他人的强势母亲，却是家人尤其孩子痛苦的根源。《婚姻：挑战》一书中，鲁道夫就写到，某些"气馁、反抗、泄气和敌对"的母亲，会"将母爱变成自私、恐惧和专横的东西，并且要求得到赞许"。更为严峻的是，母亲的教养方式，存在代际传承的风险，它很可能作为遗产代代相传。就像"虎妈"蔡美儿饱受争议时，是大女儿索菲娅第一个为"悍母"辩护，她在《纽约邮报》以公开信方式写道："许多人指控你只会培养不会自我思考的机械化小孩，但我的看法相反，我认为你的严格作风让我们更独立。"

关于代际传承的深远影响，有一个来自动物界的残酷案例。被列入20世纪最残忍科学家之一的哈利·哈洛，曾在实验中让一些非但没有受过母亲抚育，且在"人工母亲"另类养育下长大的母猴受孕，它们最后产下20只幼崽。然而，这些母猴大多对自己的孩子表现冷漠；有8只极其暴力地殴打、虐待自己的孩子；有4只更是残忍地杀死幼猴，其中一只幼猴是头骨直接被咬碎死亡；这20只母猴中，只有一只极其笨拙地尝试着给自己孩子喂奶。这个实验结果类比到人类身上，几乎让人绝望。

由于母亲是家庭中连接三代人的纽带，她在家庭中所实施的过度占有与控制，也会对其他家庭成员，特别是父亲造成挤压。鲁道夫的《婚姻：挑战》一书写于上世纪70年代，那时他就提到"以前，男人是可靠、理智、强壮和值得信赖的，而女人则是弱小、温柔和情绪化的。现在某种程度上，我们甚至目睹了两性发展的相反趋势。现在不是男性至上的局面，取而代之的是初期的女性至上的社会文化"。

鲁道夫写于几十年前的文字，放在当下中国同样适用。他说："当妻子觉得丈夫的行为不符合社会认可标准时，会抱怨他们被动、冷漠、漠不关心，或者太蛮横、太专制。女性这种想要完美、正确的欲望，使得丈夫和孩子没有机会做得足够好。"

以上这段话，对很多自感经历着"当妈式择偶、保姆式妻子、丧偶式育儿、守寡式婚姻"的中国妈妈不啻一副良药。英国人早前也做过研究，很多爸爸因为妈妈太能干，患上了一种怪病——"没成就丈夫综合征"。妈妈表现越出色，爸爸表现就越差。这样看来，"超人"母亲只有学会适度"放手"，把父亲的角色还给父亲，他们才能不在育儿的道路上继续甩着双手，超然洒脱下去。

人类父亲无须像帝企鹅爸爸，在雌性生完蛋离家觅食的几个月里，独自担负孵蛋重任，给它取暖，直到孩子孵化出来。但人类父亲同样有他们需要承担的重任。美国儿科医师本杰明·斯波克曾说："育儿的理想状态是伴侣关系的平等。丈夫应该与妻子分担育儿和家务的责任，这不是慷慨大方，而是因为孩子会受益于父母双方的共同领导——两方面不偏不倚和相互补充。"

鲁道夫与本杰明观点类似，他认为这个世界虽然看起来越来越女性至上，但并不代表人类要重回母系社会。"在民主发展的过程中，任何群体都不能指望自己的地位永久至上。"他认为对一个家庭而言，应在民主的氛围内，以相互尊重的精神解决矛盾与冲突。"否则我们的家庭会成为一个局面紧张和相互敌对的'战场'。"

如果像鲁道夫强调的，良好家庭氛围"会鼓励孩子形成正确的人生态度，当他独自面对世界时，会根据自己在家里获得的经验和观念，解释这个世界"，那么很难想象，当孩子也被迫卷入家庭"战争"，他今后会有怎样的人生。鲁道夫同时强调，"对于某些国家或种族，社会群体文化的遗传特性，比种族生理遗传特质更具有牢固深厚的基础性，被一代一代传下来"。

这样看来，不难理解亚里士多德为何把妈妈的作用提高到治国安邦的高度，他说"必须有优良的妇孺，才会造就优良的城邦"。作为生命给予者、种族延续者的母亲，不仅是家庭的灵魂，同样肩负推动社会文明发展的重任。所以，今天的一代中国母亲，造就的将是明天的一代中国人。

中国女性角色百年变迁史

文 / 谭山山

当下，中国女性对于自身家庭和职场角色的定位仍然是迷茫的，和百年前以秋瑾为代表的"女豪杰"的果敢相比，某种程度上，情况是在倒退。

"做一个好主妇、好母亲，是女人最大的本事，为什么非要削尖了脑袋、累吐了血，跟男人争资源、抢地盘呀？"

2015 年 4 月，北京市西城区民政局婚姻登记处写着上述字句的一幅海报，引发了网络群嘲。与此同时，各种"女德"班兴起，有些甚至宣扬"打不还手，骂不还口，逆来顺受，绝不离婚"的"四项基本原则"。

这些现象的出现，说明在当下中国女性对于自身家庭和职场角色的定位是迷茫的：究竟什么才是女人？你单身未婚，就被称为"剩女"；你是文艺女青年，会有过来人告诉你，"文艺青年这种病，生个孩子就好了"；你是女神，会像俞飞鸿那样被人仰慕；你是女强人（哦，这个词现在不流行了，应该改称"女王"或"大女主"），一直被误解——要么是人人都爱的玛丽苏女王，要么是《穿 Prada 的女魔头》里注孤生的女魔头；你当了妈妈，就必须把自己武装成"全能妈妈"，还要面对"丧偶式育儿"……做女人，真难呐。

她们把数千年来的女训、女诫，一脚踢在云外。

回想百年前成长于辛亥革命、"五四"运动大背景下的新女性，现代女性可能会感到汗颜：那个时代的女性勇猛多了。

1907 年，秋瑾创办《中国女报》，并这样写道："我的二万万女同胞，还依然黑暗沉沦在十八层地狱……足儿缠得小小的，头儿梳得光光的；花儿、朵儿，扎的、镶的、戴着；绸儿、缎儿，滚的、盘的，穿着；粉儿白白，脂儿红红的搽抹着。一生只晓得依傍男子，穿的、吃的全靠着男子。身儿是柔顺顺的媚着，气虐儿是闷闷的受着，泪珠是常常的滴着，生活是巴巴结结的做着，一世的囚徒，半生的牛马。试问诸位姊妹，为人一世，曾受着些自由自在的幸福未曾呢？"

她鼓励妇女自立："如有志气，何尝不可求一个自立的基础，自活的艺业呢？……一来可使家业兴隆，二来可使男子敬重，洗了无用的名，收了自由的福。"她自己则走得更远："在中国，通行着男子强女子弱的观念来压迫妇女，我实在想具有男子那样坚强意志，为此，我想首先把外形扮作男子，然后直到心灵变成男子。"从日本归国后，她一直穿男装，上海市档案馆藏有她的男装照：穿着西式礼服，戴着帽子，拄着文明杖。

她的同道者也一样，她们希望摆脱传统女性的身份枷锁，做一个像男性那样生活的女人，对自身的角色定位是"女国民""女豪杰"。典型代表是当时人称"唐八先生"的唐群英，她 1912 年、1913 年有过三次"大闹"：第一次是大闹中华民国临时参议院，"要求中央政府给还女子参政权"；第二次是大闹国民党成立大会，当众打了宋教仁一耳光，理由是他不承认男女平等；第三次是大闹长沙日报馆，因为该报刊登了一名仰慕者称自己某年某月某日将和唐群英结婚的通知。

当时女权运动的健将们，从服装、行动到谈吐，没有一件不是效法男性，以至于时人评论道："服装简朴的地方，行动矫捷的地方，谈吐豪放的地方，固然十分令人敬佩；可是她们因为学得太厉害，连男性的坏习惯也通通学来。譬如衣服是乱七八糟，不修边幅；谈吐是粗里粗气，开口骂人；行为是奇离古怪，吃花酒，进妓院，都来：这些却不免太过于幼稚。可是她们尽管幼稚，总还是立脚跟在解放的路上：她们把数千年来的女训、女诫，一脚踢在云外。"

正是有了女性解放思潮的启蒙，当时的知识女性才有了另一个选择：不再受困于传统大家族和父权，而是出走当"娜拉"。这也是《莎菲女士的日记》《伤逝》等小说出现的背景，虽然这些"出走的娜拉"结局可能不那么理想。

上世纪五六十年代推崇"铁姑娘"，要求女性在劳动力和生产力上全面向男性看齐。

20 世纪初的"女豪杰"在自我定位上以男性为赶超的目标，表现出"拟男"

的特征。到了新中国建立之后的五六十年代，国家动员广大妇女走出家庭参与社会建设，此时涌现的"铁姑娘"已经不仅仅是"拟男"，而是在劳动力和生产力上全面向男性看齐，甚至超越他们。

以郭凤莲为代表的大寨"铁姑娘"是那个时代家喻户晓的榜样。1964年，时年16岁的郭凤莲和同龄的二十多个姑娘组成"铁姑娘"队，参与农忙劳动。《人民日报》1965年3月8日刊发的《大寨精神大寨妇女》赞誉她们像男青年那样猛打猛冲，经受各种考验，还曾单独超额完成割蒿十万斤的任务。

对"妇女能顶半边天""时代不同了，男女都一样"这些观念的宣传和引导，事实上早在新中国建立之初就开始了。《中国妇女》杂志1949年6月刊将毛织厂织机组女工辛桂兰称为"生产女将"，报道了她在毛织厂开展的新纪录运动中赶超男同事的故事。辛桂兰认为，只有这样，女工才有"说话的权利"。除了"女将"，媒体还经常用诸如"穆桂英""花木兰"的表达来表扬她们。

也因此，那个年代的海报、宣传画以及电影中出现的女性，总是浓眉大眼、脸盘饱满、面色黑红，着装也是中性的，完全不强调女性特征。1979年姜昆、李文华的相声里，曾描述后来人们对于"铁姑娘"的印象："姜昆：'俺队有个铁姑娘，铁手、铁脚、铁肩膀，拳头一攥嘎嘣嘣，走起路来震天响，一拳能把山砸开，一脚能让水倒淌！'李文华：'这是大姑娘？'姜昆：'这是二郎神。这样的姑娘你敢喜欢吗？'"

虽然在社会角色上向男性看齐，但"铁姑娘"成为"铁大嫂"后，所承担的家庭角色依旧，让她们比男性更累。有一位两岁孩子的妈妈给《中国妇女》写信，吐露自己白天上班晚上带娃的艰辛，疑惑为什么孩子的爸爸看上去完全没有因为有了孩子受到影响。这封来信引发了读者的大讨论，有人建议她"顾大家舍小家"，"对孩子不要太多牵挂"，"把更多的精力放到社会建设上来"；一个"有七个孩子还在工作的妈妈"告诉她，"关键是有吃苦耐劳的决心"，"善于克服困难"。都认为养儿育女是女性的天职，就没有人提出孩子的爸爸应该分担责任。

去性别化还是追求女性特质？要事业还是家庭？

从姜昆、李文华的相声里，可以看到人们对"铁姑娘"的态度已经发生了变化，因此，上世纪80年代出现"女性回家论"也就顺理成章。

有人鼓励女性走出家庭，相应地，就有人呼吁女性回归家庭。首都师范大学历史学院教授梁景和指出，20 世纪以来，有过几次关于妇女回家的大论争：30 年代一次，80 年代初一次，80 年代末 90 年代初一次，世纪之交一次。这几次论争固然有着不同的历史背景，但梁景和认为，还有一个共同因素需要注意，那就是经济和就业问题。如果就业的岗位有限，那么谁下岗？还是女人下岗，让她们回家带孩子吧。

此外，还有一个因素，那就是对"女性身份"的思考。80 年代，出于对冷硬的"铁姑娘"形象的厌弃，女性知识分子们共同表达了对于自身缺少"女性特质"的疑虑、焦虑甚至不满。在当时的语境下，女性特质被理解为因弘扬"妇女能顶半边天"而失去的、却是"女性身份"本质的组成部分。

去性别化还是追求女性特质？要事业还是家庭？对女性不同角色的理解，由此引发了这两组冲突。90 年代出现的电视剧《渴望》和《北京人在纽约》，分别塑造了传统女性刘慧芳和女强人阿春的形象，反映了对于女性角色的不同取向。

《渴望》中的刘慧芳，是传统价值观的"贤妻良母"的代表。辜鸿铭说过，一个典型的中国传统女性，其一生的价值都在于为别人而活，而不是为自己而活；一个真正的中国妇女，并不是没有灵魂，而只是"没有自我"（no self）。刘慧芳就是这样的女性，她无怨无悔地为家庭付出，甚至为了成全丈夫和丈夫的初恋而提出离婚。用今天的眼光来看，她丈夫王沪生其实是巨婴，被刘慧芳保护、照顾，更像她儿子而不是丈夫。也因此，有心理咨询师认为，男性社会对母爱的渴望，男性的集体巨婴形态，才塑造出刘慧芳这样的形象。

相比之下，《北京人在纽约》中的阿春就不那么受中国男人待见。在他们看来，女人应当将促进家庭的稳定作为最高价值，即便真当上"女强人"，只顾事业抛下家庭是不足取的，能兼顾妻子和母亲的角色才值得肯定。没有家庭的"女强人"更是不完整的。《家庭》杂志 1992 年第一期刊文《影后潘虹的幸福与苦恼》，描述潘虹的丈夫米家山"生活在明星的阴影下"，他提出离婚的理由是没有正常的家庭生活。"作为一个女人，她又有多少辛酸，多少缺憾，多少只有她自己才能体会到的酸辣！"

90 年代开始发展壮大的女性时尚杂志，则致力于塑造新女性的理想形象。她们应该既成功又幸福，而且必须性感，将自己锻造为满足男性欲望的客体。至于没有时间和金钱去打造自己的女性，年纪轻的被称为"宅女"，不再年轻的则被称为"大妈"，沦为群嘲对象。

虽然近年来流行"大女主",但她们的成功,本质上仍然是男性视角所定义的。

进入 21 世纪,正如前述,女性对于自身角色定位仍然是迷茫的。某种程度上,情况甚至是倒退。1983 年,作家亦舒将自己的小说《我的前半生》的男女主人公命名为涓生、子君,和鲁迅的《伤逝》一模一样,并不是巧合。亦舒想探讨的,是现代版"娜拉出走之后怎么样",她也提供了一个可能——子君和涓生离婚后,变得独立,至于理想的男伴,则是额外的嘉奖,有固然好,没有也活得很好。而到了内地版的《我的前半生》里,罗子君却没有了亦舒小说女主一贯的独立和大格局,安排她爱上闺蜜的男友贺涵则是最大的败笔:她成了仰赖优秀男性拯救或曰"豢养"的弱女子。

学者毛尖曾撰文表示,美剧中的女人越来越强悍,"她们不仅摆脱了厨房卧室的'女性原罪',不用在'儿子家长会'和'国事民生大会'之间心神不宁,不会在'床第欠奉'和'办公室性别'之间纠结,女性的屏幕形象已经进化到,她们不必再刻意去掩饰或中性化自己的身体,她们甚至可以带着蓬勃的身体进入曾经被男性垄断的疆场"。

反观中国电视剧中的女性形象,虽然近年来流行"大女主",但她们的成功,本质上仍然是男性视角所定义的,是男性将她们扶上了人生巅峰——《楚乔传》中的宇文玥、《我的前半生》中的贺涵、《欢乐颂》中的老谭、《那年花开月正圆》中的男人们。而这些玛丽苏的设定,偏偏多出自女编剧之手,这就更显其荒谬:男性定义女性的成功,女性必须在男性的凝视下才能体现价值,而一些女性迎合了这种凝视。

比如,那些号称"灵魂有香气的女子"。让自己"塞进零号礼服、拾掇起一身仙气",甚至生的孩子"都必须是漂亮而有教养的"是她们的诉求,"要读书也要保持身材,要旅行要插花灵魂要有香气",让自己活成被男性凝视的风景。《婚姻里,你孤独么?》一文这样写道:"什么时候要孩子合适?心态放空的时候合适:这是我自己的孩子,没人有义务对他负责,我必须独立承担责任。这样,男人的体谅、家人的援手、保姆的帮忙、朋友的问候都成了飞来横福,你忙着感恩涕零地消受去了,哪还有情绪去抱怨孤独?"

姑娘,你这是自我催眠甚至是自虐啊!所以,爸爸到底在哪里?

龚琳娜：妈妈心安，孩子才会平安

文 / 罗屿

龚琳娜的育儿方法和她做人一样，从不遵循某些既定规则。在龚琳娜看来，"爱不是依赖，是给孩子足够的力量，让他独立起来"。

《忐忑》之后，龚琳娜一度被世人框定在"神曲教母"的认知中。从那时起，父母拒绝听她的新歌，《忐忑》爆红，母亲给她的评价也是走路姿势太丑，眼妆化得太红。

别人怎么看自己，龚琳娜并不关心，她觉得只要不断推出新作品，世人自会了解真实的她。支持龚琳娜自信大胆走自己的路的，是琴瑟和鸣的爱人和两个可爱的混血儿子。她曾在微信朋友圈发过一张老锣及儿子海酷、雅酷的合影，表示这是让她"爱得不行的三个男人"。

和很多母亲一样，龚琳娜的朋友圈也常常出现孩子的身影，他们或是和父亲一起背着竹筐赶集，或是翻着跟头在绿野山间撒欢，或是在厨房剁肉擀皮一展厨艺。从照片中不难看出，龚琳娜的育儿方法和她做人一样，从不遵循某些既定规则。她会给孩子倒着换尿布，会让他们在洗澡后自然风干。今年 7 月在林肯艺术中心登台前，龚琳娜每天清晨都到纽约中央公园打太极练习气息，两个儿子则被她送到河南农村，向红白喜事乐队的民间艺人学习如何吹笙。

让孩子从小建立边界意识，懂得尊重别人的空间，也懂得维护自己的空间。

怀上大儿子海酷时，由于在北京某医院不愉快的产检经历，龚琳娜和老锣

小姐姐传

决定回德国生产。他们搬到德国南部小镇 Tettenweis，住在公婆家。临近预产期时，公公婆婆每天陪龚琳娜下弹子跳棋，希望孩子快些"跳"出来。老锣则亲手做了一个大蛋糕，上面用中文写满"生，生，生"。

2005 年 4 月，在老锣的全程鼓励与陪伴下，龚琳娜顺利产下海酷。孩子出生后，夫妻俩达成共识：不要老人帮忙，两人分工合作养育儿子。

海酷七个月大时的一天，老锣带他到楼下的鱼塘边玩，海酷趴在地上，探着头在水边张望，老锣在他身后约一米的地方看着。站在二楼窗口的龚琳娜看到这一幕，紧张得想要大喊"危险！"。但她和丈夫有约定：一个人带孩子时，对方若有意见也不能当面干涉，两人可之后再谈。

事后，龚琳娜问老锣："你就不怕他掉进水里？"老锣答："若他掉下去，我会马上跳到水里救他，但是必须让他试一试，自己找到边界。"

龚琳娜认同老锣的边界概念，并将其贯彻到自己对儿子的教育中。她记得，孩子们小的时候，她一练歌，他们就会说"妈妈好吵"。她则会认真地告诉他们："这是妈妈喜欢做的事，你们不喜欢，就请到其他房间去，但不要打扰我。"在龚琳娜看来，中国家庭往往不太重视人与人相处的边界。"只有让孩子从小建立边界意识，懂得尊重别人的空间，也懂得维护自己的空间，才能建立健康持续的人际关系。"

海酷一岁多时，老锣开始教他另一个概念：责任。比如排便后，老锣要海酷自己端起小尿盆倒掉，因为这是海酷的责任。有一次，龚琳娜夫妇在贵州出差，把海酷放在外公外婆家。外公不知海酷拉便便后还"身兼重任"，好心帮他清理了小尿盆，海酷急得哇哇大哭："那是我的责任！"

海酷两岁多时，和很多同龄孩子一样，喜欢用"打人"引起别人重视。有一天，他猛的一巴掌打在老锣脸上，老锣很严肃地把海酷叫到面前说："你刚才怎样打我？我现在试试用你打我的方式打你，你看看是什么感觉？"说罢，他真的一巴掌打过去，在儿子脸上留下几个红红的指印。龚琳娜没想到丈夫这么"凶"，更没想到海酷竟然没有哭。她猜想，是因为爸爸有言在先，让海酷觉得自己并不是受惩罚，所以自尊心没有受到伤害。"不要再这样使劲去打别人，别人也会疼。"老锣对强忍着眼泪的儿子说。从此以后，体会过"疼痛"的海酷每次希望和别人有身体接触，都会先在自己脑门上拍一下，看看疼不疼，再去和别人打交道。

龚琳娜夫妇觉得，海酷是个能量过剩的孩子，所以要好好引导而不是压抑他的能量。他们会带他画画，教他用木头做玩具、乐器，让他每周去体校上课。有时半夜海酷被噩梦惊醒，老锣就会抱着他出去，在花园散步，哪怕寒冷的冬季也如此。老锣相信，大自然的气息是最好的安抚。至于母亲龚琳娜，有时面对海酷无来由的哭闹，只要确认不是他身体不舒服，就索性让他对着墙壁独自哭一会，释放过情绪后的海酷会慢慢安静下来。

作为母亲，最担心的莫过于孩子生病。在德国，孩子打不打预防针并非硬性规定。龚琳娜倾向于不打，她认为孩子在大自然中成长，他的身体会懂得如何给自己"上保险"。龚琳娜还咨询过一位医生朋友，对方并没有给出"打"或"不打"的答案，而是说："打针并不重要，重要的是你自己心里怎么想，选择你认为对孩子更好的方式。妈妈心安，孩子才会平安。"

每当海酷身体出现小小不适，龚琳娜都会抱着他，给他唱简单的歌谣，轻轻抚摸他。老锣则用洋葱给海酷擦身体，用猪油帮他揉肚子，这些"土方法"每次都很奏效。夫妻俩一个负责精神安慰，一个负责物理治疗，这背后是他们给予孩子满满的爱。在龚琳娜看来，"爱不是依赖，是给孩子足够的力量，让他独立起来"。

生命是怎样，我们就怎样去面对。

海酷两个月大的时候，龚琳娜和老锣从公婆家搬出来，在巴伐利亚森林的山坡上租了一所房子。房东"马夫人"养了二十匹马、十头牛，还有一些羊。那时龚琳娜每天除了照顾孩子，就是看牛马羊在山间自由奔跑，在她看来，那真是世外桃源。

海酷三个月大时，龚琳娜用长长的布带把他裹在胸前，抱着他沿着树林往山顶走。有一天，她在山顶忘情地唱起歌，没想到，唱着唱着，"马夫人"的马群朝她飞奔而来。龚琳娜从没近距离见过如此多的马，她吓坏了，怕胸前熟睡的海酷受到攻击。

然而就在她惊慌失措时，马儿们却走到她跟前，把头伸过来，在她的手臂上轻蹭，眼神温柔美好。亲昵之后，它们又昂首阔步飞奔着离开，留下龚琳娜呆立在原地。那一刻，她忽然明白，大自然中的一切生灵，彼此都有情感感应。

从那以后，龚琳娜和马儿亲近起来。她常带着海酷到马厩边玩，让儿子赤裸着脚在草地上走走爬爬，趴在地上玩马的粪便，或捡起草来喂马。她还编了一首歌《爱诺依》，里面有孩子的咿呀学语，也有马儿的嘶鸣。不光与马亲密，龚琳娜还带着儿子给牛唱歌，听牛"哞哞"地回应；给羊唱歌，听小羊随着她的歌声"咩咩"叫。牛羊马在哪里结对玩耍，她就带着海酷穿梭其间。

海酷一岁多时，龚琳娜再次怀孕。老锣体谅她，让她出门散散心，自己在家照顾儿子。于是2007年1月，带着五个月身孕的龚琳娜一个人从慕尼黑飞回北京，又从北京坐火车到西安，沿着西安、志丹、清涧、崔家湾、绥德、榆林、保德、延安这条线，开始了一段陕北采风之旅。一个月后，她带着沉甸甸的肚子和兴奋与满足回到德国。

可是刚刚到家，她就感觉一股水从腿流了下来——羊水破了。被送到医院后，医生要求她全天卧床静养。龚琳娜这时想到如果自己的母亲在身边，一定会责怪她到处乱跑，可是老锣和公公婆婆没有说她一句。老锣说："只要妈妈安心，孩子就没事。"

"如果我们的孩子生下来是残疾或低智怎么办？"龚琳娜忧心忡忡。

"生命是怎样，我们就怎样去面对。"

"如果他长大是同性恋怎么办？"龚琳娜依旧胡思乱想。

"那我们就支持他。"

也许是老锣的坦然让龚琳娜勇敢，她的生命也焕发了新的能量，住院几天后，她的胎盘竟然愈合。龚琳娜被医生准许出院。

几个月后，龚琳娜在助产师的帮助下，在家中产下二儿子雅酷。这一次陪伴她左右的除了丈夫老锣，还有大儿子海酷。生产时，两岁大的海酷先是陪母亲跳了一段热烈的迪斯科"热身"，之后便一直安静地守在母亲身边，他只是好奇地问："妈妈是要拉便便么？"

吵架以后握握手，是一件特别重要的事情。

龚琳娜常说两个儿子，哥哥性格外向，弟弟感性内敛，两人一阴一阳，互补和谐。但即便如此，她和老锣也很重视兄弟俩的"团结教育"。孩子很小的时候，龚琳娜就会编一些儿歌或"口号"教给他们，像"我们都是好兄弟，快乐幸福在一起"，并把他们的小手握在一起。这个办法看起来表面化，但对孩子却有潜移默化的影响。

有一次龚琳娜独自带两个孩子坐飞机出门，在机上，旁边座位的一个女乘客和乘务员发生争执，龚琳娜本担心孩子会被吓到，但没想到的是，海酷竟然用自己的小手分别拉起女乘客和乘务员的手，让两只手握在一起。龚琳娜猜测，那一刻孩子或许想到，自己和小朋友或弟弟发生矛盾，哭闹过后，爸爸总是要求他们的小手拉在一起。于是在他看来，吵架以后握握手，是一件特别重要的事情。

在结束今年 7 月的纽约演出后，龚琳娜一家搬离北京迁居大理，与苍山洱海为伴。龚琳娜说，德国那几年宁静的山居生活让自己意识到，人是自然之子，大城市里嘈杂的声音、烦琐的事务、拥堵的交通、复杂的人际关系，对人而言都是消耗。只有大自然，以它静默的方式，可以帮助人恢复生命原初的动力。

让龚琳娜一直遗憾的是，几年前由于从德国搬回北京，雅酷没能像哥哥海酷一样在"森林幼儿园"享受与自然为伴的童年。"森林幼儿园"由德国当地一家教堂开办，孩子们每天的活动，就是在森林里爬树、认各种花草、给小鸟喂食，或拾坚果、打雪仗、堆雪人。

龚琳娜的母亲听说外孙上了一家"森林幼儿园"，曾满心忧虑地说："什么都不学，孩子怎么办？"龚琳娜告诉母亲，海酷其实学的很多：他在三四岁的时候，已经认识了森林里的所有植物和动物，懂得根据太阳辨认方向，即使一个人也不会迷路。另外，海酷的行动能力以及对气候的适应能力都很强，龚琳娜觉得这与"森林幼儿园"的训练不无关系。

迁居大理，龚琳娜并不像大多数母亲那样，第一时间为两个儿子联系好学校。临近 9 月开学，她也有些着急，但一转念她又会安慰自己："生命不可能样样都如意，但是必须要往前冲，

冲了再想办法。"

也许就像老锣说的，生活中的龚琳娜快乐得很，她永远会用阳光心态、简单信念面对复杂问题。今年龚琳娜生日时，两个儿子用纸折了一颗"世界上最大的心"送给她。龚琳娜问："你们怎么知道世界上最大的心是什么样？"儿子答："我们就知道，你的心最大。"

2017 年度佳作

从此，我爱的人都像你

　　2016年8月18日，加拿大一对情侣在洛基山脉拍摄订婚照时，一只松鼠意外闯入镜头，成为照片上的最大亮点。（图—东方IC）

据说，在这世间，每个人都有一个和自己长得很像的陌生人。

也许在某处邂逅，恍惚以为是另一个自己。

就像爱情。

在这世间，总有一个人在茫茫人海中等待与你相遇、交错并纠缠。

《红楼梦》里，宝玉总是一再遇到与黛玉相似的女子，比如秦可卿、龄官和晴雯。

为什么作家要给黛玉找这么多的影子？

其实，这所有一切都来自宝玉的眼睛，换句话说，这都是宝玉想寻找的黛玉的影子。

就像金庸的《神雕侠侣》里，杨过一再招惹那些"一见杨过误终身"的女子，是他试图从她们身上寻找小龙女的影子，眼神、白衣、生气的样子……一点相似之处，都会让他迷狂。

这是初恋的力量。"我什么也没忘，但是有些事只适合收藏。不能说，也不能想，却又不能忘。"

初恋是青春的沧桑，是心底的白月光；是平淡婚姻的炸药，是中年危机的解药；是人生白纸上最初的落笔，是从前无法启齿、今后深埋心底的隐秘；是中年人眷恋的永远回不去的青春，也是现实里皱纹横生的往日恋人。

初恋只有一次，爱情却要化为多种可能：是一起做的早餐，是一起旅行拍的照片，是激情，是争吵，是一地鸡毛，是一起大笑，是白头到老。

只是隔着再辛苦、再长久的岁月，回头看，他（她）总横亘在那里，成为青春、回忆和铭记。

青梅竹马，年华老去，从此我爱的人都像你。

初恋是选择性遗忘的幻觉

文 / 韦坤劼

初恋的失意让蒙克对情爱有种尖刻的理解——女人既是有诱惑力的又是致命的。在初恋那里，蒙克学习到的唯一恋爱智慧，就是无法信任对方，这让他一辈子都在女人怀抱中挣扎。

挪威画家爱德华·蒙克的初恋献给了一个叫黑伯格的已婚女人。

在彼得·沃特金斯的纪录片《爱德华·蒙克》里，蒙克与这位初恋女子纠缠了五六年之久，直到他最后去往巴黎才结束。黑伯格本身是一名海军军官的夫人，但她除了与蒙克是情人关系，还与其他男人有暧昧。

她像一朵罂粟花，身上富有魅力的一面和黑暗的一面，让蒙克很痛苦，他既被她深深吸引，又强烈怀疑她的背叛，他时常偷偷跟踪对方，看她到底去了哪一个男人那里。这种叫人喘不过气的情爱和对女性的不信任，成了他一生创作的灵感 G 点。

蒙克的画显露了他的内心一直焦虑，时常有什么东西像小兽，需要挣脱束缚、奔涌而出。然而他又深深恐惧自己的失控，就借着色彩呐喊，疯一疯，对着生命、爱欲、死亡发出尖叫。

在蒙克的视觉语言里，成熟女人常常是无情和残忍的化身，初恋绝不美好，是需要花费一生去抵抗的噩梦。女性形象鬼魅一般地出现在画面中，圣洁的《玛多娜》是袒胸露背的放荡模样，《吸血鬼》里的女人则在无情地吮吸怀中男人的鲜血，如同魔鬼。

初恋的失意、从小经历的死亡阴影以及与生俱来的精神疾患，让蒙克对爱情与情欲有种尖刻的理解，女人既是有诱惑力的又是致命的，在初恋那里，蒙

从此，我爱的人都像你

克学习到作为男人的唯一恋爱智慧，就是无法信任对方，这让他一辈子都在女人的怀抱中挣扎。

蒙克其实只是个例。初恋作用于人的方式和力度，各有不同，然而某个程度上，恋爱是一种模式，很多人从初恋开始建立了某种框架，然后一生都在同一种模式中反复。

没有人说得清初恋该是什么模样——是过滤之后抒情的力量吗？是对世界怀揣善意吗？是十二楼的电光石火还是沉默寡言的树？是不

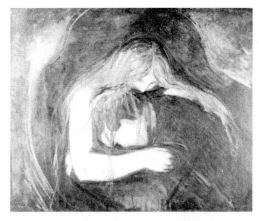

爱德华·蒙克作品《吸血鬼》。画中忍受爱情痛苦的男人就是蒙克自己。

是她脸上动人的情欲？是天边粉红色燃烧起来，还是他贫瘠的身体需要速度？是世界又细软又小，而你特别沉重？

初恋是非常隐秘的存在，是许许多多的不受限制、无法掌控，是各种无法启齿的全新的痛苦，是无从比较的经验。它常常并非我们事后回忆的那样动人，更多时候它是对一个对象没有限制的想象，是一个人完成的独幕剧，同时展示出主角明亮的和黑暗的那面。但是等我们略为成熟，情场上奔驰了几圈，开始忆往昔时，免不了选择性地遗忘初恋时光经历的幼稚，因为不懂得分辨与控制而导致的恶行，因为未曾反省而表现的自私、懦弱，全都是恋爱之初时常暴露的丑陋处。

不晓得为什么人如此迷信初恋，而且迷恋的是一种无力掌控的状态。其实初恋所谓的"纯净"，往往意味着无用、没力量、虚弱。初恋用失败来证明许多不合格的东西是无法继续的。大概在人的心底某部分一直渴望着失控，唯有初恋让失控是一种合情合理的存在，然后经此一役，你就再也不能如此随心所欲了。它领你进入幻觉，然后又借你的手亲自戳破这幻觉。

如今，所有的大众杂志和强势专栏，都在教人们面对情感怎样有礼有节，我们已经进入一个理智的几何结构一般的世界，这个强调效率、按照0和1的编程运行的时代，对结果有清晰明确的要求，要能从情绪的深渊里爬出来，学会克制、反省，才能继续前行——这些当然没错，不过，那些不想爬出来的人，那些在幻觉里苦苦支撑的人，甚至胆敢把幻觉贯穿一生的家伙，多少有种粗陋的勇猛，有些古典主义般的愚气。

茨威格完全知道人是如何给自己制造幻觉的——恋爱在某个程度上的确是一种幻觉，像是对着海的图片去感受海，只是初恋这场幻觉常常因为进退失衡而一下把自己烧尽。

茨威格在一些中短篇里相当准确地把握了少女在人格苏醒、爱情萌发时刻种种梦魇般的自我沉溺。少女未经人世，因为前面一片空白，所以对爱情的形状、细节都是想象，但是激情却不容少女们控制，因激情而带来的毁灭感同样被茨威格写出来。这些陷入不同恋爱情景里的少女首次被情欲燃烧着，在激情的漩涡里沉下去，夏日即将尾声，芳华终归逝去，然而爱情刹那间如闪电撕破暗夜，撕破庸常，并永永远远停留于此。

《一个陌生女人的来信》描绘的单方面狂热与沉迷，是初恋的极端版本，主角持续一生的纠缠与痛苦，都是一个人的卖力演出——小说里陌生女人在少女时期对青年作家 R 先生一见钟情，花了一辈子的时间去佐证这份狂热的爱，但是 R 先生对此风过无声，直到她生命尽头才知晓这段沉重不堪的往事。在这个女人身上，最大限度地体现了恋爱的虚幻与自我满足。到了这个程度，幻想的对象具体是谁已不是最重要的，对象在恰当的时刻唤起人恋爱的冲动，春天随着打开的窗户顺势而入，她于是整个人投进去，独自完成这令人内心一直在痛苦尖叫的恋爱，直到自己燃烧殆尽。

"我一生就这样站在你紧闭着的生活面前等着。"这个陌生的无名的女人，十三岁时从昏暗发霉的旧日子里遇到了那个闪闪发亮的青年，为这场火焰般的相遇，她在来信里不为人知地过完了她热烈奔放然而狭窄的一生。

沙溢 & 胡可：爱是不善言辞却照亮彼此

文 / 罗屿

真人秀让观众放下了"老白"沙溢和御姐胡可，重新认识安吉爸妈。为人父母的爱情还浪漫吗？对于这对明星夫妻，浪漫不是演戏，而是打打闹闹接地气，

从此，我爱的人都像你

是她让漂泊的他感到有了家,是他的阳光照亮她心底,是他"不会说漂亮话,看行动吧",是她"我不善于表达,但真的挺爱你"。

从《爸爸去哪儿4》探班回来,胡可发了一条千字微博。她说去见丈夫沙溢和儿子安吉那天,自己背包很重,因为里面放了弟弟小鱼儿送给安吉的大栏果。她说不想让安吉知道她坐了一夜车,因为安吉心思重,不想让他想太多,"每个人做事情都是自己的选择,不必让它变成别人对你的亏欠"。

那晚,她与丈夫、儿子短暂相聚,她做了家传"绝活"豆角焖面,"有点小糊,但安吉捧场"。但在分别时,安吉,这个观众眼中5岁的"24K的东北纯爷们"还是忍不住哭了,牵着沙溢的手往回走,头也不回地连说了6次"妈妈拜拜"。看着安吉渐行渐远的背影,胡可很想冲过去把他揽入怀里狠狠抱着,但还是忍住了,因为她知道,在儿子以后的人生中会面对无数次这样的别离,"我们都该学会面对"。

几分钟后,沙溢转发了妻子的微博,并配文"弟弟录一期相当于爸爸录十期,妈妈录一期相当于爸爸录十二期!《爸爸去哪儿》真要成爸爸爱去哪儿去哪儿"。这是外人眼里典型的"沙式幽默"——无论是上综艺节目,还是发微博,沙溢常以好玩、有趣的一面示人,让人宛如又看到那个动辄"葵花点穴手"、常念"老虎不发威,你当我 HelloKitty"的白展堂。

但显然,沙溢不只有这一面。就在这一条微博发出不久,他又发一条:看了妈妈写的短文爸爸也哭了。

不同于"爸爸4"中那个常常被儿子嫌弃的搞笑老爹,生活中的沙溢虽然也会和安吉、小鱼儿玩玩闹闹"打"成一团,但他在家里更多是扮演黑脸严父的角色。正因如此,胡可最初对丈夫单独带儿子出行录节目不是没有担忧。"他是那种相对传统的爸爸,非常严厉。"胡可记得,安吉很小的时候,有一次打碎花瓶却要自己捡碎片,一直哭闹。"他爸爸把他带到另一个房间,告诉他'不要用哭作为威胁的手段和武器。要哭,就哭完再出来'。"

这很像荧屏之外面对媒体的沙溢:不笑的时候看着"冷面",说起话来幽默便灵光一现。

在胡可看来,水瓶座的沙溢"就是一个特别矛盾的人"。默契的是,这种"矛盾感",其实在多年前沙溢初识胡可时,也曾在她的身上体会过。

"我以前是个特别悲观的人，他的阳光照到了我的心里。"

如今的沙溢形容妻子，"内向，外人面前甚至有些拘束"，但 2009 年他们在胡可主持的《胡可星感觉》相遇时，沙溢一度觉得，这个和他一起表演"葵花点穴手"的女主持特别开朗。节目录制那天，胡可穿了一袭红裙，出场前她对着镜子整理妆容，喃喃自语："怎么穿得像个新娘？"

胡可为更好地与沙溢沟通，提前恶补了几集《武林外传》，剧中的"老白"虽然有趣，可胡可觉得更有趣的是现场 VCR 里沙溢提供的一张个人照——明明年过三十的他，却选了一张十七岁时的"花美男"照片，见到本人后，用沙溢的话讲，胡可有种"以为他叔来了"的幻灭感。好在沙溢当时"输了颜值"却赢在内涵，胡可记得，节目录制那天，现场很愉快，"这个人好玩，阳光，又聊得来"。但那次录制对当时的他俩而言，不过是一次萍水相逢，两人甚至没有互留联系方式。

只是命运不想让他们擦肩而过。《胡可星感觉》录制不久，沙溢、胡可同进《闯荡》剧组，饰演一对爱得纠结的情侣。剧组的集体生活，让他们有了更多交集。他们的爱情，或许正是在那时简单地生长。沙溢没有主动追求胡可，只是收工后偶尔约上她和其他人一起吃饭唱歌。

两人关系的质变发生在杀青回到北京后，有一天，胡可打电话给沙溢，问他在忙什么。沙溢答："拍戏几个月没回家，冰箱都臭了，收拾呢。"胡可问："要不要我去帮忙？"没想到，电话那头"狠狠"拒绝："谢谢，不用。"胡可以为沙溢客气，于是大大咧咧地说："没事儿，反正咱们离得近。"沙溢答："真的不用。"多年后沙溢向胡可解释，当时"拒绝"的原因是担心她嫌弃他个人卫生不行。

但那时，胡可挂断电话后只有一个想法：通讯录删除此人，永不联系。

然而第二天，沙溢却主动联系她，两人约在胡可家附近一家面馆见面。一阵寒暄后，沙溢边吃面条边不经意地说："要不，你做我女朋友吧？"两个人的关系，就这样在一个毫不浪漫的地点，以一种毫不浪漫的方式确定下来。

好在胡可不介意。她甚至不记得沙溢有过正式的求婚。"经常是吃着吃着饭，他就说：'明天咱俩结婚吧。'要不就是打电话，说着说着，他就问：'要不咱俩结婚吧。'"胡可每次都觉得沙溢在开玩笑，但后来发现，他是认真的。

意识到这一点的胡可，忽然忧郁起来，甚至开始恐婚。胡可大沙溢三岁，加之两人都是演员，她对未来没有信心。"如果我们结合，变数太大了。"

相比胡可的犹豫不决，沙溢对结婚这件事却态度坚决，两人因此还一度上演分手戏码。有一晚沙溢约胡可长谈，他觉得自己总是热脸贴冷屁股，爱得太累了。"你决定吧，要么我走，要么我们结婚。"多年后，面对记者的沙溢说自己当年说的都是掏心窝的实在话。胡可却说："他那是背水一战的'狠招'，属激将法。"事实证明，沙溢成功了。

2010 年 7 月，胡可正在剧组拍戏。有一天，中间四场戏没有她，沙溢"连哄带骗"把她约到了民政局。酷暑当头，胡可却手脚冰凉，头有点懵。两人先是在民政局旁的饭馆吃了一顿"简餐"，吃饭时胡可觉得一直耳鸣，听到的声音都虚虚实实。胡可记得当时每一个细节："领证时，拍照的大姐一直提醒我'左嘴角高点，右肩膀低点'，而我一直在笑，人紧张到一定程度大概就会笑。"笑得停不下来的胡可忍不住掐自己，沙溢在旁边提醒："太不严肃。多神圣一事。"

从民政局出来，沙溢感慨着晴空万里，如同他的心情，也预示着他们的未来。胡可应着"对对，是是"，其实心里忐忑得很。"我以前是个特别悲观的人，不爱表达、患得患失，又容易伤感。"胡可说是沙溢给了她力量，"他的阳光照到了我的心里。"

不懂浪漫的沙溢常让浪漫变尴尬，但他用平淡真实的方式爱她。

阳光的沙溢首先给了胡可一个难忘的"梦幻"婚礼。

2011 年 2 月 20 日，沙溢、胡可大婚。那天，音乐响起，一身白色婚纱的沙溢在舞台中央翩翩起舞——这一幕，源自胡可的某次突发奇想。有一天，他们看到网上一段婚纱秀视频，胡可突然问："男的穿婚纱什么样？"两人默默对视几秒后，沙溢表示"坚决不穿"，胡可则是"不穿不行"。最终，沙溢妥协。这个"东北老爷们"说服自己的理由是，"一辈子就结一次婚，怎么都得让她高兴"。

但"东北老爷们"怎么好意思和卖家说："我要穿婚纱。"沙溢急中生智，告诉人家，老婆和自己身高体型一个样，店家扔给他一件最大码。

筹备婚礼时，沙溢每天清晨起床，一遍遍编排、核对婚宴座位表，落实各种细节，因为过于认真，胡可一度觉得他是不是"魔怔"了。那场婚礼，几乎都是沙溢一个人张罗。"她也帮不上什么忙，因为她是个特别怕麻烦的人，甚至一开始都不想办婚礼。"沙溢说，这也是胡可事后感激他的原因，"她说那是她人生中最幸福的一天。"

在沙溢、胡可举行婚礼前，2010 年年末，两人相爱的消息已浮出水面。胡可生日前，有粉丝找出他们两人第一次见面的影像——身穿红裙的胡可和一身深色西装的沙溢在镜头前侃侃而谈。粉丝批注：这就是缘分。胡可在微博转发了这张图片，一向含蓄的她忍不住写："缘分……"几分钟后，沙溢跟着转发，并配文："可儿，本来我想明天送上我的祝福，但内心的涌动无法抑制。必须表达：生日快乐，我爱你！"这一句表白，让"沙胡恋"以这样掷地有声的方式跃入公众视野。据说事后胡可曾"埋怨"沙溢高调示爱，可沙溢说："在她生日的时候，那么多粉丝朋友都祝贺她，我这个天底下最该给她祝福的人有什么理由缩头缩脑？再加上那天喝了两杯，晕乎乎的幸福感让那句'我爱你'一下子像水银泻地般流淌出来。"

在那之后，人们经常看到"爱就爱，好就好，绝不掖着藏着"的沙溢在微博上对胡可表白，比如有次两人一起参加元旦晚会，沙溢在微博发胡可坐在桌前等待化妆的素颜照，并配文："看看我对面这位与我同台演出的女演员……美！人美，歌美，心情更美。"

胡可说，与沙溢不同，自己一直是个不会表达爱意的女人。"说我爱你、我想你，感觉像演戏时的台词。但沙溢常说他有多爱我，之后就会问我爱不爱他。"她觉得，在"爸爸 4"里沙溢和安吉的对话中，宛如看到了他们夫妻两人的影子。"他爸总说'爸爸特别爱你'，安吉点点头。他爸又问：'那你爱爸爸吗？'安吉只答一个字：'爱。'特别像我和沙溢的对话。"但沙溢强调，自己不是嘴甜："我是一个直脾气，嘴也直，心里怎么想就怎么说，不说谎。"沙溢有时也会向胡可"撒娇"求表扬，但胡可表扬起他，用词基本是"凑合""还行"，沙溢偶尔抗议，"最起码，说个'不错'"。但他觉得自己有一种能力，"自信被打碎，我却能一片片粘好"。

看似嘴甜的沙溢，对于如何哄妻子开心，其实是个门外汉。当年两人恋爱不久，就遇到胡可生日，他却没一丁点动静。胡可问："我快过生日了，你记得吗？"他答："我知道啊，那你想要什么啊？""送礼物是你的心意，自己去想！"想不出的沙溢，几天后带着胡可一起去了商场。

沙溢有时也想学着浪漫一点，他向朋友讨教，甚至模仿影视剧桥段。一年情人节，他跷着二郎腿坐在沙发上看书，突然气定神闲地对胡可说："帮我去白色柜子拿个棉棒。"当胡可把棉签递给他时有点不乐意："就不能自己去拿？"沙溢悲从心来，问道："你难道没有在棉签旁边看到我藏的礼物？""你看，生生把浪漫整成了尴尬。"沙溢说，从此之后，他决定还是认真做自己。

久而久之，胡可也习惯了这样的丈夫。"他不是那种会给你安排烛光晚餐、会送花、给你很多惊喜的男人，但他特别实在。比如我在外地拍戏，他会发个短信问，'中午吃饭了么？吃饱了么？天冷有没有添衣服？'"胡可记得，有一次她从剧组回北京，沙溢到机场接她，飞机晚点，中途还迫降济南。"我一直劝他别等了，我落地，打个车回家。但他说'不回去了，没准一会儿你就飞了'。"胡可到北京时已经凌晨5点，而沙溢在机场等了一夜。

对于沙溢骨子里的讷于表达，与他相处了16年的经纪人高唯峻深有体会。"有时候我和他开玩笑：'你看我平时这么辛苦，你也夸我两句？'他会红着脸憋半天，告诉你'说不出口'。"但高唯峻记得，沙溢不止一次，在类似酒桌这种场合，端起酒杯似不经意地说："兄弟，哥知道你辛苦，你特别不容易。""他说这话时，总会故意别过脸，不看你。"

在高唯峻看来，沙溢是以一种"平淡却真实"的方式爱着胡可，他们走过的每一步，也都如水到渠成般自然而然。

当然，这种爱里，势必有包容。

就像胡可怀孕时，有一天，特别想吃冰淇淋，沙溢觉得去冷饮店的那条路太堵，于是假借医生口吻说："吃太多凉的对孕妇不好。"坐在副驾位置上的胡可听罢，扭头对着窗户喊："为什么不给我吃冰淇淋？"说罢委屈地哭了。不知道错在哪的沙溢只能一个劲道歉。两人在路上兜了一个小时，吃到冰淇淋的那一刻，胡可破涕为笑。

"彼此都觉得，有对方陪伴，那种感觉特别好。"

虽然胡可偶尔会有小任性，但在沙溢眼里，她一直都是成熟且懂他的女人。

沙溢永远记得，胡可生安吉时，他从电影《王的盛宴》剧组请假回来陪产，而胡可生完孩子第二天，他就要赶回剧组。他在病房待到深夜12点，磨磨蹭蹭不愿走，有不舍也有内疚。胡可强撑着下床，给了他一个拥抱，说："不用惦记我和孩子。你看，我都能下地了。"胡可嘱咐他："好好拍戏。既然回去，就要拍好。"

从医院出来的沙溢，在夜色中独自走了一个多小时，"几乎是泪奔"。回到剧组后，刚好是拍他所扮演的萧何的一场重头戏，他演得激情澎湃，"别人开玩笑说，儿子让你演技提高不少"。但沙溢知道，正是那个晚上，让他对家庭、婚姻，有了新的认识。

多年后，胡可回忆当年那次"分别"，大大咧咧地说："他在家也挺烦的，啰里啰唆。"但玩笑归玩笑，她说沙溢那天走后，她其实心情很不好。所有经历过怀孕生子的女人，大概都能体会这种"非常不好"的心情，因为那几乎是一个女人最艰难的时刻——不仅有生理上的疼痛，面对新生命，一切都手足无措。"很多人会来帮你，只有丈夫才能给你心灵上的支持。"但胡可那时之所以不想表现出对沙溢的依恋，是因为她知道"他心里更难过"，她也知道萧何是沙溢非常珍视的角色。"他为这个角色付出了太多努力，我不想他有牵挂。"

说这话的胡可，与那个不希望儿子知道自己坐了一夜车赶去探班的妈妈如出一辙，无论对丈夫还是对孩子，她都是同一个态度——"每个人做事情都是自己的选择，不必让它变成别人对你的亏欠。"

而沙溢几乎有着和胡可同样的想法。几年前在接受采访时他曾说，自己父母言传身教，让他知道每个人都要懂得润物细无声般地去关怀家人，"不给对方任何压力，这样的家庭才最像家"。

在谈到对方身上最珍贵的特质时，分开接受采访的胡可与沙溢，却用了同样的词：顾家。多年前，沙溢就说过，"家庭是一个男人的根基，是奋斗的理由"。如果有一天不工作，他会选择宅在家，"在阳光里喝茶、看书，下午和家人出去遛个弯，在超市买点排骨或者来只鸡，再去菜市场买点新鲜蔬菜水果，晚上和家人置办出一桌子红红绿绿的好菜"。他说遇到胡可之前，总有一种漂泊的感觉，似乎自己只是暂住在北京。有她之后，他才真正感觉到有了家，有了牵挂。胡可则说，正是沙溢的这种顾家，让她心里觉得踏实。"我们也许不是一同坐在沙发上聊天。可能他在书房看书，我在洗衣服，但是彼此都觉得，有对方陪伴，那种感觉特别好。"

身为演员，相对其他夫妻往往聚少离多。2016 年年底，胡可接拍《如懿传》，拍摄周期几近 8 个月，这意味着她会长时间不在丈夫、儿子身边。在此期间，沙溢选择多接综艺节目少接戏，"拍摄时间短，这样能保证一个人尽量陪在孩子身边"。沙溢也会和胡可探讨，孩子是否更需要母亲的陪伴。"但她拍《如懿传》，我绝对支持，因为这是她喜欢的事。"在沙溢看来，胡可是一个特别喜欢工作的人，"她觉得工作会给她带来存在感和自信。但她生完安吉、小鱼儿，在工作量上减了很多，这对她而言就是一种付出。"

从此，我爱的人都像你

身在横店的胡可，其实时刻都没有放松作为妻子、母亲那根紧绷的神经：听说北京雾霾严重，她打电话回去叮嘱儿子尽量不要出门，出门一定要戴口罩；两个孩子上的辅导课，都是她远程与老师沟通……

2016年圣诞节时，沙溢知道妻子念子心切，带着安吉、小鱼儿到横店探班。一家四口趁机拍了一张全家福。照片里，四个人一起做着鬼脸，胡可觉得，也许生活就像做鬼脸吧，"只要你愿意就一定可以找到快乐"。短暂相聚后，临别那天大家都有点伤感，但沙溢还是不忘提醒胡可："把袜子留在这儿，你帮我洗了吧。"同时"吐槽"妻子："热爱洗衣，但做饭、收拾房间都不行。"

然而，相对沙溢略显温柔的"批评"，我们已经见识了胡可在多个场合"数落"丈夫：啰嗦、情绪化、唠叨、不做家务、不爱运动、神经质……

但就是这样打打闹闹的两个人，让我们看到爱情的珍贵与彼此珍惜。

就像有一次夫妻俩参与一档综艺节目，结尾时主持人要求二人为彼此写一封短信。沙溢写："亲爱的胡老师，感谢你这些年对我的支持，对这个家庭默默的付出。你知道我不会说好听的漂亮的话，看行动吧。"胡可则写："我有时候做得挺不好的，又任性又不听话。虽然我不是一个善于表达的人，但是我心里真的挺爱你的。"

陈晓夏 & 王晨岑：生死考验让两颗心靠得更近

文 / 苏马

她因为乳腺癌切除了乳房，他却说：乳房没了，我们抱在一起，心脏靠得更近。癌症没有击垮这对夫妻，对彼此的深爱，成为陈晓夏和王晨岑对抗厄运的温暖动力。

"因为我是上帝派来拯救你的啊"——结婚4年多，和每个甜蜜又傻气的女人一样，王晨岑喜欢反复问丈夫"你为什么娶我"，而陈晓夏总是这样开着玩笑回答她。

但是 2015 年 2 月 16 日那天，陈晓夏忽然不确定了。

那是情人节后的第二天，他去医院取妻子的病理结果，报告显示癌细胞扩散，王晨岑的乳腺癌进入了中晚期。"我真的能抱起她踯躅向前吗？"回家的路上，陈晓夏扪心自问，眼泪就下来了，一个大男人，坐在地铁上恸哭。

他记得那天回到家，妻子察觉他眼睛红红的，他只好说沙子迷了眼。上午的阳光打在他们自拍的婚纱照上，和他当时的心情形成了巨大落差。

这两年来，陪伴妻子手术、化疗、休养，并用图文记下过程中的细节，成为陈晓夏的日常。

作为媒体人的他，并非专业摄影师。他的职务是中央新闻纪录电影制片厂的副总编辑，名字常出现在纪录片中，与南极冰盖、非洲草原等探险画面同时出现。

对于记录妻子的抗癌生活，陈晓夏的初衷其实很软弱："当时的心情是，这些场景，很可能成为以后的回忆。"王晨岑刚确诊那会，青年歌手姚贝娜因为同样的病情离世，这让陈晓夏害怕随时会失去妻子。

2016 年 5 月 21 日，他开始在个人微信公号陆续发出《这次我把镜头对准了癌症妻子》的几篇文章。夫妻俩希望，通过分享治疗过程，帮助人们了解生死。"看待生死的态度可能比治疗还重要。"王晨岑说。

不幸中的幸运是，癌症没有击垮这对夫妻，反而促进了感情的磨合。对彼此的深爱，成为他们对抗厄运的温暖动力。

望着女儿、女婿的背影，王晨岑母亲说："她就是为爱而生的。"

"晓夏说话就是让人又好笑又好气。"王晨岑说。2016 年的倒数第二天，在家中拍摄这期报道的图片时，她把头枕在丈夫腿上，说他们生活中的段子："有次我问他最喜欢我哪儿，他说左胸，但是我的左胸已经切了。我又问他：觉得我美吗？他说：你的脸太大了。下一句又说：亲一天都亲不完。"

为了拍照，她特地换上了一条墨绿色长裙，恰好丈夫的灯芯绒长裤也是这个颜色，她请摄影师给他们再拍张全身照，就以卧室的原木大衣柜为背景。"这个好看吧？这排柜子是我设计的。"王晨岑双手搭在陈晓夏肩头，并靠在他左后方说。阳光从南面的窗户穿进来，打在他们身侧。此时站在卧室门外围观的王晨岑母亲，望着他们的背影轻轻说了句："她就是为爱而生的。"

自从 2015 年 2 月开始做第一个手术之后，王晨岑暂停了在央视网的工作，大部分时间在家静养。门上那张原本写着"出入换鞋"的白纸，陈晓夏加上了"爱与岑同在"五个字，并圈上了一个桃红色的心。

治病、养病两年，长发曾经掉光又长到如今的齐耳长，衬得脸更圆了一点，王晨岑与生病前的样子变化不大。如果不知情，你甚至看不出她是一个病人，更别说是癌症患者。"我们现在一起去医院，有些人还以为生病的是我呢。"陈晓夏开玩笑说。

1977 年出生的陈晓夏比妻子大 7 岁，最近几年有了白发。王晨岑爱笑，气色反而更好，让人忍不住问她是不是快康复了。然而情况恰恰相反，上次手术失去左乳的她即将又失去右乳，且治疗前景仍不明朗。2016 年 10 月，王晨岑右乳穿刺检出浸润性癌，医生判断转移可能性大于原发。

"如果术前两个周期化疗无效果或者效果非常好，会马上施行第二次手术。"陈晓夏说，"她属于中间态，所以术前要进行四到六个周期的化疗。"成为癌症家属两年，陈晓夏已经能熟练讲出与妻子病情有关的医学术语。他一贯冷静，最初接到妻子电话时，立马请亲友帮忙联系医院，一天内确定住院时间和主刀大夫。事后他回忆，那一刻没有天旋地转，虽然被重重一击，但"无暇悲伤"。直到被告知妻子右乳也患癌时，他的心理防线崩溃了，靠在医院走道抽泣，妻子用手机偷偷拍下他推眼镜擦眼泪的样子。

看到王晨岑翻出那张照片，陈晓夏也拿出手机，手机里是王晨岑在哭的视频。"是他先哭我才哭的。"王晨岑有些不好意思。

其实，右乳确诊时已经治病一年多，悲伤、绝望、愤怒、恐惧，所有重病患者会经历的情绪她都经历过了。"根本已经不会为自己的病掉眼泪，但他真的很难，你看到自己的男人又一次要因为你面对很多压力，就真的忍不住了。"

她的病不太可能要孩子。"那你以后把女儿起成我的名字好了，我以后转世做你女儿好吗？"

陈晓夏最喜欢的电影人物，是《勇敢的心》中的 William Wallace，那种直到最后一刻还在高喊自由的浪漫与勇气，让陈晓夏为之向往。

27 岁时，他曾签下生死状，作为中国第 21 次南极科学考察队内陆冰盖队队员和央视随队记者，代表人类首次到达南极冰盖最高点。漫漫冰川，氧气稀薄，没有人迹，对人的身心是极大考验，他却感到无比享受，"走在冰面上可以清晰地听到靴子碾压冰雪的沙沙声，这种单调而柔顺的声音很容易把你带入思考的境地"。陈晓夏曾经在南极被冲上船舷的巨浪打倒，再后来也曾被困可可西里无人区，还经历婺源骑车失控险些跌入河谷，以及京郊开车下坡漂移撞上山崖。

这样一个爱冒险且无数次死里逃生的男人，在王晨岑眼中却是个爱哭的人。患病后，除了逗趣的情话，两人聊生死话题比较多，聊着聊着会聊到孩子。王晨岑病情严重，现阶段不可能要孩子，甚至有可能根本等不到康复再要孩子的那天。"到时候你可能要再和别人结婚，也会有小孩。"有次说到这个话题，王晨岑问丈夫："那你以后把女儿起成我的名字好了，我以后转世做你女儿好吗？"陈晓夏答了声好，不再说话，眼泪就流出来了。

"我们不一定那么执着自己要一个小孩，孩子只是一个心理需求，我们还有很多方式来解决这些心理需求，顺其自然两个人过下去，可能更好一些。"坐在妻子身边的陈晓夏说。他一边泡茶，一边提醒："再过几分钟该吃中药了。"

王晨岑眼中的丈夫是典型的完美主义者，工作和生活中对自己要求都很高，但有些嘴硬、好胜，几乎不会主动说"我错了"，哪怕是两人一起做家务，也要证明谁做得更多更好。以前谈恋爱时，总是她"心领神会"地迎上去。

有一次两人闹矛盾，处于分手冷战期。陈晓夏要去非洲拍摄，但是急缺设备，于是在微博上求助："搞到了一个 300 的佳能 F4 长焦，但是机身不是很理想……有佳能单反机身的童鞋，请自告奋勇借俺 10 多天用用。"

"结果她就跟我联系了，那时候其实我们俩是分开的。"回忆往事，陈晓夏有些得意。

"你知道我有机身的。"王晨岑想表达她所理解的真相。

"那我身边有佳能机身的很多。"陈晓夏不承认。

"你就是跟我说的。"王晨岑坚持。

陈晓夏看了一眼妻子："你就是故意的，我一发微博，你马上跟我联系，说你有，让我拿走。"他又强调了一次："其实我们俩那时候已经分开了。"

不过他坦承，到非洲之后给王晨岑打了电话。"在非洲就想和国内联系联系，给几个朋友打了电话，也包括她。她当时就觉得我对她是不是有什么特别的意思，其实没有，其实我跟很多人都打了电话。"回国后，陈晓夏来找王晨岑还机身，两人见面聊了聊，王晨岑说还是很想和好，便又重新在一起。

听过这段故事的人都会笑陈晓夏：是不是口是心非？他总是否定，而王晨岑既不服气又甜蜜地反驳："你看，吃瓜群众都知道真相。"

认识你像打开一扇门，才知道生活可以这样多姿多彩。

都是大眼睛，都爱植物、电影、音乐，都爱在微信公号分享文字，陈晓夏和王晨岑给人的感觉很相似。

问到两人的相识，"就是相亲"，王晨岑笑说，希望大家不要对这个老土的真相失望。2011 年时，一位共同的朋友分别对他们提起彼此。"我是福建人，介绍人也是福建人，暖也是福建人，而且我们都在央视这个体系内，所以别人一介绍，我就说行啊。"陈晓夏回忆。那年正是电影《那些年，我们一起追的女孩》上映，当时的王晨岑二十来岁，披肩长发，鼻子和下巴有些婴儿肥，有双大眼睛和卧蚕，笑起来没有陈妍希的酒窝，却同样让人感觉阳光。

"暖长得很像陈妍希，她性格上也比较像电影里面的沈佳宜，很干净、单纯。"陈晓夏回忆。

"暖"是他对她的爱称，截取自她的微博名"吾小暖"，也是王晨岑第一次出现在陈晓夏世界时的名字。2011 年 2 月 23 日下午三点多——王晨岑记得很清楚，她在微博上私信陈晓夏："哈罗！晓夏老师！"两个小时后，陈晓夏回复"hi，ru？"王晨岑按捺住激动，两天后回答——"您的崇拜者，哈哈"，还附带一个粉色的兔子表情。

可这回，陈晓夏连简单的字母都不回复了。偶像没反应，王晨岑不放弃，继续在私信中说："我特想认识您……看了您的节目和书，很为您的无畏和热情折服。看您的文字能让我平静和超然，又有很多轻飘飘的小快乐，或许是一种共鸣……"

王晨岑对陈晓夏一见钟情："外型高大，喜欢旅行，喜欢摄影，就是他这个范儿的，就是他这种块头的。当时看了他的资料，觉得这个小伙子有梦想，然后又有点英雄情结的感觉。"

王晨岑常说自己是典型的金牛座，务实，不像丈夫那么浪漫。两人刚认识时，她考虑的都是很现实的一些问题，比如结不结婚、买不买房、工作在哪、生不生小孩。陈晓夏早从 20 岁便在沙漠探险，他习惯的是更文艺更丰富的生活。

但爱情让两个原本不同的人开始靠近，王晨岑也越来越向陈晓夏的审美与习惯倾斜。他们一起看话剧、听讲座，享受音乐会、展览和短途旅行。

结婚前，王晨岑告诉陈晓夏，说他像一个催化剂："认识你之后，就像打开一扇门，才知道北京的生活可以变成这样，觉得生活特别多姿多彩。"

他给她下任务：除了配合治疗和让她自己高兴，什么都别管。

陈晓夏与王晨岑的家位于北京四环。小区不新，他们家阳台又紧邻街道，水果店、发廊、五金店、早餐摊、夜宵铺，从早到晚喧闹不停，说话声、争吵声、汽车往来声，24 小时轮番上奏。

两人在这一地鸡毛中保持悠闲淡定。家门口挂着王晨岑亲手做的圣诞手环，他们说要向左邻右舍传递善意。这是跟一位未曾谋面的邻居学的。刚开始生病时，他们看到楼下有户邻居门口新贴了副对联，折痕还在，墨迹未干，上书"无事此静坐，有闲方读书"，这让王晨岑当时很受触动，她说，每次上下楼经过这十个字，总感觉心像被重重清洗了一下。

阳台和客厅养着十来盆多肉植物，还有一株从小兴安岭捡回来的心形苔藓。"它的样子非常特别，我们发现的时候就这样，绿茸茸的，特别像一颗心，不过北京太干了，养不好，都黄了。"

"她特别喜欢树和森林。森林里面的负氧离子对她身体好，树里面散发出来的油脂香味特别好，所以可以安排她去走走。"陈晓夏说。早在第一次手术化疗完毕，他就带着妻子及家人一起自驾去内蒙古，从草原走到二连浩特，沿着中蒙边境走了一圈。照片里，王晨岑站在篝火旁，抿着嘴笑得很好看，尽管她原本的乌黑长发已经因为治疗掉光，不得不拿帽子遮挡。

从生病第一天起，陈晓夏便给妻子下达任务：除了配合治疗以及让她自己高兴，别的什么都别管。所有与治疗有关的琐事，全由陈晓夏包办。他还组织朋友成立了一个"福娃后援会"的微信群，分工配合，给妻子鼓劲。

"今天你陪，明天他陪，什么时候谁去干什么，很严谨一个程序，大家平常也会在里面交流，有时候是加油打气，有时候是分享一些信息，告诉我们哪个东西好，让我们试试。"陈晓夏做了本看护手册，方便大家操作。

手术结束后很久，王晨岑才知道这个群的存在。她认为这正是丈夫特别有魅力的一点。"他做事情很有条理，很擅长程序上的一些东西。"

陈晓夏想尽办法让病中的妻子轻松、快乐起来，她想学书法、学琴，想去看演出、上课，他就把各种资源调给她。2016 年 4 月 11 日，陈晓夏陪妻子去清华大学五道口金融学院上课，拍下照片并用文字记下："她杯子里的柠檬水是治疗期间经常饮用的，对恢复健康有助益。我们坐在一起当同学的时光弥足珍贵。来，暖同学合个影呗。"

后来第二次确诊，两人站在医院里越哭越大声，好心的路人过来问："你们到底谁得了乳腺癌？"王晨岑的母亲说，不是路人眼力差，而是女婿把女儿照顾得很好，以至于她完全忘记病人该是怎样。

"让亲密的人接受生死考验，是我们磨合的机会。"

王晨岑有些愧疚，生病前后都是丈夫照顾她比较多，以前她是工作狂，有段时间每天除了工作，几乎顾不上家里和丈夫。

生病之后，两人也像所有普通家庭那样有过争吵。但一贯好胜的陈晓夏开始学会了让步："有时是长时间治疗带来的情绪，有些是来自药物的不可抗力。她吃完药，做完化疗，激素会发生变化，生理上类似更年期的状况，所以我得多包容。"

过去爱往外跑的陈晓夏慢慢把心安放在妻子身边。晴天，他喜欢在下午两点左右欣赏客厅窗台的铜钱草，他说光线打到铜钱草叶片上时，有一种闪亮的场景，很多人可能不一定注意，但能给他带来一些内心充盈。"在内部小环境里制造一种能跟你交流的生命体，然后也会思考一些东西。"陈晓夏说。

对于为什么能这么平静，他说以前很多次大难不死，一度觉得自己有如电影《幽灵战车》主人公一般不受死亡诅咒，但这次身边最亲密的人接受生死考验，爱阻止了他肆意冒险。

这其实和妻子曾经对他的牵挂是一样的。谈恋爱时，王晨岑每隔几天就会给"陈老师"写信，像写日记一样写对他的思念。有次，陈晓夏去欧洲，她来不及写长长的电子邮件，临时拿了一张面巾纸手写短信，嘱咐他注意安全："夏：虽然我想今次的出差相对会比较安全啦，但我翻到'玩命晓夏拍的土耳其军事设施'还是会让人心里一紧，还是念你能想着会有好多人担心你的安危、你的健康。你要撒野、要玩命都随你，反正到时还我们一个原样的夏就好。"王晨岑把那张餐巾纸和《心经》放在一个大信封里，然后塞到陈晓夏的行李包，等他走了以后才告诉他。

这是王晨岑给爱人的护身符，2011年，她去五台山祈福带的便是《心经》，当时她和陈晓夏正式约会才一周多，听说他准备考博士，自己也帮不上什么忙，便跑去五台山"连转五台"许愿。当时下着雪，她转了三台便转不动了，于是拿出小瓶子装雪，山顶、寺庙，每走去一个地方就装一点。

王晨岑从不相信谁和谁是天造地设的一对。"所有的夫妻刚开始都是要磨合的吧，至于磨合的契机，有些人靠的是时间，大半辈子在一起，一天一天磨合，互相习惯，然后有小孩什么的。我们磨合的契机是生病，一下子通过生病，好像两个人都有很大的变化，有各自的退让和反思，也做出改变。"

不过，再怎么变，两人和从前一样爱斗嘴。王晨岑母亲从福州过来照顾生病的女儿，有时候还得看他们"二人转"。采访时，陈晓夏一件件讲家里那些纪念品的爱情故事，他拿出一对韩国手工娃娃，那是结婚前他和王晨岑去首尔旅游时做的。王晨岑说丈夫特别喜欢这些小物件，陈晓夏则开玩笑叫岳母过来评价："妈，你看一眼，看哪个做得好。"

王妈妈配合地指着女婿做的那个说"这个描画得比较精致"，然后又转向女儿做的那个，"但是呢，这个的比例好像更好"。

陈晓夏说，王晨岑生病手术后，两人的心贴得更近了。"因为她生病之前有乳房嘛，后来左胸割掉了，现在右胸也癌变要做手术，手术完，她的两个乳房都不在了，我们抱在一起，心脏和心脏就没有那么大隔阂了。我们就完全更近一点在一起拥抱。我们是兄弟情义，哈哈哈。"

女婿的玩笑说得王晨岑母亲也笑了，她补充了句：灵魂的伴侣。

心理咨询师梁朝晖：过度的依附出于自私，和爱无关

文 / 宋爽

"真的不要觉得对方就是你的全世界，要有良性的互赖关系，要学会并存，而不是谁包容谁。我不强求你改变什么，谁也不要费尽心思想着去改变谁，而是要能够接受现状，学会并存。"

谈过恋爱的人都知道，恋爱不是只由美好组成。在浪漫的晚餐、夕阳下的散步之外，也有焦虑、愤怒和痛苦，即便是世界上顶尖聪明的人，在面对爱情的时候都会束手无策。

爱情问题错综复杂，心理咨询师梁朝晖说，在前来接受心理咨询的咨客中，有一些人的问题尤为凸显，这些问题会被反复提及，比如安全感、性以及对情感生活的正确认知。

安全感，作为现代人口中的高频词，已经成为衡量一段情感是否牢靠的标杆之一。和一个人在一起有没有安全感，已经被赋予了比安全感本身更深刻的心理学和社会学意义。

在某种程度上，女性成为了安全感匮乏的主要人群，随之而来的便是诸多不良的情绪，比如嫉妒、猜测，这也使得很多男女关系走向终结。梁朝晖认为女性之所以更容易缺乏安全感，有其生理原因。

"女性的情绪相比男性而言更为敏感，敏感就容易造成情绪波动，女性更倾向于扩大一件事情的成因或结果，即便这件事情她只是一知半解，或毫不清楚来龙去脉，她都愿意自己在脑中演绎其中的过程，并放大其不良后果。"

另一方面，男人更喜欢"事来了事"，女人则愿意沉溺在情绪中，把事情和情绪纠缠在一起。"女人更容易缺失哲学观，简而言之，就是情怀不够。一个人如果有哲学观，那他至少能做到两点，一是辩证地看待问题，二是发展地看待问题。对于大部分男性而言，做到这两点并非难事。但女性则容易陷入一种'今天这个事情不行了，那就彻底不行了，永远也好不了了'的绝望情绪之中，她难以做到在事情出了之后冷静地分析原因利弊，然后用发展的眼光——也就是这件事情到底会因为哪些因素的改变而改变——去理性分析，进而解决问题。"

这让很多女性被情绪带着走，无法真正解决任何问题，反而从另一方面加剧了没有安全感的体验。虽然这并非女性专有的特质，但不论男性还是女性，情绪化、缺乏思辨能力

的人或多或少都会在情感关系中处于劣势，他们很难做到"以理服人"，而会逐渐成为对方眼中那个"不讲道理，不愿意解决问题，每天就想着怎么找事"的麻烦来源。

"性是非常重要的。"梁朝晖说。在众多咨客中，梁朝晖发现性才是最能毁掉一段情感的因素。"两个人哪怕性格不合，经常吵闹，但如果性生活比较和谐，就会黏合度比较高，也就是我们说的那种床头吵架床尾和的状态。"

梁朝晖认为中国人赋予性过多的价值，使得性变得沉重，并且成为很多关系破裂的导火索。"很多人用性来判断他爱不爱我，有没有情调，浪不浪漫，负不负责，忠不忠诚。"情感、道德和文化的重担都压在这一件事情上，"本来轻松的事情变沉重了，甚至有些人很难从中再得到愉悦的感受，最终越来越不想过夫妻生活"。

当情感关系中的一方过度依赖另一方的时候，这段关系必定会走向毁灭。"依附度一定不要高，"梁朝晖认为这是最佳相处之道，"真的不要觉得对方就是你的全世界，要有良性的互赖关系，要学会并存，而不是谁包容谁。'包容'这个词太有道德优势了，而'并存'则强调一种尊重。我不强求你改变什么，谁也不要费尽心思想着去改变谁，而是要能够接受现状，学会并存。"

另一方面，很多伴侣之间的依附度并不是良性的，并且尤为复杂。"我既觉得你是我的全世界，觉得你对我的感情生活特别重要，但同时又缺乏相应的付出和尊重，不接纳你的全部，这种依赖就是打着爱的旗号去控制对方。"

所以，不能简单地认为"他那么依赖我一定是离不开我，太爱我了"，而是要看明白，这种依赖源于何处，因为很多时候，过度依附反而是出于自私和占有欲，和爱毫无关系。

很多失败的情感关系都源于人们把情感生活的分量过度放大，这也是依附度过高的重要原因。

"不能缺了支撑自己的东西，你的工作、爱好、友情都是撑起生活的骨架。再好的婚姻都会遇见生老病死，没有爱情的时候我们怎么办？我经常会告诉咨客，情感只是生活中的一个点缀，只能是生活的一部分，甚至是一小部分。一个生活丰富的人失恋了，他的生活还在继续，他还会每周日做礼拜，一周练三次瑜伽，平时正常上班，这些东西是他生活的骨架，情感只是填在这些缝隙里的东西，他不会因为没有情感了，就失去生活。但很多人弄反了，这就是痛苦的来源。"

哪座城市值得歌唱?

插图—DigitalVision Vectors

城市越来越现实坚硬，民谣越来越光滑柔软。

城市人越来越分裂，一头是极力的挣脱，一头是万般的想念。

民谣也越来越分裂，要入地"吟咏脚下的土地与人"，要飞天寻找诗意和远方。

民谣歌手是流浪者，是歌者，是诗人，也是城市的塑造者。

他们吟唱的，是城市的呼吸，是低语，是对异乡人的怜惜与慰藉。

他们点亮了一个地名，催生了一种欲望，击中了一种情绪，

能轻易和你发生共鸣，也会在你伤口上撒盐，压得你喘不过气。

远方之愁、情爱之殇、离别之痛、孤独之惑，让城市和民谣一再相通、共鸣，相互成就。

没有一首歌能一言以蔽之地说清一座城，但你仍会因为一首歌而爱上一座城。

城市是民谣的养分和水土，民谣是城市的私人情感和记忆片断。

城市在房价和 GDP 中、在各种造城运动中越来越相似。

一代又一代年轻人，走的也是相似的路，让身体出走，而精神回归。

那么多的城市那么多的歌，

在城市的上空被传播、分享，被曲解、质疑和折磨。

那么多的城市谁值得歌唱？

总是那些让人想进入又想逃离、让人不安又不甘、让人孤独又温暖的地方。

城市总是千篇一律，不一样的是人心。

让我们换个角度，看这个时代和我们的城市。

在越来越快、越来越看不清的城市节奏里，

民谣不再是一种音乐类型，而是一种气质，一种视角和声音，

从这里，看一看我们所来之地，和我们将去向何方。

有故事的城市更值得歌唱

文 / 谭山山

那些有吸引力的城市、能包容野心与忧伤的城市、让人有梦的城市，也就是"有故事的城市"，更值得歌唱。

一首《成都》的爆红，让网友们兴致勃勃地玩起了接龙游戏，那就是列举那些歌唱本城的代表歌曲（当然最好歌名中嵌入城市名）：北京有汪峰的《北京北京》（郝云也有一首同名歌）、信乐团的《北京一夜》、好妹妹乐队的《一个人的北京》；上海有顶楼马戏团乐队的《上海童年》；香港有陈冠希的《香港地》；广州、深圳暂时空缺；南京有李志的《你离开了南京，从此没有人和我说话》以及《热河》《山阴路的夏天》；杭州有李志的《杭州》；郑州有李志的《关于郑州的记忆》（李志老师真是歌唱城市的好手）；大理有郝云的《去大理》；丽江有赵雷的《再也不想去丽江》；拉萨有郑钧的《回到拉萨》；西安有马飞的《回西安》；石家庄有万有青年旅馆乐队的《杀死那个石家庄人》；兰州有低苦艾乐队的《兰州兰州》；银川有苏阳乐队的《长在银川》；白银有张玮玮的《白银饭店》；安阳有痛仰乐队的《安阳》，等等。

歌手们（尤其是民谣歌手）喜欢歌唱城市，因为城市就是他们所生存的水土。这个说法来自歌手周云蓬，他表示，对歌手而言，"过去的水土是你家的河流山川，现在的水土是你居住的城市"。"北京这样一个城市，这么堵车，人这么多，完全可以养出音乐来。人们应该写自己最熟悉的周围的生活，我们的大自然就是北京、上海，你在这个大自然里孕育出新的音乐，是最上乘的武功。"

苏阳乐队的《长在银川》里，描述了歌手和城市的关系：

民谣歌手抱起吉他在阳光下歌唱，

唱着城市里的高房价，

唱着城市里的年月变迁，

唱着城市里的情感围城……

他是我们身边的朋友，

也是我们这个时代的歌者。

正是城市民谣所表现的公共记忆和共享经验，让人们获得了集体认同。

乐评人耳帝评价赵雷的《成都》："它听起来甚至不像新歌，而像上个世纪80年代末流行歌的还魂。"耳帝说，赵雷有80年代情结，写这样一首歌并非赵雷刻意模仿的结果，但《成都》能引起大范围的共鸣，在于它所呈现的情感，以及它的曲调。"《成都》的调子极易引发共鸣，一听开头就有似曾相识的感觉，它能让人生出一种对市井生活的怀念，你童年住的那个县城、街边的美发店、当地电视台的点歌频道、MTV里穿着比基尼在沙滩边走的女人、夏日晚上遍地的卡拉OK……这些都不专属于成都，你听的是《成都》，但触动你的其实是郑州、沈阳、济南、长沙、保定、绵阳、鞍山……"

李志的《热河》也唱道："热河路就像80年代的金坛县，梧桐垃圾灰尘和各式各样的杂货店/人们总是早早地离开拉上卷帘门，在天黑前穿上衣服点一根烟/热河路有一家开了好多年的理发店，不管剪什么样的发型你只要付五块钱……"歌手们喜欢怀旧是有理由的，就像《同桌的你》所唱的，"那时候天总是很蓝，日子总过得太慢"。在步调和心态都很着急的当下回望过去，人们才发现那种"慢"有多么难得。在李志的歌里，南京这条热河路仿佛一块逃脱了时间束缚的飞地，在这里，时间停留在令人感到自在的80年代，以它的缓慢，对抗着现实世界的喧嚣和急躁。

作家和菜头说自己每次听完歌手马飞用陕西方言演唱的《长安县》，都觉得心情轻松了许多，甚至还能找到一丝少年时飞扬的感觉——"骑着38大杠（自行车），在颠簸的县城小路上飞驰而去，一路溅起石子，轮胎后尘埃轻扬。阳光透过路边的杨树，把斑驳的光点投射在风中飘荡的白衬衣上。"《长安县》没有忧伤，也没有爱情，和菜头在多年之后终于感受到它所体现的另一种情绪："被世界所遗忘了的城镇，生活不再发生任何改变，每个人都无所事事，而所有这一切都隐藏在了欢快的音乐声中。"

英国流行音乐研究者、曾担任水星音乐奖评审团主席的西蒙·弗里斯（SimonFrith）在《迈向民众音乐美学》一书中认为，音乐具备两种社会功能："提供一种方式，使我们得以处理我们公开的与私密的情感生活之间的关系""形塑公共记忆，组织我们的时间感"。他还指出："好的音乐是某种东西的原真表现——一个人、一种观念、一项感觉、一种共享的经验、一种时代精神。"还可以加上一样东西，就是世界观——李志说过，他的歌表达的是一种世界观。正是城市民谣所表现的公共记忆和共享经验，让人们获得了集体认同。

这些歌唱城市的歌，无形中成了当地的"城市宣传曲"。

有书评人将作家丹·布朗戏称为"旅游大使"，说他每出一部著作，就相当于为书中写到的城市做了巨大的宣传，比如《达·芬奇密码》之于巴黎、《天使与魔鬼》之于罗马和梵蒂冈城、《失落的秘符》之于华盛顿、《地狱》之于佛罗伦萨。人们希望跟随书中男主角兰登教授的脚步，到这些地方来一场主题游。确实有数据显示，丹·布朗的这些畅销书为当地带来了大量游客。

《加州旅馆》专辑（1977）封套的封底上，老鹰乐队全体成员和住客们在一个旅馆内留影。美国南加州托多斯桑托斯镇有一座外观类似的旅馆，不少乐迷认为它就是《加州旅馆》的原型。

同样道理，上文所列举的这些歌唱城市的歌，无形中成了当地的"城市宣传曲"——尽管这并不是创作者的初衷。而且，城市民谣对城市形象的提升效应是显著的。以成都为例，"成都，一座来了就不想走的城市"这句城市宣传语，就没有赵雷《成都》中的表述来得文艺："和我在成都的街头走一走 / 直到所有的灯都熄灭了也不停留 / 你会挽着我的衣袖，我会把手揣进裤兜 / 走到玉林路的尽头，坐在小酒馆的门口。"而且，更难得的是《成都》所带来的网络口碑，这可不是刷水军刷出来的。仅在网易云音乐的《成都》页面上，就有 22 万多条评论，置顶的一条评论，收获了 31 万个赞。有听众留下这样的评论："当初一首郝云的《去大理》，让我义无反顾地背起行囊去了云南。现在听到赵雷的《成都》，好吧，我正在订机票。"

所以那些找不出代表"城市宣传曲"的城市的居民，不免有失落感。自媒体作者"阿富汗奸细"在《你的城市，有人歌唱；你的城市，无人歌唱》一文中写道："我有点羡慕那些有人为之歌唱的城市，或者说羡慕那些城市里的人。感觉哪怕是作为一个群体被书写下来，也会在那个城市里留下印记。"因为野孩子乐队那首《来到西固城》，让他产生想去这个地方的念头，因为他很好奇，这样一个在同事（他同事是兰州人，西固是兰州的一个远郊区，相当于一个自成一体的小城）口中平淡无奇的城市，怎么会有人为它写出那么动听的歌？而他的故乡扬州，他想来想去，只想到一首《拔根芦柴花》。

和菜头也纳闷，自己最爱的昆明，却没有一首歌是关于它的，也就没有一首歌可以让他在思念的时候歌唱。于是，作为一个只会写字而不会写歌的人，他只能一次次写下这样的句子："如果你路过我们家昆明，拜托你慢点走，慢点走。我说没有吃到新鲜菌子就可惜了，我说没有看到白云奔马一样掠过天空就可惜了，我说没有感觉到日光泼水一样倒下来就可惜了。记得帮我在那城里坐一晚上，看看姑娘们的背影，看看无边夜色如何从树隙无声流泻满地，终于消散不见。谢谢你！"

"疲惫的日子里有太多的问题。"

那么，到底什么样的城市值得歌唱？这个问题需要区分两种人群。对于本地人来说，城市再小，只要收纳了自己的记忆，就值得讴歌，比如上述《来到西固城》的例子。因此，每座城市都值得歌唱。对于外地人来说，那些有吸引力的城市、能包容野心与忧伤的城市、让人有梦的城市，也就是"有故事的城市"，更值得歌唱。嗯，所以北京就是公认的"有故事的男同学"？

但城市民谣毕竟不是体量宏大的小说或电影，它所能承载的，无非是创作者的私人情感、城市记忆片段，而不承担反映残酷现实的责任。换句话说，这些歌唱城市的民谣，是自带情感滤镜的：歌手带着个人滤镜去感知城市，听众同样带着个人滤镜，再通过歌手的观察去感知城市，也就是说，他们看到的，是双重滤镜下的城市。这当然谈不上客观，很多情况下是一厢情愿的。

同样在网易云音乐上，一位匿名用户在《兰州兰州》页面上留下评论："未去过兰州，未吃过拉面，但丝毫不影响我对兰州的向往：仿佛午夜那真的羊群迎着刀子，走向肉铺；仿佛那里才可大口喝酒、大块吃肉；仿佛那里的人随时可以和人拼刀子……在这个意气渐消的年代，兰州是不是最后一个未被攻破的城门？"有人回复道："不要抱太大的希望，城市总是千篇一律的，不一样的是人心。"

或许，理性的态度应该是：不仅仅沉湎于在城市民谣里找慰藉，而是正视城市的真问题。

李皖：一把吉他一张嘴，这就是民谣！

文 / 孙琳琳

"我们这个时代的专业人士和大众之间是完全对立的，大众不听专业人士的，他们本身就是大众评审。但电视节目里有些东西也是真实的，音乐确实有现场刺激性。"

李皖有两个身份：《武汉晚报》《武汉晨报》总编，以及知名乐评人。他每天都在工作，每天都在听唱片。光是 2017 年 3 月，他就听了 93 张唱片，其中中文民谣有百合二重唱、南方二重唱、曾淑勤、李建复、许钧、斯琴格日乐、陈鸿宇、马条、痛仰、南城二哥、玩具船长、钟立风、周艺、张羿凡、程璧和苏运莹。他的音乐评论就是建立在长期海量的收听上的。

十年前，李皖写道："2007 年是民谣年，而且仅仅是一个序幕。"今天，正如他所预言的，民谣这股潮流仍在持续。

虽然都由欧美音乐脱胎而来，民谣简单上口的旋律、娓娓道来的口白腔，再加上具体的叙事表达，使它比电子、摇滚等音乐类型更实在，更容易让人动情。尤其在趣味离散化的今天，"各怀心事"的民谣歌手各自吸引着同类。民谣，甚至成为歌唱时代尤其当代人城市生活境遇的主力。

李皖是中国最勤奋多思的文化人之一，他在《读书》杂志开设的乐评专栏，是中国内地最长命的专栏之一——1994年至今。他曾是华语音乐传媒大奖第二、三、四届评审团主席，著有《回到歌唱》《听者有心》《民谣流域》《倾听就是歌唱》《我听到了幸福》《五年顺流而下》《人间、地狱和天堂之歌》《多少次散场，忘记了忧伤——六十年三地歌》《暗处低吟》《亮处说话》《娱死记》《锦瑟无端》等多部著作。

尽管音乐阅历极广——从巴赫到周杰伦都懂，但李皖并非就事论事的局内人。首先，他的正职是忙碌的总编辑；其次，他总是站在文学和哲学的山坡上，注视并记录着音乐这条河的流动。

他最欣赏的民谣歌手，首先是文人、作家或诗人。比如2016年获得诺贝尔文学奖的鲍勃·迪伦，"他了不起的是在文学层面上拥有位置，他达到的高度和宽度无人能出其右"。李皖也欣赏民谣歌手钟立风："他写的是虚构的笔记，在叙事上三言两语，但二十行之内叙事的精练、感情的深度、人物形象的鲜明，都达到了诗歌的水平。"

虽然都叫民谣，但不同的民谣，在曲调上有欧美音乐、中国民歌、俄罗斯歌曲等不同源头；内容上有把新闻和社会现象写到歌里的，也有纯粹个人化的心灵漫游。无论如何，李皖认为好的创作总是努力建构自我，而不是做成功者的翻版。

讲到什么样的民谣最能打动他，李皖说："艺术有一些逃不掉的规律，它是不是真实的、美的、有深度的、隽永的？我们用这些品质来考量它。其实艺术某种角度上是一个竞赛，是使自己优越卓越、突出出来的东西。能留下来的，就是我们赞美的、倾心的东西。"

李皖对话录
今天的民谣，平淡、真实、不虚假

《新周刊》：人们熟悉的俄罗斯歌曲，如《莫斯科郊外的晚上》《喀秋莎》等，已经成为一代中国人的集体记忆，这些歌曲是否直接影响了中国民谣？

李皖：俄罗斯歌曲是根据革命需要在民歌基础上创作的歌曲，有它很强大的一面，在西方乃至全世界背景下，俄罗斯歌曲都是口音特别明确的音乐。它有一种非常优美、深刻的情感，影响了上世纪五六十年代的中国人，并持续到眼下。俄罗斯歌曲对中国音乐的影响，一是旋律，二是配器。主要是手风琴的运用，这是斯拉夫音乐的特点。手风琴的声音本身就有往日时光的感觉，总是让人觉得似曾相识而且很怀旧。

朴树的《白桦林》就是俄罗斯风，使用了俄罗斯民歌旋律的特点。一些新疆歌曲与广义的俄罗斯音乐也有亲缘关系，比如张智的歌，尤其是 2013 年的专辑《巴克图口岸》，就是那种风格。

《新周刊》：中国民谣与欧美民谣是什么关系？

李皖：中国民谣从传统、形式、音乐等基本特征来说，大多数来自英语民谣。英语民谣首先发展成美国式民谣，再传到台湾产生以校园民歌为代表的民谣，然后传到大陆，出现了高晓松等人的校园民谣。中国民谣还有另外一派，以方言民歌为特色，是地方性很强的一类，基本上是中国民歌和英语民谣的融合。

中国民谣对英语民谣的学习是潜移默化的，因为民谣主要通过木吉他传播，只要会吉他和弦，就自然进入了这个语境。这是民谣很奇特的方面，它是按照吉他套路来写作的，构成、伴奏形式和结构走向都有格式。而且民谣把说话变成了唱，天然跟中国的吟唱方式有一种吻合，成为具有中国特色的、特别亲切真挚的歌唱。

民谣简朴乃至粗陋的形象，被《加州旅馆》的厚实和精巧彻底颠覆了。

《新周刊》：美国乡村歌曲就是民谣吗？

李皖：美国乡村歌曲是英语民谣的分支，比较原样地延续了英语民谣的方式，多用喉音、鼻音，配器是传统的提琴、班卓琴等。

美国音乐原来是混杂的东西，到了上个世纪三四十年代才慢慢分化出来，形成现在的格局。以前民谣、乡村音乐、爵士乐、布鲁斯都是混在一起的。比如吉米·罗杰斯、汉克·威廉姆斯，我们现在可以叫他们乡村歌手，也可以叫他们布鲁斯歌手或爵士歌手。灵歌之父雷·查尔斯也出过地道的乡村专辑，就用黑人的唱法，非常惊艳。

《新周刊》：上个世纪 50 年代，纳什维尔成为美国乡村音乐的制作基地，这时期的美国乡村音乐是否对工业化和城市化有所表现？中国有没有什么地方相当于当时的纳什维尔?

李皖：乡村音乐相对有所革新，但是远远没有革新到充分开放的程度，特别像中国的民歌，早就变成创作了，但曲调和美学形式都是不变的。

现在唱片工业崩溃了。中国音乐有过圣地，比如"中唱"就是这样一个据点，出过《20世纪华人音乐经典》系列，所有民歌代表歌手都被网罗在内。"上海音像"是戏曲经典的大本营，有文献价值的京剧艺术家几乎都在那出过唱片。

《新周刊》：诞生于1977年的《加州旅馆》是20世纪的旷世之作。这首歌为什么会创造如此奇迹？它触动了当时美国社会的哪根神经？

李皖：这首歌首先是触动了时代，触动了大家的心事；但随着更广泛的传播，它的流行就跟原始的动机没有关系了，而是基于其音乐所包含的力量。老鹰是一个特别有才华的乐队，成员个个是天才级、全能型的歌手，演唱和乐器演奏都很好，整个技术是出类拔萃的。老鹰的音乐、演唱、和声都是极好的，嗓音也特别好，配合也很默契。

这首歌能够传向全世界，因为它是老鹰最好听的一首歌，在音乐上达到了很高的水平。乐队在多地一轮一轮地演出，不断给它增值，即使对这个作品毫不了解的人，一旦看了现场或影像，就会觉得特别好。民谣简朴乃至粗陋的形象，被《加州旅馆》的厚实和精巧彻底颠覆了。

《新周刊》：你曾在文章中论述鲍勃·迪伦在文学意义上对时代命题的担负。为什么是由他来为一代美国人发声？1965年的新港音乐节上，他宣布由民谣转向摇滚，意味着什么？

李皖：担负时代的人很多，拿出来比一比，鲍勃·迪伦还是最厉害的一个。用画地为牢的方式来看，他一直都是民谣歌手。他的创作跟纽约左翼民谣有极大关联，积极为劳动大众而歌，演唱方式是最纯粹的一人一琴。新港音乐节上，他跟这些东西说再见，开始用电吉他。乐器变了，歌曲形态也变了，鲍勃·迪伦这个姿态很鲜明，激怒了左翼，他们认为他叛变了，扑向了商业的怀抱。在鲍勃·迪伦没给吉他通电之前，他也有很个人化的一面，自身冲突很激烈。他坚决地叛变了，是因为意识到音乐面对的东西更宽广，不是小圈子，要走向更广大的世界。

《新周刊》：美国公告牌榜和英国 UK 榜，民谣都很少进入前三位，为什么？

李皖：欧美流行榜的前三位很少有特征特别明显的民谣，因为民谣不是青少年主流音乐，而青少年音乐代表着最流行的东西。在中国，如果是一个实在的榜单，前三位可能也没有民谣。最流行的是有活力的形式，摇滚乐或者舞曲，简单弹唱就不是流行面貌。但现在很火的艾德·希兰（EdSheeran）的根底还是民谣，他的旋律、结构、和声、歌词、演唱元素都属于民谣流行曲，只是把乐器加进去变得更热闹了。

民谣歌手们喜欢去大理，也执着于诗和远方。

《新周刊》：民谣歌手为什么都喜欢去大理？

李皖：大理有点像早期的圆明园，是民谣的聚居地。歌手们住在大理是因为自然风光好、居住条件好、物价低，纯粹是生活选择。在那里写的歌曲也跟大理没有关系，张智一度住在大理，但是他的音乐作品都是关于新疆的；许巍也写过关于大理的歌，但抒写的是大理的美好给他留下的印象，是带有旅居特征的歌曲。

《新周刊》：旅行对民谣意味着什么？写民谣和听民谣的人为什么都对远方有一种执着？

李皖：民谣跟旅行的关系，历史特别悠久。在 11 世纪，歌手就是游吟诗人，像中国的说书人那样走遍大地，唱给大家听，本身就是音乐的魅力符号，把游历也变成歌的一部分。你不到达那里，就不可能见识那些东西，山水草木都有非游历不能见识的特征。所以这也成为民谣的理想，歌手们要去见识世界，用歌唱容纳不同的山山水水和不同的人、不同的文化。

也有坐在屋里也能写旅行的歌手。钟立风就写了大量这类民谣，在歌中他一直在漫游，但他的作品其实是在书房里写的。他的歌完美表达了游历题材，神游八极，色彩特别丰富，能体会到日本味、南美味、巴西味，而他是坐在屋里把那种精神写出来的。周杰伦的大量歌曲也是符号化的，但方文山作的词只有外形，在精神上抵达不了。比如《威廉古堡》，就是一种动漫感，而没有到达的感觉。

《新周刊》：现在流行的民谣喜欢表达城市和城市体验，这些歌跟上个世纪

80年代流行的《太阳岛上》《鼓浪屿之波》等有什么不同？

李皖：两者美学面貌不同。《太阳岛上》《鼓浪屿之波》是赞美型的，将故乡、祖国作为赞美对象去表达，呈现了一种主流价值。当主流价值不是那么明显，就变成了个人化的东西。个人化的东西就是离散的受众所接受的，每个人只接受一个离散的碎片。喜欢李白和唐诗的人，会觉得黄鹤楼很美。现在的孩子就没有这种感觉，他们只喜欢在江边轮滑。

《新周刊》：走红的民谣好像有某些共性，民谣创作有套路吗？

李皖：明白大家要什么，然后做出来，这个难度更高。完全针对听众需求、拆解需求、机械化生产，都是工业制作机制才能完成的，比如好莱坞电影、美剧。歌曲还远远没达到这个地步。

目前流行的这些没什么意思的歌不是套路化的，而是因为歌手是这种人，碰到了更多的这种人（听众）。我们说他们没有个性，是因为他们的生活没有个性。北漂歌手创作的东西都差不多，他们属于这类族群——不是农民，不是工人，也不生活在底层，只是生活在表面，没有挤进前台，也没有深刻的思想和关切。这种人属于多数派。他们不是无病呻吟，也有自己的热爱，喜欢听歌，有一点小梦想，特别重视朋友，又特别孤独。如果有姑娘的安慰，他们会得到慰藉。流行这东西特别有意思，你表达了一类人的诉求，所以这些人喜欢你。歌手可以说是大众的镜像。当我们说民谣不痛不痒，其实说的是民谣听众的现状。这些歌曲我不太喜欢，觉得它们有一点城市的味道，但远远没有切入城市内部。

歌迷把歌手当成代言人，一旦这个歌手变得大众化，会令他们心碎。

《新周刊》：为什么有的民谣歌手不愿承认自己是民谣歌手？

李皖：可能这些歌手在内在认定上就不认同民谣，认为它过于朴素、过于简单，没有技术的东西，而他那个东西是技术特别好的。

民歌就是音乐永恒的源泉，一些交响曲本质上都是民歌，比如《黄河大合唱》里就有《河边对口曲》："张老三我问你，你的家乡在哪里？"但这些作品在题材上都可以说自己不是民谣。

《新周刊》：你说过谈歌词的时候不能脱离音乐。城市民谣总被诟病旋律不佳，只靠歌词抓人。你觉得中国民谣的创作现状怎么样？

李皖：不能一概而论，要看具体作品。比如说赵雷，从音乐上来说还行，达到了能够感染人的程度，词简单了一些。词反映了一个人心灵的深度和见识，他的词在这两方面都不是很让人信服。比如那首《三十岁的女人》，在见识上、价值观上都不太让人满意。有时我们对一个人的劣评在于盛名之下其实难副，如果不这样看的话，他就是一个起点而已。现有的起点还是好的，看他未来做什么东西。

艺术的感人力量源于超越平常，带领我们向上。即使很平实的东西，也一定要有卓越的价值观和认知。如果做不到，最终还是会被抛弃。

《新周刊》：民谣歌迷喜欢小众的东西，等它变得大众，就会觉得变质了，为什么？

李皖：这种心理包含两个层面：首先，当歌手只有很少的支持者，粉丝的道义感会很强，有一种悲壮和仗义，同时也觉得自己是有眼光的；其次，每个人都希望自己不平凡——我其实和别人不一样，我是独有的几亿分之一。如果全世界都喜欢（我喜欢的东西），我的独特意义就被抵消了。在这两个层面受到打击，让小众乐迷心碎。有些歌迷在心理上、在道德伦理上安于歌手很穷，一旦这个人过得好了，他就觉得不好了。这可能是身份认同的问题，不再把你当成代言人了。

《新周刊》：中国有没有音乐奖项表彰民谣歌手？还是说他们要在公共传播领域接受检验？

李皖：在专业领域获奖对民谣歌手来说帮助不太大，只是从生计角度来说，价码变了。我们这个时代的专业人士和大众之间是完全对立的，大众不听专业人士的，他们本身就是大众评审。但电视节目里有些东西是真实的，音乐确实有现场刺激性。真正好的现场，音量、强度都是最好的。现场和电视各有各的效果，当然是上电视更成功，万人演唱会更成功。但是民谣做不了万人演唱会，一是因为搞不到那么多钱，二是聚集成本、号召力、听众群都支持不了，票房没那么大。很多歌手全中国加起来可能有 100 万歌迷，每个城市只有几百人。

《新周刊》：能不能用一个词来形容目前的中国民谣？

哪座城市值得歌唱？

李皖：平淡。这种状态有好的一面，也有坏的一面，总体来讲是好的。不虚假，真实，平淡本身就是真实的一种东西。

文学之城 > 影视之城 > 曲艺之城

城市文艺鄙视链

文 / 邓娟

中国城市存在着一条与 GDP 无关、与房价无关，而与文化形态相关的鄙视链条，那就是：文学里的城市 > 影视剧里的城市 > 曲艺里的城市。

以"一条广告 68 万""助理月薪 5 万"睥睨自媒体食物链顶端的咪蒙，早在 2012 年就创造了"鄙视链"一词，对生活中各种"微妙的优越感"进行了梳理，比如看英剧的鄙视看美剧的，看美剧的鄙视看日韩剧的，看日韩剧的鄙视看港台剧的，看港台剧的鄙视看国产剧的。

城市也有鄙视链，美国人同样爱玩地图炮。专栏作家张佳玮写道："美剧常拿地域说事儿。比如，说密尔沃基是个怪地方，笑犹他州荒无人烟，抱怨科罗拉多冻得死人，还说内布拉斯加这样的中部州，满地长得跟土豆似的傻白人。"

但中国城市相互鄙视的生态更微妙也更复杂。在一线、二线、三线的划分方式之外，还存在着一种与 GDP 无关、与房价无关，而与这些城市被植入的文化形态自身等级相关的鄙视链条，那就是：文学里的城市 > 影视剧里的城市 > 曲艺里的城市。

活在相声、小品里的"大城市"

虽然在普及程度上不敌沙县小吃、桂林米粉和兰州拉面，但偏居一隅的驴肉火烧依然能够名声在外，跟小品演员冯巩和相声演员郭德纲不无关系。

说起来，这两个年代不同、类型不同的笑星，也恰好代表了驴肉火烧的两大流派。虽然驴肉火烧可以考证的发源地是河北保定，但河北河间凭借冯巩的名人效应抢先占领了市场，"家乡的山美、水美、人更美，河间的驴肉火烧馋得我流口水"，说出这句顺口溜的冯巩，至今被河间派驴肉火烧拿来当活体广告。直到"非著名相声演员"郭德纲开始在作品中频频夸赞保定的驴肉火烧，保定派才扳回一城。天津人郭德纲有特殊的保定情结，《保定驴鞭》《保定带于谦吃海鲜》……地级市保定在郭德纲相声中出场率极高，甚至抬到了"上有天堂，下有保定"的高度。

不过，论"微妙的存在感"，哪也比不上国民艺术家赵本山大力推广的铁岭。"明年我准备带老伴儿出去旅游，去趟大城市——铁岭。"2005 年春晚小品《昨天今天明天》的这句台词，在哄堂大笑中让"大城市铁岭"的梗不胫而走。2009 年春晚小品《不差钱》依然老调重弹："我来自大城市，铁岭开原县莲花村石嘴沟……"

这是一种大江南北观众都心领神会的幽默，也是用"咖啡和大蒜"显摆海派清口和东北语言节目鄙视链的周立波无法具备的群众基础，也无怪乎有了后来的"立波有难，八方点赞"。

活在影视剧里的神秘之地

网易娱乐曾对国产剧取景城市进行 PK，北京、上海毫无意外地胜出。

第一梯队北京和第二梯队上海显现了上层建筑与经济基础的不同侧重点。《北京青年》《我的青春谁做主》《北京爱情故事》等以北京为故事背景的剧集，多半围绕着谈人生、谈理想、谈爱情的宏观主题，而《杜拉拉升职记》《蜗居》《婆婆来了》等定位在上海的剧集，聚焦的则是职场奋斗、房车追求、婆媳关系等细节的现实问题。

在小品界一言九鼎的东北，在影视剧中也不遑多让，占领了第三梯队，只是画风由"大城市"转向了"小人物"，在一地鸡毛中自得其乐，比如《乡村爱情故事》《刘老根》《清凌凌的水蓝盈盈的天》……

第四梯队则是厦门、三亚、杭州等热门旅游城市，因为自带美图背景，也就成了《一起又看流星雨》《爱情睡醒了》《幸福一定强》等风景胜过剧情的偶像剧顺理成章的选择。

不过，以上城市都是人们耳熟能详的名字，神秘的是另一种在影视剧中存在感极强、现实中却"看不见的城市"。

好莱坞大片中无数次被毁灭的哥谭市，原型其实就是纽约。某些题材的中国影视剧也有这样的虚构城市，它们往往被命名为"滨海"。滨海市之于中国，正如哥谭市之于美国。

作家韩松落曾写道："中国最神秘的城市，大概就是这些经常出现在反特、侦破电影里的'滨'字号城市了吧……从上个世纪七八十年代过来的人，都曾盯着银幕上的滨海市车牌和滨海市公安局的单位名牌，万分苦恼地想要弄个明白，这个滨×市，是否存在？它在哪里？"

"这个虚构出来的完美世界，完全建立在剔除使它不美和有可能丧失秩序的各种因素的基础上，它持续终生的奋斗目标，就是全力保持它的美。"这很容易让人想起在卡尔维诺笔下"看不见的城市"，当马可·波罗向忽必烈讲述自己在帝国游历所见的完美城市，这位大汗一度十分渴望，但最后他发现，那其实只是一个被描述者美化的、由所有不完美城市的优点拼接而成的乌托邦，根本就不会以城市的形式被建造出来。

活在文学里的家乡和远方

小说作者最忠实的地方总是自己的家乡，乡土小说如此，城市小说亦然。海派作家无论去到哪儿，下笔仍然是浓得化不开的上海味道。

读张爱玲小说的人，大多都会认同上海和香港就是她的"双城记"和"对照记"。但按照张爱玲本人的说法，《沉香屑》《茉莉香片》《心经》《封锁》《倾城之恋》等七篇香港传奇，其实都是写给上海人的。"写它的时候，无时无刻不想到上海人，因为我是试着用上海人的观点来察看香港。"

在一篇名为《写什么》的短文里，张爱玲剖白了自己的观点："我认为文人该是园里的一棵树，天生在那里的，根深蒂固，越往上长，眼界越宽，看得更远。要往别处发展，也未尝不可以，风吹了种子，播送到远方，另生出一棵树，可是那到底是很艰难的事。"所以，在张爱玲的笔下，上海有奇异的智慧，香港是华美但悲哀的城市，而她一度试图描写的东北，注定只能是看似光明却最终删掉的尾巴。

小说家始终执着"我城"，诗人们却永远眺望远方。当一个又一个海子的崇拜者背着行囊、乘坐火车去往德令哈，一睹这座城市的真容，诗意或许会幻灭，又或许继续生长。德令哈的文学意义早已超越了它的现实地位，令这个在城市序列中排在底部的小地方，获得了诗歌版图里地理坐标的意义。

邵夷贝：不爱唱城市，爱唱城里人

文 / 苏马

"你在家上网看到的是一样的东西，买东西都在连锁店，去了任何一个城市都找 7-11、屈臣氏，换一个城市又有什么区别呢？城市中心都一样，大家也都一样。"

青岛与青海有什么区别？一般人很容易通过地理常识想象两幅景象：一个是阳光温暖的海滨城市，有啤酒、帆船和沙滩上的美女，另一个则可能是不那么繁华但更原生态的西北草原、内陆湖泊。

在这两个地方都生活过很长时间的邵夷贝却答不上来。2017 年 3 月，在北京接受采访时，她把胳膊支在咖啡桌上，歪着头苦想，实在无法像摄像机一样，把记忆里的景象复制到外人可见的屏幕上。

"青岛就是海，很空旷的海，青海就是很空旷的戈壁，反正都特别空旷。"她的回答很概括。聊到两个地方的人是否不同，她觉得，"没有太大不一样，都是上学，然后都是老师同学，都是这些生活场景"。

像她这样的 80 后，无论出生在哪个城市，童年生活如同复制。

出生 6 个月，邵夷贝就开始不定期地跨越大半个中国去另一个城市生活，40 多小时的火车连接山东青岛与青海格尔木。青岛到青海的火车很慢、很远，她当年一般坐下午发出的那趟，一路向西，第二天傍晚到西宁，火车在西宁经停 5 小时 50 分，等到半夜再出发，下一个天亮之时，次日早上六七点，才终于进入格尔木。

火车在路上会切换很多不一样的风景，但可能是为了避免过多外在变化带来的割裂感，她更愿意把注意力放在火车两边共性的东西上。邵夷贝记忆中的格尔木是一个普通的移民城市，像她爸妈这样的支边青年从全国各地而来，大家讲普通话，聚在一起吃东西谈天，"青岛也就是那样，大家喝啤酒吃蛤蜊，很开心那种。海边很开心，青海也是"。

所以，有时候她挺羡慕同是民谣歌手的周云蓬、张玮玮等朋友，羡慕他们出生的上个世纪70年代，那时候每个城市还都有自己的建筑风格，可以写他们记忆里的《白银饭店》。而像她这样的80后，无论出生在哪个城市，童年生活如同复制，都是住在差不多的开发商建造的差不多的小区里，然后去吃肯德基、麦当劳。"现在就是地球村"，她担心往后的年轻一代对故乡的感觉会更疏离："反正都有网嘛，你在家上网看到的是一样的东西，买东西都在连锁店，去了任何一个城市都找7–11、屈臣氏，换一个城市又有什么区别呢？"

近几十年出生的中国孩子，像她一样故乡感不强的有很多，他们的父母在外打工，家人不在一起生活，春运才算团圆回家，"可能这个'回家'都不在家乡"。她不知道，几十年后的社会是否还会因为城市化变迁而有如此多的流动，"现在农村都变成城市了，去任何一个二三线城市或者县城，全是高楼，都没人住，一堆高楼空房，鬼城"。

"这片土地对我有什么意义，终其一生寻找理由去热爱脚下的土地啊。"

"哎，我怎么讲起这些了，太不文艺了。"这位创作型歌手自嘲道。过去几年的巡演中，邵夷贝去过国内很多城市，杭州、长沙、深圳、重庆、成都、上海……但要说这些地方各自的特点，她还是无从入手，"城市中心都一样，大家都一样"。

行程特别密的时候，她没时间出门逛，在不同的酒店和舞台之间来回切换，常常不知道自己现在身在何处。哪怕是在拉萨，她也觉得总体上和在内地差不多，"除了一点，唱着唱着得歇口气吸会儿氧"。她笑起来。在拉萨或丽江，邵夷贝去演出的古城客栈没什么本地人，都是外来人开的，里面的观众也是四处来的游客。她想起以前："我小时候倒是真的接触过，在青海接触过很多真的藏民。"

邵夷贝曾受邀给家乡青岛写歌，用作一部宣传青岛的人文纪录片的主题曲。歌写出来后，每个听完的人都告诉她，任何一个海边城市都可以用这首歌。在那首叫做《我在海边等你》的歌里，她唱潮水中的琴声、天际边翠绿的城，还有追逐浪花的白衣少年，这些景象确实不见山东或青岛的影子——尽管你得承认，那里确实有这些东西，但是其他海滨城市也都有啊。

零星的记忆让她感慨，像海子或张楚那种特别亲近泥土的创作者可能越来越少了，"那种东西，其实挺好的"。邵夷贝上中学时特别迷张楚，有次张楚来青岛演出，

美国艺术家韦特·怀特（Watie White）插画作品《街头艺术家》。

她和闺密提前两个月攒钱买票，每天啃方便面，演出当天逃课去看，演出结束后守在安保线外哭着不肯走。最终在一个工作人员的帮助下，她们见到了张楚，流着眼泪给他唱歌，张楚听着也哭了。

邵夷贝特别喜欢张楚的《西出阳关》，又坦诚自己写不出，因为没有他那种对土地的浓厚情感。她能写出的感受是《黄昏》里的困惑："这片土地对我有什么意义，终其一生寻找理由去热爱脚下的土地啊。"

男歌手还能写写不同城市的姑娘，她则是从观众去分辨这些城市的区别。

不太在乎城市地貌的邵夷贝，比较关心当地人的状况。分不清在哪里时，她望望台下的观众能分辨一二，尤其是一些城市性格表现明显的地方。

"重庆的观众特别随性，他们会嗓门很大，跟你聊天，你演着演着，大家就聊起来了。"要是她在天津唱歌，整个场面就特别相声范儿，随便唱几句，大家就在底下发出尾音很长的"吁"声。邵夷贝开玩笑说，男歌手还能写写不同城市的姑娘，她则是从观众去分辨这些城市的区别。

当她愿意写某种人时，总能引起一定共鸣。至今还有粉丝在网上问邵夷贝：现在会不会做饭了？ 2009 年 2 月，她写了首《大龄文艺女青年之歌》，半即兴式弹唱的视频被网络疯转。那首歌讲了个催婚的故事，歌里的王小姐 31 岁尚未结婚，是个文艺女青年，家人催着她赶紧找个人嫁，可是不管找搞艺术的男青年还是傍大款，都不是合适的选择。因为"搞艺术的男青年，有一部分只爱他的艺术，还有极少部分搞艺术的男青年，搞艺术是为了搞姑娘，搞姑娘又不止搞她一个"，"大款都不喜欢她，他们只想娶会做饭的"。很多人喜欢这首歌里面那些戏谑现实的黑色幽默。

她本人并不追求幽默或者其他某种特定风格，她说写"大龄女青年"不过是在豆瓣"月亮小组"上看了很多摇滚圈里的八卦，有感而发。

很多人认为她应该走文艺小清新的小路线——邵夷贝的音色很薄，加上身材小巧喜欢留齐刘海，成名曲里又有"文艺女青年"这个标签，一旦她写些过于社会现实或呼唤理想的东西，人们便会质疑她是不是走歪了。

2015年，邵夷贝推出概念专辑《新青年》，其中收录《欢迎来到大工厂》《现代病启示录》《未来俱乐部》等作品。从歌曲的标题就能看出，风格一点也不小清新。她特地写文自述用意，说这个专辑介绍的是一个青年从童年到三十岁的过程，专辑里的歌按照时间线索排布，展示这位青年如何经历国家剧变，经历自我迷失与找寻，不断地选择生活方式与做人的原则，然后彻底告别青春期，在丛生的矛盾中平衡着、活着，终究成为一个外表温润但内心坚硬的家伙。

大家不开心或许是因为太着急，每个行业都有点着急。

"我那时候特别愤怒、特别叛逆，打鼓是一种表达，就是青春的愤怒需要宣泄。"成为民谣唱作歌手之前，从中学起，邵夷贝就是摇滚粉，曾担任几支乐队的鼓手。2015年的邵夷贝三十出头，戴着框架眼镜，衣着妆发还是一二十岁女青年的样子。她的嗓音没有变厚，才情依旧，歌词开始成熟，她唱生活中青年一代可能的轨迹："三心二意，四体不勤，五谷不分，六亲不认，童年阴影，青年抑郁，中年危机，老无所依。"

这和许多听众理解的"民谣"有些出入，市场上流行的民谣风格让他们认为民谣歌手就是那些抱着吉他思念南方、思念姑娘的人。"每个地方的民谣都不一样，美国可能是folks，也就是乡村民谣。国内也不知道为什么，就把一些人变成民谣歌手了。"她觉得民谣里最重要的仍是某种乡情，可以很细腻地唱某个城市的街道，也可以唱一些宏观上的东西，可以轻松也可以沉重，不管哪种形式，重要的是观察和表达现实。

"老周的戏谑风格很棒，他唱的好像是《买房子》，当时听着特别开心，受到影响后，自己也弹着瞎唱。"她记得最初写民谣是看了一场周云蓬的现场表演。《买房子》的歌词很简练："买了一套房子，花了三十多万，买房子的钱全靠银行贷款，从今天以后，不能随便请人吃饭了，不能多喝酒，不能去旅游，从今天以后，我要努力地还钱，我要拼命地还清。"这首歌也特别接地气，听他唱就像听身边的一位朋友在吐槽。邵夷贝很早就知道这些生活中的东西可以唱成歌，说黄舒骏的《恋爱症候群》也有些黑色幽默。但以前的她光听不写。

"现实有特轻松特戏谑的状态，也有特别沉重的状态。"邵夷贝对观察社会矛盾的一面充满兴趣，"朋友圈里也是啊，所有人的物质生活都非常好，天天分享着高档食品，看起来过得特别好。但一见面都特别丧，没一个真心开心的。你说这是为什么？"

她观察，大家不开心或许是因为太着急，每个行业都有点着急，尤其是在北京、上海、深圳这样的大城市，大家的焦虑会更明显。邵夷贝在《否定先生》中写现代人的心病："有时候你像个傻子一样，与这个华丽的世界格格不入……你开始强迫自己停止幻想那些曾有过的伟大的抱负，你从来没有机会从任何规则里面顺利地逃出，在遵循它的同时诅咒它，忽略了此外的所有的幸福。"

世界更新太快，人跟不上，所以会焦虑——这是邵夷贝观察后得出的结论。她认为这中间有媒体的责任，过度放大了社会阶层顶端的那个"小角角"，"90%的头条都在谈论马云干了什么，王健林说了什么，富二代与明星们过着什么生活，他们的孩子多么优秀。现实是绝大部分人生活在那个小角角的底下，但是你看到的 90% 的媒体报道只关注那个小角角"。

身边充斥着太多焦虑，邵夷贝给自己的任务是平静下来，"作为创造者，你唯一的任务就是专注，专注才能写"。平静下来之后，她想起，其实自己写过一首给北京的歌，叫《都》，帝都的都，讲的是北京公交车上的年轻人。

"也还是在讲城市里的人。"她后知后觉地笑了。

马頔：我越来越回避"民谣"这个词了

文 / 詹腾宇

早期城市民谣对马頔的影响很深："李志之于南京，张玮玮、郭龙之于白银，低苦艾之于兰州，舌头之于新疆，太多了，我是听他们的歌长大的。"

北京小伙马頔显然更热爱南方——具体来说，是带有南方温度的爱情。他写进歌里的唯一一座城市，是《傲寒》中女朋友很喜欢的稻城。

马頔自小被管得很严，经常被锁在家里。他只能翻箱倒柜找书看、听音乐，初中时读顾城、海子、王小波，高中时开始听周云蓬、万晓利、李志、小河，渐渐形成了沉默闷骚但又爱自我表达的民谣歌手标配性格。毕业后，马頔白天在北京某国企工作，晚上在酒吧唱歌，歌攒够了开始录首张专辑《孤岛》，最终从白领变成了职业音乐人。

他和因音乐结识的宋冬野、尧十三在北京东棉花胡同的一间民谣酒吧初次碰头，之后开始了一起创作、演唱和玩闹的生活。演出后他们会到南锣鼓巷的酒馆，把桌子拼一块儿喝酒，跳舞，喝醉了甚至上东三环赤脚狂奔。

马頔写第一张专辑时，"自己也没去过几个城市，没什么可写的"；成名后巡演多了，对城市有了更直观的感受："国内最喜欢的城市是泉州，它是古时候海上丝绸之路的起点，宗教多元，曲艺形式多样而且传承完整，人友善虔诚，东西好吃。"

今年年初马頔去兰州演出，发了条微博，引用的是《兰州兰州》的一句歌词——"从此寂寞了的白塔后山今夜悄悄落雨"。另一条是与"低苦艾"吉他手三哥、"舌头"鼓手文烽的合照。早期城市民谣对他的影响很深："李志之于南京，张玮玮、郭龙之于白银，低苦艾之于兰州，舌头之于新疆，太多了，我是听他们的歌长大的。"马頔不喜欢说评判标准，强调"我只能说自己喜不喜欢"。从这个维度看，"城市民谣最重要的还是真诚"。

马頔近期与文雀乐队合作了新歌《大雁》。先导预告片中，他请全国各地的网友用各自的口音把歌词念了一遍，他自己双手插袋，站在天桥上，念了最末一句："一群大雁南北来回，白首不惊风骨不危。"

"和文雀乐队的合作，跟以前区别挺大的。"马頔为本无歌词的后摇曲《大雁》填了词，在原有舒缓辽阔的情绪流动中，加入自己的理解和想象。与民谣的简白、直接不同，后摇用大量器乐音墙构筑错落的空间感，注重情感流向，鲜有人声加入。马頔在与文雀乐队在 ModernskyLab 的同台演出中，首次试唱了带词的《大雁》。

观众反应褒贬不一。有人觉得这玩法挺大胆的，有人觉得后摇加了词毁意境。但马頔希望换个方式走下去：按自己喜欢的去做，以及脱掉长久以来被戴上的关于民谣的所有枷锁。和文雀乐队合作，是马頔脱离"民谣诗人"之类的标签，回归独立音乐的尝试。他厌倦了被放在某个音乐门类的显要位置，被打上一些自己都觉得夸大或偏颇的标签，一旦有相关事件发生，就会被无休止地拿出来对照、讨论，甚至谩骂。

现在的马頔，已经不是两三年前在微博中频繁回怼、肆意抒发的小伙了。岁月和现状告诉他，应该坐下来，少说话，不再像两年前那样"不行就拉黑"，得像哥们儿宋冬野那样学会自嘲耍贫，活得自在些。当被问及"和文雀合作，如果有好多观众是来看你的，你演完他们都散了，会不会很尴尬"时，马頔回应道："文雀的现场很棒，这种情况不太可能。还有好多人说'马頔去我就不去了'的呢。"

2014 年《南山南》因选秀节目的助推而爆红，马頔也迅速成为民谣界新生代表。音乐制作人卢中强把马頔这样的民谣歌手称为"补位者"，但马頔有段时间"听到《南山南》都想掀桌了"。情况相似的还有宋冬野、李志和赵雷，因为一首歌在更大的范围内爆红。近期赵雷被推到了过去马頔所在的风口浪尖的位置。新生代民谣曲中描绘的通常是远方之愁、情爱之殇、离别之痛、孤独之惑，都是受众最容易得到共鸣的情绪。马頔认为自己只是刚好迎合了这些情绪："《南山南》那首歌，我写的时候并不知道它能火。我也不是为了火而写，我是被选择的。"

许多事情始于小众，毁于普及。爆红后，这些民谣歌曲几乎都面对争议，比如对《南山南》歌词的过度解读；《天空之城》失掉了原来粗放原始的演唱方式，变得更流行音乐化；《成都》被成都当地居民质疑，等等。而原本热爱这些歌曲的少数派，也要承受心爱之物被不由分说地传播、分享、曲解的折磨。

马頔对此持"写归写，喜欢归喜欢"的态度："这些歌在小圈子里也不一定备受好评，只是基数不大，所以不容易察觉。市场选择之后它们'爆红'，这种不易察觉的质疑也就突然被放大了。只能先做好自己的，别人喜欢你，那是锦上添花。"

"现在越来越回避'民谣'这个词了。"他低头，勾着嘴角笑笑，"可能起初大家的认知里，我的演出形式比较偏向大众所理解的民谣。最早也是为了标榜自己，想获得快速认同，才给自己贴了'民谣'标签，现在想来，离自己认知的真正民谣还相去甚远。"年龄渐长、经历增多的马頔不吝解剖过去的自己："看待问题的角度会发生一些转变，比如我现在看自己以前的歌都觉得矫情。"

作家韩松落在《民谣为什么突然火起来了？》中写道："事情可能是这样的，在城市化加速的同时，年轻人一边沉浸在城市化的便利和繁华中，一边却在渴望逃离。一代又一代年轻人，走的都是同样的路，在变老之前，有点不安，有点不甘，总想着逃出去，日夜欢聚，哼唱着来自高地上的歌谣。"

这与马頔的经历非常相近。这个从小孤僻内向、喜欢记录情绪碎片的北京孩子已经取得了世俗意义上的成功。他写歌，也"意外"地被很多人喜欢。"我所有的理想都在音乐上实现了，现在就是自娱自乐。如果除了负担没有其他因素，我就会停掉。"

低苦艾：调子一起，你就知道，这是兰州

文 / 阿饼

有人这样评价《兰州兰州》：唱的是兰州这一座城市，但每个人都会想到自己的故乡，想着家乡的一草一木，和自己离开时有多大的变化，想着家里年迈的父母，它掀起了中国当代青年由漂泊生活回归精神家园的浪潮。

"下个撒呢？"
"二细，辣子多些。"
出了火车站，随便找一间面馆，就会听到这段对话。只有甘肃人才会把辣椒叫作辣子，才会把一碗牛肉面拉出十几种不同的粗细，也只有在这里，看不见"正宗兰州拉面"的店名——因为他们都叫牛肉面。

兰州，不仅是一碗面、一支烟，也是一首歌。低苦艾乐队的《兰州兰州》，就像赵雷的《成都》、郑钧的《回到拉萨》。听过这些民谣，小酒馆火了，一拨又一拨的年轻人成了"拉漂"，他们跑到石家庄听"如此生活三十年，直到大厦崩塌"，在夏天的山阴路听"南京的雨不停地下，就像你沉默的委屈"……兰州却依然默默无闻，那么普通，普通到你无法想象这是一个西北大省的省会。

你想看黄河水哗哗东流，你想爬上清晨的兰山顶，你想看白塔后山的落雨，

甚至想听西站拼车的吆喝声，你想遇见那个格子衬衫一角扬起的少年，行囊里背着空空的酒杯和游戏机，"总是在清晨里出走"。

留在所有人记忆中的，还是清晨里破落门脸的小面馆，油渍的煮面大锅蒸腾着薄雾，戴着小白帽的少年忙个不停；铁桥旁，黄河转角处的白塔，山寨的《西游记》师徒雕像，孙猴子手搭凉棚眺望远方，后面跟着猪八戒，唐僧骑马是第三，殿后的总是任劳任怨挑担的沙和尚，风景几十年不变。

"兰州是唯一一个黄河穿插流过的城市，从西到东，两山夹一河，河的灵动和山的实在，两种感觉相呼应，赋予了城市和城市里生活的人一种别的地方完全不具有的东西。"低苦艾乐队主唱刘堃说。

一嗓子秦腔，唱出人世艰苦，就是这个不善于表达的土地的另一种宣泄，民谣只是它的变种和延续。

在刘堃的记忆中，上个世纪 90 年代末，兰州的金属、朋克、摇滚与民谣非常繁荣，几乎所有年轻人都在组乐队，跑到工人文化宫之类的国营剧院演出，从傍晚嗨到半夜，好不容易挣了一点门票钱，演出结束后就去夜市吃夜宵喝啤酒，畅谈理想与愤怒，非常乌托邦。那会儿的刘堃还是少年，跟在这些留着长发的大哥背后，给他们拎琴、搬音箱，蹭饭，蹭看演出，"很酷，比现在任何一个音乐节都好玩"。

兰州不是故事发生的地点，而是一部长篇小说的主角。兰州人对这座城情绪复杂，一头是极力的挣脱，一头是万般的想念。在经历过多少出走的清晨、醉酒的夜晚后，有一天突然听见火车在广播——"白马浪，到了"——家乡，我回来了。

口中的荒凉，在漂泊中化为一路繁花。2012 年，在兰州花儿剧场的一次表演中，刘堃说："无论你身在何处，无论你腰缠万贯或者衣衫褴褛，兰州，永远是你的家，永远是你无法忘却的城市。"台下的人群躁动了，像极了奔向大海的黄河湍流。有时候，调子一起，你就知道，这是兰州。

听《兰州兰州》最带劲的时候是在回家的路上。抛开千里之外高楼上彻夜未眠的另一个自己，踏上这一趟远行，那前奏一开，脚步声沙沙沙，一股粗粝的味道被吸进鼻子、灌进耳朵，没有繁华喧闹的美景，只有废弃烽火台边的荒漠日落，一大群鸟在头顶盘旋，前方望去的开阔之地，据说都是坟墓。乡愁就这样涌上来，"你是美猴王，你要回花果山"。

有人这样评价《兰州兰州》：唱的是兰州这一座城市，但每个人都会想到自己的故乡，想着家乡的一草一木，和自己离开时有多大的变化，想着家里年迈的父母，它掀起了中国当代青年由漂泊生活回归精神家园的浪潮。

刘堃也认为："兰州就是一个出走的城市，年轻人都渴望出去，渴望外面的世界，每个人心怀的梦想不一样，但这个出走的动作都是一样的，全国都是这样的。"

不只是低苦艾，还有太多民谣歌手唱着兰州。野孩子乐队在《黄河谣》里唱"黄河水不停地流，流过了家流过了兰州"，你若有过漂泊在外夜半梦醒的经历，你便知道这句话会压得你喘不过气来；赵牧阳也有《黄河谣》，"早知道黄河的水干了，修他 × 的铁桥是做啥呢。早知道尕妹妹的心变了，谈他 × 的恋爱是做啥呢"，一个失恋的西北汉子在喝着酒讲他的故事，罢了还说"这是酒后的话，不要告诉别人"；浩子在《兰州》里说"兰州抱起我颤抖的身躯，兰州聆听睡不醒的呼吸"，是兰州对这座城中的孩子的温柔；陈小虎在《兰州故事》唱"西北的街巷不欺负歇脚的旅人，西北的性子不习惯娇嫩的路人"，是兰州对异乡人的温柔……他们低沉地讲着跟这座城市的故事，他们最终是唱给这片土地、这条河，或是他们自己，而不是唱给某一个个体、某一次选秀。

如今，低苦艾依旧生活在这儿，和干燥的西北风、全世界最好吃的牛肉面快意恩仇地生活在一起。杏穆勒和磨沟沿是刘堃最爱的牛肉面馆，每周都去吃三四回。乐队成立 14 年，他们依然保持极其规律的创作步调：春天蛰伏在兰州创作，每两年出一张专辑，夏秋季跑全国巡演，在开场或压轴演唱一遍《兰州兰州》。按刘堃的话说，这是自律，不悲也不喜，离去又归来。

郝云：人人心中都有一个"大理"

文／郑依妮

在大理，郝云曾看见猪群慢悠悠地过马路，拦住了车辆的去路，大家却摇下车窗，拿出手机拍下这奇趣的一景，没有丝毫在都市大街上的烦躁。

三年前，国产喜剧片《心花路放》票房超 10 亿，电影插曲《去大理》也把大理这座城再一次唱红。从那以后，这首民谣的创作者郝云经常会听到朋友或粉丝告诉他，《去大理》改变了他们的生活。

每次听到这样的消息，郝云很是感动。"不是因为我的歌让他们下定决心辞职去开始新生活，而是因为他们在诉说时，眼神都带着光。不论结果怎样，起码他们遵循了内心的声音，鼓起勇气下决心的时刻是美好的。"

"每个人心目中都有一个想去的地方，它不一定是大理，但每个人心里都有一个'大理'存在。"正如郝云在歌里写的："是不是对生活不太满意，很久没有笑过又不知为何，既然不快乐又不喜欢这里，不如一路向西去大理。"

郝云第一次去大理是 2014 年的春节，他带着家人去那里过了一个比往常都要安宁的新年。郝云记得，他住在大理第一中学旁边，过年期间校园空荡荡，特别安静。住所旁还有一个叫"九月"的酒吧。白天，郝云陪着父母四处游玩。到了晚上，他和几个哥们一起喝酒聊天。那段日子的生活简单温和，"去大理就图一个平静"。

回到北京不久，郝云遇到了导演宁浩。宁浩向郝云聊起自己正在做《心花路放》的电影剧本。剧本最后，一群人要去的地方就是大理。巧合的是，刚从大理回来的郝云也正准备为这座城写一首歌。两人不谋而合，郝云完成了他的《去大理》，这首歌也成了《心花路放》里备受热捧的电影配乐。

《心花路放》上映一周后，郝云接到了大理五百里城市音乐节的邀请，再次来到大理歌唱。"万事万物都有它的机缘。我发表完《去大理》那首歌后不久，就真的坐在了大理洱海旁的大草地上，为这座城市唱起这首歌，有种梦想照进现实的强烈感觉。我想，这首歌就是我作为一个非大理人，送给大理这座城的礼物。"

2014 年至今，郝云已去过好几次大理。但他依然觉得，不管是第几次到访，大理给人的感觉一如初见。

他喜欢漫无目地在大理古城晃悠，或者开车围着洱海一圈圈地兜风，感受苍山下洱海边的缓慢生活。他看见猪群慢悠悠地过马路，拦住了车辆的去路，大家却摇下车窗，拿出手机拍下这奇趣的一景，没有丝毫在都市大街上的烦躁。

"若是在北京，别说给猪让路，就是礼让行人，也会被其他司机按着喇叭骂骂唰唰，催促你别挡道。"

郝云也唱过北京："北京它改变着你我的生活，不曾疲倦过，快乐也忧愁，世间无尽头，不要一再迁就，岁月化乌有。"他的《北京北京》和汪峰那首同名歌曲不一样的是，郝云在歌里加入了曲艺味浓厚的三弦作为主奏乐器来伴奏，京味十足。

乐评人李皖曾评价郝云："他以小人物的姿态，以直白歌词、口白旋律，轻松地戳穿生活的一面面真相，是顽淘的、诙谐的、讨喜的，一如当下流行的那个词——正能量。这样的歌唱虽然矛盾重重，但是并不拧巴。"

最近几年，逃离北京的声音日渐甚嚣尘上。郝云也发现，很多北京的朋友开始陆续出走。有人在雾霾最严重的几天暂时离开，去云南或海南休个长假。有人辞了工作、卖了房，带着家人彻底和北京道别。

剩下的人对北京不离不弃，活在糟糕的空气里，寄托于朋友圈，宣泄心中的愤懑，无力地叫骂。郝云也骂得厉害，只是他已把家安在了美国洛杉矶，骂起北京的雾霾也可以比别人更戏谑、更调侃一些。

郝云当初想要搬家，选来选去，最终决定把家安在洛杉矶。"洛杉矶像个环境很好的大农村，到处都是平地和矮房，几乎没有高楼，但它在全球城市 GDP 中排名第五。若论工作环境，洛杉矶和北京很像，都是国际级的标准。就空气和环境而言，洛杉矶好似大理，生活环境和空气都非常好，吃住也不错，但它没有苍山洱海。"

《心花路放》上映后，大理古城的旺季人满为患。如今，云南已装不下来自全国的文艺青年，更多的人去到尼泊尔或印度寻找自我。现在的郝云每个月都要飞往不同的城市演出，每当站在万人舞台上，他依然感到高兴。郝云希望自己不要变得没底线，变成一个对自己没有标准的人，甚至麻木到演出之前不去调音。

"大理这么好的城市，如果交通再发达一点，航班再多一点，很多人都会愿意住在那里。"他说，"当然，大理人可能不这么想，他们也许希望这个城市保持现状就好了！"

"有名的城市会被人们各种解读，解读得多了，谁也不知道它的真面目究竟是怎样。人们带着主观刻板印象去看大理，大理被人们赋予了太多，把这些光环都摘掉，这个城市反而更可爱，更惹人喜欢。"

城市越硬，民谣越软

文 / 孙琳琳

当赵雷轻抚吉他唱出"玉林路的尽头"，他指出了一个地点，制造了一种欲望，激活了一个符号。

民谣可能是被"黑"得最厉害的音乐类型，总被批评无病呻吟、旋律不佳、词库单调如小学生作文。甚至有民谣歌手公开表示特别反感别人叫他民谣歌手。

可民谣又最容易入耳入心，每一场现场演出，都属于公开往观众伤口上撒盐——台上衬衫牛仔浅吟低唱，台下撕心裂肺哭花了妆。

到底是什么让今天的人如此感性，听民谣会流泪？

如果一定要给今天的民谣下一个定义，那么我们所讨论的民谣，其实是个人对时间、地点、人物、事件的单相思。带着对时间的单相思，唱起逝去的青春；带着对地点的单相思，唱北京、唱成都，在北方思念南方或者在南方思念北方；带着对人物的单相思，唱《同桌的你》《董小姐》或者《沉默的南方姑娘》；带着对事件的单相思，Beyond 于是用《光辉岁月》歌唱曼德拉。

因为求之不得，所以念念不忘、循环播放。

创作者也许有很多种情绪要表达，有"午夜梦回后的忏悔、繁华散尽后的真诚、冷眼审视后的怒意"（乐评人郝舫语），但如今传唱度最高的，毫无疑问是那些自怜到掐得出水来的民谣。听众的雷达好像对"少不更事""孤独"和"失败"这类负面情绪特别敏感，忧伤的歌曲如同那喀索斯日夜相对的湖面，渴望认识自我的冲动，在单曲循环中慢慢变成了顾影自怜。

民谣响起，这首歌击中了你。也许因为今天民谣萌发的地点就是你所赖以生存的城市——挤爆的地铁、加班的夜晚、昏暗的酒吧、钢筋水泥的森林，在四周坚硬的背景映衬下，你特别渴望柔软的慰藉。

当电视镜头里出现赵雷狭小的工作间、刘欢写在墙上的签名，你是不是仿佛看到了自己的蜗居和理想？当视频里出现东京街头的流浪歌手用粤语高唱Beyond的歌，你是不是跟现场唯一的女观众一样泪湿眼眶？

很多喜欢民谣的人觉得民谣唱出了自己的苦闷压抑、不被理解，然而这种自我认知多半是因为你还年轻，生活得不算好但也不算太坏，还不是彻底的现实主义者，也没有深刻的关切。

2016年10月22日21∶09，赵雷在微博上写道："干吗非要勉强自己长大。"现在这条微博有近9万个赞。

但和之前爆红的其他民谣歌手一样，赵雷也"躲"起来了，不在社交媒体上发声，也不接受采访。伴随名利而来的是巨大的压力和激情的流失，更重要的是，不管愿不愿意，他正在长大，也将变得更成熟。

自1851年英格兰和威尔士的城市人口超过农村人口，城市化就以摧枯拉朽之势推进到全世界。如今，超过70%的美国人居住在城市及其附近。而在中国，单是千万以上人口的大城市就有15个。这些巨型城市源源不断地吸引着周边人口和资源，产生了只有城市化才能造成的更冰冷、更彻底的背井离乡，也产生了独属于城市的感性。

面对一个复杂的综合体，没有一首歌能一言以蔽之地说清一座城，反过来，任何歌又都抓住了城市化的某种共性。如果说经典民谣是艺术，那城市民谣就是一种当代艺术，它紧贴这个时代常见的怕与爱，歌声背后是个人化的宣泄，更是对社会情绪的表达。由于时间观的趋同、空间感的趋同、日常经验的趋同，人们的情感模式也有迹可循。民谣歌迷时常抱怨自己喜爱的小众歌曲变成了大众流行，这恰好说明创作者准确把握了社会流行心态，赢得了共鸣。

民谣与城市是什么关系？它本身即是法国城市批评家居伊·德波所描述的景观社会的组成部分。尤其是由视频节目输出的民谣，经过视觉化润色，再配上歌手的心路历程、炫目的声光效果和煽情的观众互动，制造了一种影响力极大化的景观，使观众不由自主地进入幻境，去模仿镜头里又哭又笑的场面，主动成为景观的一部分，并由此构建人际关系和情感归属。

所谓因为一首歌而爱上一座城，意味着因为一首歌的流行而重新迷上某个城市的景观秀。当赵雷轻抚吉他唱出"玉林路的尽头"，他指出了一个地点，制造了一种欲望，激活了一个符号。于是已经存在了20年的小酒馆，在2017年突然每天人头涌涌，成了成都新的文化朝圣地和婚纱照拍摄地。

春秋时期，中国就有了民谣。据说，孔子是中国第一位民谣编辑，他把3000 多首民歌删成了包括十五国国风、共 305 首的《诗经》；1892 年，德沃夏克出任纽约国家音乐学院院长，他以种植园黑人的灵歌和印第安旋律为要素写出的名作《自新大陆》也是民谣；鲍勃·迪伦虽然在 1965 年的新港音乐节上开始使用电吉他，但他一生的创作本质上还是民谣。

还可以举出许多耳熟能详的例子。这些民谣吟诵的不只是一座具体的城或一种具体的情绪，还可以是一个事件、一代人、一派思想、一个时代，等等。写或编这些民谣的人，他们的想象力远远超越了地点或情感的限制，他们的听众也一样。

民谣虽然从来没有成为爆款，但也从来没有退出主流音乐。民谣是赞美诗，是讽喻诗，是抒情诗，即使在当代情境下加入了更多自怜和哀伤，仍不失为一个清新的乐园。

不过，为了摆脱那喀索斯的命运，任何人都不可能一辈子躲在这个乐园里面。必须远离的，不是一种音乐形式，而是一种浮在表面上的生活。《像一块滚石》一书记录了鲍勃·迪伦 1965 年宣布从民谣转型到摇滚时的自白：

"民谣音乐界一直是我必须离开的乐园，就像亚当必须离开伊甸园。……前方的道路将变得危险，我不知道它通往何方，但我还是踏上这条路。眼前即将呈现的是一个奇怪的世界，一个雷暴云顶、闪电边缘呈锯齿状的世界。许多人误入歧途，从未能回归正轨。我则勇往直前，走入这个宽广的世界。"

2017 年度佳作

加拿大之魅

尼亚加拉瀑布位于加拿大安大略省和美国纽约州的交界处。源头为尼亚加拉河,瀑布主体位于加拿大境内。图—Kalen Emsley

"造物主一定是怀着无比喜悦的心情设计加拿大的。"

海水澄澈，空气清新，阳光洁净，蓝天蓝到不像话。

《加拿大》LP 旅行指南中这样描述加拿大：冰川将崇山峻岭雕塑成了连绵起伏的壮丽景观。放眼辽阔的大草原，蓝蓝的苍穹下，片片金色的麦子在风中轻轻摇曳；潜鸟的哀鸣和野狼的嚎叫穿越广袤的荒野。

在这里，大自然仍然在进行着原始、弱肉强食和残酷、令人悸动的表演。离开僻静的小路，映入眼帘的是正在大快朵颐的北美麋鹿和高大伟岸的熊。铺天盖地的加拿大鹅群染黑了天空。成片的雨林，蜿蜒的海岸线，潺潺的溪流，永远沉睡的北极冰雪，还有小块的沙漠，所有这一切构成了加拿大独特和辽阔的自然拼图。

加拿大适不适合移民？

"如果追求事业、财富或有声有色的生活，来加拿大会后悔。"一位来自中国的新移民说，"如果追求安逸、平静、慢节奏，以及即使不升官不发财不买房不结婚不生孩子也不会有人大惊小怪多嘴多舌，那么加拿大就再合适不过了。"

来，让加拿大人教会你如何生活

文 / 谭山山

这个国家有着好山好水，至于会不会"好无聊"，取决于你的生活态度和生活方式。

欢迎来到加拿大。

温哥华机场到达大厅那一对由不列颠哥伦比亚省（BC 省）原住民艺术家创作的"男女"，双掌向外伸出，掌心向上，用手势表示欢迎你；而你遇到的每一个加拿大人，既热情又友好，用笑容表示欢迎你；还有好天气，也在欢迎你——蓝到不像话的天空、澄澈的海水、清新的空气，还有移居温哥华的作家亦舒所说的"令白色看起来特别白，黑色看起来特别黑"，"愉快、洁净"的阳光。

"造物主一定是怀着无比喜悦的心情设计加拿大的。"

亦舒对阳光的这句形容来自她早年写的小说《我的前半生》。失婚后的女主人公子君，到加拿大看望女儿。她不喜欢温哥华，觉得这是个沉闷的城市："没到一个星期，我就想回香港。天天都逛这些地方：历史博物馆、广阔的公园、洁净的街道、大百货公司、缓慢的节奏、枯仓的食物，加在一起使我更加寂寞。"

但从温哥华搭两小时渡轮去维多利亚市度周末，她的心情顿时为之一变——"一个仙境般的地方"，而她借住的地方，后园面海，园子里"开满碗口大的玫瑰花。芬香扑鼻，花瓣如各色丝绒般美艳"，令她陶醉得很。你猜到了，主人公心境的转变，意味着小说情节将出现重大的转折——在这个仙境般的地方，她遇到了理想的男性。

这都是言情小说的套路，男女主角总得在美好的地方相遇。不过加拿大的美是毋庸置疑的。LP《加拿大》指南的作者这样写道："造物主一定是怀着无比喜悦的心情设计加拿大的。冰川将崇山峻岭雕塑成了连绵起伏的壮丽景观。放眼辽阔的大草原，蓝蓝的苍穹下，片片金色的麦子在风中轻轻摇曳；潜鸟的哀鸣和野狼的嚎叫穿越广袤的荒野。在这里，大自然仍然在进行着原始、弱肉强食和残酷、令人悸动的表演。离开僻静的小路，映入眼帘的是正在大快朵颐的北美麋鹿和高大伟岸的熊。铺天盖地的加拿大鹅群染黑了天空。成片的雨林，蜿蜒的海岸线，潺潺的溪流，永远沉睡的北极冰雪，还有小块的沙漠，所有这一切构成了加拿大独特和辽阔的自然拼图。"

这段话简直是4D电影《飞越加拿大》（FlyOver Canada）的最佳注脚。加拿大太大，即便是本国居民，也不可能走完整个国家，游客就更不用说了。所以一部能让你在15分钟之内体验加拿大的壮美的4D电影，可以说是打开加拿大的最好方式之一。

看完之后，你会感慨，这个国家的自然资源简直是顶级配置：中部广阔的大草原，是加拿大的粮仓，这使它成为世界主要粮食生产国之一；河湖遍地，淡水水域面积世界第一（看《飞越加拿大》时，你感觉自己的身体跟着镜头陡然下降，脚尖似乎在碧蓝的湖面上点过）；树，满眼的树，毕竟是森林覆盖率超过50%、森林资源占全世界1/10的国家；镜头一转，一群年轻人在冰原上打冰球——如果说寒冷算是个硬伤，但正是漫长的冬季塑造了冰球这项加拿大人最擅长的运动，也孕育了冰酒这种特产佳酿。

这么美的由造物主精心创作的作品，也难怪加拿大人，尤其是久居这块土地的原住民，会对自然产生敬畏之心。

原住民这些口耳相传的故事，用隐喻的手法表达了人与动物和谐共生的美好图景。

在加拿大原住民海达部族那里，流传着另一个版本的创世故事：一天，渡鸦（Raven，比乌鸦体形稍大，是北美原住民尊崇的神明）在海达瓜依（Haida Gwaii）的一处海滩上看到一只特别的蛤壳，里面有许多小小的人类，正探头探脑往外张望。渡鸦就劝人类离开贝壳，加入它的美好世界。人类起初并不愿意（或许是不敢），最终在好奇心的驱使下，他们走出存身的蛤壳。这就是最早的海达族人。艺术家比尔·瑞德根据这个故事创作了巨型木雕《渡鸦与人类的诞生》

"飞越加拿大"是加拿大首个也是唯一一个 4D 模拟飞行项目，可以带观众从加拿大的东岸横跨至西岸，从中感受加拿大的人文风情，以及美到让人窒息的自然景观和城市。（图—FlyOver Canada）

（The Raven and the First Men），如今，这座木雕被收藏在位于 BC 省大学的人类学博物馆（MOA）里。

渡鸦、熊、雷鸟、鲸鱼，等等，这些动物频频出现在原住民的作品里，尤其是图腾柱上。可以说，图腾柱就是从原住民敬畏生命的地域文化氛围中诞生的，他们对于动物灵性的崇尚、善待众生的道德信念，都内化在动物图案之中。

海边的原住民部族非常敬畏鲸鱼这类巨大的海洋生物。据说，如果人在捕猎过程中导致鲸鱼受伤，这头鲸鱼会在某个时候对人进行报复，把用以捕猎的独木舟掀翻；还有，如果一条鲸鱼能抓住一条独木舟，把船上的人都拖到海底的鲸鱼村，人就会变形，成为鲸鱼。海达族人相信，出现在附近海域的鲸鱼，就是那些淹死的人回来跟他们交谈。

棕熊则是另一类被崇拜的大动物。原住民相信，人与动物建立血缘关系，就会获得动物的力量。一个海达族传说里，一个海达族女子在捡野果时被一头灰熊诱拐，人熊结合，生了一对双胞胎小熊。由于棕熊的外形和能力与人类似，西北沿岸的原住民称之为"古老的亲属"。这些口耳相传的故事，用隐喻的手法表达了人与动物和谐共生的美好图景。

今天的加拿大，见到熊是一件易事。它们也是这里的原住民，加拿大人把它们视为个子稍微大了点、偶尔还有点淘气的邻居（每到夏天，当地媒体就会报道熊干的各种糗事，比如爬上电塔偷吃鸟蛋之类），对邻居当然得友好、宽容。

网上还曾流传一张图片：在加拿大某地，一处房子的玻璃门上贴了这样一条告示——"请勿走这道门，否则会被加拿大雁攻击。"而玻璃门外，一只加拿大雁正在虎视眈眈。

我们的导游杰克·何（Jack Ho）十多年前从台湾移民加拿大，酷爱钓鱼的他告诉我们，中国人和加拿大人对于钓鱼的态度截然不同：中国人钓鱼是为了尝鲜，所以下的是网，不管大鱼小鱼都一网打尽；加拿大人钓鱼是为了一种征服感，他们偏好用钓竿钓大鱼，就像《老人与海》所描述的那样，追求的是人鱼角力的过程。那些受保护和未达到重量的鱼即使钓到，也要取下鱼钩，然后放生，所谓可持续发展、所谓保护生态，加拿大人不是用嘴说说，而是落实到行动。

难道加拿大人还没教会你怎么生活吗?

有人在微博上问全家移民到加拿大的作家陶短房：加拿大适不适合移民？陶短房回答道："如果追求事业、财富或有声有色的生活，来加拿大会后悔；如果追求安逸、平静、慢节奏，以及即使不升官不发财不买房不结婚不生孩子也不会有人大惊小怪多嘴多舌，那么加拿大就再合适不过了。"

确实，在衡量一个国家、一个城市是否宜居时，对生活方式的考量，应该是一个重要的指标。《单片镜》（Monocle）杂志在进行一年一度的"城市生活质量调查"时，会从休闲、文化、商业机会、多元性、人才的需求等几大方面，综合考量城市是否宜居。而在这几个大项之下，又会细分为很多小项，从诸如房价、一杯咖啡和一份午餐的价格，市中心到机场的距离，公共图书馆和独立书店的数量，户外活动方便性等生活的方方面面进行衡量。

所以就不难理解，为什么加拿大的几大城市能成为全球宜居城市榜的常客。比如斯坦利公园之于温哥华，就好比中央公园之于纽约，但斯坦利公园的优势更明显：只需步行15分钟，就能从闹市区进入一个既有森林也有海滩的世外桃源。清晨六七点到斯坦利公园徒步、慢跑，之后再上班，这是很多温哥华人的日常。

至于在华人圈流行的加拿大"好山好水好无聊"的调侃，就看你怎么定义"无聊"了。诚如陶短房所说，如果你追求成功和欲望，确实会觉得加拿大无聊；但如果你追求的是生活的乐趣，那在加拿大根本不会觉得无聊。开摩托艇出海、蹦极、滑雪、出海看鲸鱼回来看熊、跟着捕虾船去抓龙虾……这是一种玩法；做园艺、开B&B客栈、当自由职业者工作半年玩半年（就像我们的另一位导游瑞克·格拉汉姆那样）……这又是另一种玩法。

在这样一个好山好水的地方，如果整天宅着不出门，那确实无聊啊，也很浪费——难道加拿大人还没教会你怎么生活吗？

"在这趟旅途中，所有的事都不会像我们希望的那样发生。但到最后，这些都不要紧。我们终将原谅这个世界，原谅我们自己。因为，我们一直以如此善意对待的生活，终将以善意回馈你我。"（爱丽丝·门罗语）

加拿大辞典

辑／谭山山

出现在第 21 届温哥华冬奥会会徽上的"伊拉纳克"，可以说是加拿大的象征：张开的手臂，显示加拿大人的热情和友好。据说美国人在海外会伪装自己是加拿大人，因为加拿大人口碑好太多了。

爱丽丝·门罗

2013 年 2 月，诺贝尔奖开奖时发生了一个小插曲：诺奖委员会联系不上文学奖得主爱丽丝·门罗。这是加拿大作家第一次获得诺奖，爱丽丝·门罗对自己的获奖表示震惊，"从来没想过会得奖"。因为她，人们开始关注加拿大文学。

艾米莉·卡尔

加拿大最受欢迎的艺术家之一，对自然风景和 BC 省海岸自然文化的描绘，使她获得"自然女诗人"称号。以她的名字命名的艾米莉·卡尔艺术与设计大学创立于 1925 年，是加拿大四大独立艺术院校之一。

白求恩

对于四十岁以上的中国人来说，白求恩是他们认识的第一个加拿大人，并且通过课文记住了对他的评价——"一个高尚的人，一个纯粹的人，一个有道德的人，一个脱离了低级趣味的人，一个有益于人民的人。"因此，位于安大略省格雷文赫斯特的白求恩故居，不断有中国游客前来参观。

贝尔

加拿大广播公司曾举办"最伟大的加拿大人"评选，电话发明者贝尔入选前十位。关于电话发明者是谁一直有争议，加拿大国会在 2002 年通过协议，确认了贝尔作为加拿大人发明电话的事实。

冰球

如果有什么东西能让温和友好的加拿大人瞬间变嗨，那一定是冰球。冰球于 19 世纪发端于加拿大，是加拿大最受欢迎的运动项目。据说，在加拿大，不打冰球就不能成为真正的男人；而在加拿大人队的主场蒙特利尔，一个不喜欢冰球的人，是没有办法当上市长的。

冰酒

德国是世界上最早酿制冰酒的国家，但凭借得天独厚的地理优势，后起之秀加拿大已经成为目前最大的冰酒生产国。西岸的欧垦娜根（Okanagan Valley）和东部的尼亚加拉瀑布（Niagara Falls）是加拿大的两个主要冰酒产地。

卜正民

中国读者熟知的汉学家。他总是能从别出心裁的角度，切入自己的研究课题，比如《维米尔的帽子》从画家维米尔的画作看全球化贸易的兴起，《哈佛中国史·挣扎的帝国：元与明》则从气候的角度讲述元、明的兴衰。

第一民族

印第安人在美国一般被称为 Native American，在加拿大则被叫作 First Nations，这都是政治正确的叫法。"Indian"本来就是当年欧洲人对美洲土著居民的错误称呼（哥伦布的锅），在原住民看来，被称为"印第安人"也带有歧视意味。

枫叶

枫叶是加拿大人运营得最成功的标志物，以至于一提到枫叶，人们第一时间就会想到加拿大。枫叶作为象征物的历史，可以追溯到 18 世纪；1860 年威尔士亲王访问加拿大之时，它正式作为加拿大标志出现。不仅国旗、国徽上有枫叶，各种场合都有枫叶，有 1/5 的加拿大人甚至表示，愿意在自己身上文上枫叶。

枫糖浆

加拿大人不仅喜欢枫叶，还喜欢一切枫糖制品。加拿大 90% 的枫糖产自魁北克，魁北克人也因此发明了枫糖的多种吃法：枫糖太妃（滚烫的枫糖浆倒在雪中凝成的糖块）、枫糖腌香肠、枫糖火腿、枫糖派、枫糖布丁等。当然，最经典的吃法还是把枫糖浆倒在薄煎饼上。

观鲸

观鲸是加拿大的特色旅游项目。你可以去约翰斯通海峡（Johnstone Strait）探寻逆戟鲸大规模捕食狩猎的场面，也可以在布雷顿角高地（Cape Breton Highlands）观看鲸群出没并喷出壮观的水柱的情景；在西海岸的托菲诺（Tofino）可以看到罕见的鲸鱼迁徙，在新斯科舍省的迪格比内克（Digby Neck）则可以看到濒临灭绝的露脊鲸。

海狸

17 世纪，海狸皮贸易使得欧洲人纷纷来到加拿大探险，这也是海狸成为加拿大重要标志的开端。加拿大汉学家卜正民在著作《维米尔的帽子》中就描述了产自加拿大的海狸皮如何被运到欧洲，并被制成时髦的帽子。

皇家骑警

身穿红色制服的皇家骑警（RCMP）也是加拿大的重要标志之一。皇家骑警 1873 年成立，最早称"西北骑警"。在当时歧视原住民的大环境下，警备队能做到客观公正，因此被原住民称为白人兄弟。

户外运动

加拿大人热爱户外运动，一般都精通几个运动项目，骑车、骑马、滑雪、皮划艇算常规的，跳伞、蹦极等高风险运动也不乏爱好者。作为户外运动狂魔的加拿大人，甚至自发众筹了一条横跨国土连接东西海岸、全长达 24000 公里的步道 The Great Trail。

贾斯汀·比伯

他可能是名气最大同时也最被质疑的加拿大 90 后。他最红的时候，创下 Billboard 单曲榜 TOP 10 一人独占三首的纪录，但也因为行为不当，世界巡回演唱会被中途取消，还有美国人上总统请愿网站呼吁把他遣返加拿大。

禁烟 / 禁酒

加拿大是世界上禁烟力度最大的国家，除了特设的户外公共"吸烟区"，举凡公园、酒店、餐厅、酒吧等公共场合，都不允许吸烟。哪怕在自己家里吸烟，也是违法的。禁酒同样严厉，除了体育场馆的看台，任何公共场合都严禁饮酒，尤其是在国家公园内。

莱昂纳德·科恩

他曾和朋友莫特在蒙特利尔开了家画廊，收留落魄的艺术家。画廊不到深夜不关门，在某些温暖的夜晚，年轻的艺术家们会爬上屋顶，在莫特的班卓琴和科恩的吉他伴奏下歌唱。文青们都爱他。

《绿山墙的安妮》

这部描述女主人公安妮自强不息奋斗故事的经典童书，中国的孩子一样不陌生。作者是来自爱德华王子岛的女作家 L.M. 蒙哥马利（Lucy Maud Montgomery）。如今，蒙哥马利故居成了景点，每年吸引数百万游客慕名前来朝圣。

玛格丽特·阿特伍德

与爱丽丝·门罗并驾齐驱的加拿大女作家，近期因其作品《使女的故事》被改编成电视剧，引发热议。和村上春树一样，玛格丽特·阿特伍德今年也进入了诺奖赔率榜前五位，证明她的文学成就已经得到主流读者的认可。

娜奥米·克莱恩

加拿大新锐女学者，以对全球化的批判闻名于世，最著名的作品是 2000 年出版的 No Logo。她显然觉得对全球化说 No 还不够，近年来又出了一本《说不远远不够》（No Is Not Enough）。

普丁

要拍摄一部《舌尖上的加拿大》，一定少不了源自魁北克的普丁（Poutine）。加拿大广播公司评选加拿大最伟大的发明，普丁竟然击败了吹雪机，顺利入选十大。据说，没看过冰球比赛，没吃过普丁，就不算真正的加拿大人。

七人画派

活跃于上世纪二三十年代的一个画派，包括 J.E.H. 麦克唐纳、L.S. 哈里斯等。他们主张用恰当的形式来再现加拿大的独特风景，其作品和精神激励了后来者，激起了加拿大人对本国广袤土地的兴趣和热爱。对于塑造加拿大的精神力量，七人画派功不可没。

太阳马戏团

1984 年，加拿大魁北克省的一群街头流浪艺人组成了如今举世闻名的马戏团——太阳马戏团。它并不表演传统马戏团的动物杂耍，而是用精心编排的大型主题杂技晚会来吸引观众。关于它的传奇，可以看这部电影：《太阳马戏团：遥远的世界》。

特鲁多

这是加拿大一个显赫的姓氏，指代父子两代总理：父亲皮埃尔·特鲁多在任 16 年，是加拿大任期最长的总理；儿子贾斯汀·特鲁多，2015 年出任加拿大总理，被戏称为"特鲁多王子"。

熊

对加拿大人来说，熊和人一样，都是这片广阔土地的常住居民。在一些远离城市的地方，熊可能比人还多——比如在北极熊的最佳观赏地丘吉尔镇，有上千头北极熊聚居，而本地常住居民只有 800 多人。每到夏天，当地媒体总会报道一些跟熊有关的趣事：熊到民宅的游泳池避暑、熊打破纱窗偷吃蛋糕，等等。

图腾柱

加拿大西北太平洋沿岸原住民的文化身份象征，正如学者诺曼·泰特所说：

"它们是原住民言说的一种方式：'我们在这里，我们仍然在这里，我们的文化也仍然在这里。'"要看图腾柱，建议去瓜依哈纳斯国家公园。

特里·福克斯

他是加拿大版的"阿甘"，18岁时因骨癌右腿截肢三分之二，之后他发起了"希望马拉松"，希望横贯全国，为癌症病人募款。虽然最终他没有完成横贯全国的愿望就去世，但他仍被誉为英雄。加拿大广播公司2004年评选最伟大的加拿大人，他排第二。

席琳·迪翁

《泰坦尼克号》主题曲《我心依旧》，让中国人从此记住了这位有着美妙歌喉的加拿大女歌手。2013年她上央视春晚，唱的也是这首《我心依旧》。不过，她曾半开玩笑地说，无数次演唱这首歌，让自己"作呕"。

扬·马特尔

《少年派的奇幻漂流》的原著作者，他还干过一件很像行为艺术的事：因为他认为时任加拿大总理的斯蒂芬·哈珀不尊重艺术，于是，从2007年到2011年，他每隔一周就给哈珀总理写信推荐书目，一共写了101封信，推荐了超过101本书。

野营

加拿大人酷爱野营，而这种爱好是自小培养起来的：四年级及以上的孩子，要参加学校组织的集体野营，一般为期两三天，由老师传授各种野营知识；四年级以下的孩子则常常参加为期一天的"校内野营"，在校园过一晚上。

伊拉纳克

它是因纽特人创造的巨型石刻，本来用作路标，因其图案出现在温哥华2010年冬奥会会徽上而广为人知。"伊拉纳克"在因纽特语中意为"朋友"，冬奥会会徽上的伊拉纳克，仿佛张开双臂，欢迎来自全世界的朋友。

约翰·麦克唐纳

加拿大首任总理，在他任期内通过修铁路将整个加拿大从东到西连成一片，他对开垦西部的鼓励也吸引了上万名欧洲移民。人们熟识他，是因为他的头像被印到了 10 加元钞票上。

乘风破浪，去原始森林观熊

文 /Junitaille

这是一段奇妙又独特的森林探险经历，也是一次与熊亲密接触的体验。

在加拿大出海观熊，的确是个体力活。

首先得早起。6 点集合后，观熊向导麦克·威利（Mike Willie）介绍了这次航行的方向：麦克尼尔港出发，目的地是汤姆森峡湾深处的温带雨林。单程距离约 80 公里。

其次是装备齐全。上船前，得穿上连体防寒服，戴上保暖帽、护目镜和保暖手套。每排座位还配备一条厚毛毯——因为所乘坐的橡皮汽艇毫无遮挡，在长达 3 小时的航行中，这将是你不得不使用的"御寒神器"。

还得耐寒耐冻。麦克尼尔港去往汤姆森峡湾的航线弯曲逶迤，3 小时的航程你会经历如下三个阶段：前半小时是"适应期"，那时你还可以拿起手机拍下两侧不断后退的绿林、对岸不时出没的棕熊和远处若有似无的座头鲸。

之后的两小时，向导兼船长麦克会加速前进，快艇在海浪中起伏，水花不时溅到护目镜上，必须紧紧抓住扶手，不然很可能会被抛到海里。麦克一边开船，一边不断张望，在适当的时候停下，让大家能够最大限度地接近和观察海中小岛上的海狮、向快艇游来的虎鲸，以及在对岸不时出没的一两只黑熊。

这个阶段虽然能见识到鲸、熊和海狮，但却仿佛迈进了另一个世界：水雾弥漫，让人看不清方向，一片混沌，像回到洪荒时代。此时最直接的感受就是越来越冷，出发时觉得没必要穿的防寒服和厚毛毯，现在简直是救人一命。海风太强劲，得随时把滑落的保暖帽或眼镜拉上，否则它们就会被海风卷走。

第三个阶段是航程的最后半小时，气温上升了，水雾也散去，所有人的精神都为之一振：终于走出了那个阴冷却能和野生动物近距离接触的世界。左手摸摸右手，知觉还在，放慢速度继续前行，终于抵达汤姆森峡湾深处的原始森林。

下船后，脱去防寒服让所有人顿感轻松，但即将和熊面对面的事实，又让人不得不提高戒备。麦克宣布了三条重要的纪律：保持静默、群体活动、听从命令。他随身携带一把手枪和一瓶防熊喷雾，是为了防范森林里突然蹿出来的熊。

进山要先搭乘路虎越野车，穿过仅容一车通行的林荫小道，约半小时后，下车，换乘手拉摆渡船——我们得以到河对岸去。麦克这回从汽车司机变成了船夫，他通过架设在河面上的绳索，把船一点点拉到对岸。

终于进入熊所栖居的原始森林的深处了。从这时起，你就真的需要一双慧眼了。

"熊来了吗？"

这是跟着向导麦克在森林里暴走时，大家不时互相询问的一句话。气氛有些紧张，有人说好像听到了熊的吼叫声，另一个人反驳道："该不会是幻听吧？"

在森林小屋等我们的是久居森林深处的八旬老汉特拉佩·瑞克，对他来说，我们这拨人全是一惊一乍的菜鸟。他是一名职业观熊向导，也是人们口中"最懂熊脾气和习性的老头"，熊在何时出没、何时觅食、何时消失，他都了如指掌。在森林小屋的门板上钉着一块牌，上面写着："当瑞克爷爷怒吼时，连河里的鱼都会吓得发抖！"

瑞克出门必带的是一个望远镜（观察熊）、一个 Gopro 运动相机（绑在胸前，便于拍熊），还有一把总会随身携带的左轮手枪和匕首。

"熊也会任性，也会怒气冲天，那个时候它们就会攻击人。"此时瑞克会掏出左轮手枪，但他绝不会把枪头对准熊。"我只是会向天放个空枪，吓唬吓唬它们。"

瑞克观熊的习惯是先上树用望远镜观察，再下树定点蹲守。我们的向导麦克则更喜欢勘探地形。在河水随地势被抬高，形成一道小瀑布的河段附近，麦克找了块大石头坐下，并指点我们照做（后来才知道，那个河段是熊捕鱼的地方）。他时不时做出禁声的手势，提醒所有人不要轻举妄动。他自己则保持密切观察。

等待的过程持续了近一个小时。熊随时可能出现，麦克竟然放松地躺下了。但除了他，没人敢在这个前有飞流、后有原始森林，对岸还有潜在熊群的区域打瞌睡。

感觉到在这块地方可能等不到熊，麦克起身，带着我们跟瑞克会合。在下游的河滩上，有了发现：松软的泥土中，赫然有几只大脚印。大家再次在麦克的手势指引下，选好地方静静地等待。

高潮在下午 4 点半左右终于到来。

先是对岸出现了一只带着三只幼崽的母黑熊。不过在河边"闲逛"了片刻后，黑熊母子转身又走回了原始森林。

熊！有人突然压低音量提醒道，一只黑熊悄无声息出现在所有人的左侧。河滩旁有一排未完工的水泥堤坝，这只熊在水泥墩上走来走去。

此时麦克已经起身，手握喷雾剂严阵以待。所有人都在他的命令下躬身不动，以防黑熊可能做出的反应。

黑熊和我们距离只有二十来米了。这时到了老头瑞克的表演时间。他一边叫着"宝贝"，一边挥舞着双手，招呼黑熊往别处去。

在水泥墩上晃荡了几个回合后，黑熊转身离去。所有人都不敢大意，依然期待着熊的再次到来。

落日熔金，天色渐黑，该返回了。所有人都满载近距离的观熊照片、视频而归。等待我们的，是又一次漫长的航行。

我欲骑鲸遁沧海

文 / 何驰

在加拿大先后两次观鲸，有那么一刻，我欲"骑鲸遁沧海"，想就这样手扶鲸鳍，骑跨鲸背，从此遁隐、游仙。

多年以后，我仍然会想起麦克尼尔港被浓雾掩盖的清晨。

麦克酋长开着橡皮快艇破雾前行，带我们去寻找杀人鲸的踪迹。他立于船头，面朝大海，手掌轻叩节拍，嘴里哼着一首古老的歌谣，鲸似乎受到召唤，在船后20余米处突然跃出水面，背鳍耸立，划出一道半圆弧，然后消失不见。

这是我在加拿大离鲸最近的一次，我似乎还闻到了它身上飘来的一股腥味。有那么一刻，我欲"骑鲸遁沧海"，想就这样手扶鲸鳍，骑跨鲸背，从此遁隐、游仙。

除了熊，电报湾最值得看的是鲸。

去年，我曾发愿观鲸，但眼睁睁看着悉尼港停泊的库克船长号观鲸船，却迟迟未能如愿，要知道，观一次鲸，不在海上漂四五个小时，不能忍受晕船和刺骨的海风，你很难有机会看到。

今年，终于如愿，在加拿大先后两次观鲸，一口气看了大大小小摇头甩尾的四五十头。

头一次观鲸是在电报湾（Telegraph Cove），电报湾位于约翰斯通海峡（Johnstone Strait）的西侧，是温哥华岛东北部狂野海洋和温带雨林之间的一个避世小镇，小巧而精致，常住人口仅有20人。1911年，这里曾设有电报站，两次世界大战时均有驻军负责军事电报联络。如今，这儿已被旅游公司承包，早期居民的房子大都被保留下来，变成了精品度假屋、餐厅、礼品店、博物馆。

向导老何（Jack Ho）说，他有一次带团住在这里的度假屋，有一位摄影师因为时差睡不着，凌晨三四点还在整理图片，猛然看到窗外有一头大棕熊带着小熊慢悠悠走过。中国游客很少能理解，黑熊和棕熊其实是加拿大的常住"居民"。而坐拥广阔温带雨林的电报湾，又是观察野生棕熊生活习性的最佳地点。

除了熊，电报湾最值得看的是鲸。由于洋流潮汐差，这片海域海产丰饶，是海钓大比目鱼和鲑鱼的好地方，也是定

要看到鲸鱼并不难，但要拍到清晰的鲸鱼照片，就需要足够的拍摄装备。（图—Rich Graham）

居在海峡南北两端的三大杀人鲸家族的共同觅食、求偶之地。富饶的海洋生物，使得座头鲸、灰鲸、迁徙型杀人鲸在此出没。很多人知道托菲诺（Tofino）是玩水上运动的好地方，殊不知，这个小而美的安静小镇也是一个赏鲸的绝佳之地。

我乘坐的是司塔布斯岛赏鲸公司（Stubbs Island Whale Watching）一艘名叫"Kuluta"的赏鲸船，这艘建造于 2006 年的铁皮船分上下两层，可满载 39 人。司塔布斯岛赏鲸公司据说是 30 多年前在加拿大 BC 省成立的第一家赏鲸公司，公司创始人吉姆·博罗曼（Jim Borrowman）也曾是电报湾居民，他是最早在加拿大西海岸倡议建立观鲸活动守则以保护鲸鱼的灵魂人物。他们的特色是除了赏鲸，还会有船员给大家讲解鲸的种类与习性，介绍 A30 母系鲸家族族谱，宣传保护海洋生态。最有意思的还是当船靠近鲸时，他们会停船关闭马达，在水中放下声纳收音器。这时，你会在船头的扩音器里，听到哗哗水声间杂着忽远忽近的"哇——哇——哇"，像婴儿又像海豚的尖叫声。

在加拿大赏鲸必提两地，一是西岸的温哥华岛，一是东岸的魁北克。

观鲸其实是望鲸，只可远观而不可亵玩，当地法规规定，观鲸船与鲸需要保持一定安全距离，在不同的距离区间有不同的航速要求，而且所有船只均不得在鲸群的前行路线上进行阻拦。

杀人鲸经常是群体出没，一大家子排着队，只看到一溜儿乌黑的尖角背鳍一起一伏，在海面前前后后划着自己的半圆弧，据说，这么有规律的划弧，其实是鲸一边在赶路一边在睡觉，它们的左右脑可以间歇休息，就算睡觉仍然能够前行。偶尔，会有几只调皮的小杀人鲸耐不住寂寞，腾空跃出水面，然后又"啪"一声掉在水里。观鲸船在海上走走停停数小时，调转船头航行一阵后，我们幸运地遇到一头座头鲸，它像是故意在做表演，Y 形大尾不断高扬甩出海面，像一把大蒲扇一样放肆地拍打着水面，激起白色水花。

防寒帽、防寒手套、防寒服、太阳镜、望远镜是观鲸几大宝，但观鲸而又想拍鲸，除非你有大炮筒，我这一路只带了一只 28mm 的定焦头，因此只能望鲸兴叹。

加拿大第二次观鲸是在麦克尼尔港，麦克酋长开着橡皮快艇载着五六人出海，因为船小轻便机动灵活，我们得以与鲸亲密接触，望见它光滑油润的背部。

捕鲸残忍，赏鲸却是一件乐事。在加拿大赏鲸必提两地，一是西岸的温哥华岛，一是东岸的魁北克。

温哥华岛处于环太平洋之中，得天独厚的地理环境为各种类的鲸鱼提供了良好的觅食环境，座头鲸、灰鲸以及久负盛名的杀人鲸等都是这一带海域的"常客"，灰鲸迁徙的场面非常壮观，鲸的数量最多可达上万头。每年三四月份到11月是温哥华岛的赏鲸季。每年3月，温哥华岛西部小镇托菲诺和尤克卢利特为庆祝鲸的回归，还会举办"太平洋沿岸鲸鱼节"，在为期9天的盛典里，会举行90多项活动，包括艺术表演、美食竞赛、雨林漫步等。

位于魁北克城以北约260多公里的塔杜萨克小镇，素来以"世界上最佳观鲸地之一"著称。因为连接大西洋和圣劳伦斯河的河床在此处突然升高，河面变窄，将很多鱼虾从河底推到河面，因此每逢夏季就会有数种鲸鱼从大西洋来这里觅食。尤其是8月至9月，有机会在这里看到世界上最大的鲸鱼——蓝鲸。

马尼托巴漫长的冬季如果让你对北极熊失去兴趣，不着急，你可以去看白鲸，每年的7月至8月，近3000头白鲸将携家带口汇集在丘吉尔河河口。白鲸的外号叫"海洋金丝雀"，它们通过发出一种古怪尖锐的声音来彼此交流，你可以乘船到海上用水听器去偷听它们交流时那种古怪的声音。胆子大的话，还可以穿上防水服，尝试潜到水中和它们嬉戏。

在加拿大，在合适的季节出海赏鲸，看到鲸的成功率高达九成，如果没看到，没关系，有"赏鲸担保"——如果你第一次出海没看到一头鲸鱼，可以免费再出海一趟，保准让你观赏到鲸鱼。

人人心中都有一个加拿大

文 / 李想

爱丽丝·门罗和玛格丽特·阿特伍德笔下存在着两个加拿大，这两个加拿大彼此相似却又截然不同。

2013 年，爱丽丝·门罗获得诺贝尔文学奖，诺奖委员会的电话打到她家，却无人接听（当时她到西海岸去办事，根本想不起诺奖这一茬）。委员会只好挨个联系可能认识她的人。最后玛格丽特·阿特伍德——另一位加拿大文学女王——发推特说："爱丽丝，我的电话被人打爆了，快接电话啊！"

一度，提起加拿大作家，我只想得起这两位。加拿大的文学圈被我想象成闺蜜的下午茶：两位银发女作家在后院喝茶、闲谈，像勃朗特姐妹笔下的乡间生活，而不太像村上春树写的那种著名大学英文系的茶会。

这想象当然不是真的。这两位是闺蜜不假，但她们碰面的机会可能不多：门罗生活在远离大城市的小镇，还有二十多年生活在加拿大西海岸；阿特伍德则几乎一直生活在多伦多。加拿大作家圈子也不止这两位——如果你需要第三个名字的话，可以考虑一下写《少年派的奇幻漂流》的扬·马特尔。

即便得过总督奖、布克奖和诺贝尔文学奖，门罗仍然对自己的作品不太自信。

1969 年，39 岁的门罗和 30 岁的阿特伍德都拿了加拿大最高文学奖——总督奖，两人轮番参加加拿大广播公司的节目，艰难地尝试增加一点名气。但六七十年代的加拿大，文学气氛极其稀薄，想开创事业的作家很艰难，女性作家更是如此。当时阿特伍德外出做宣传，就睡在门罗家的地板上，两个人也就此熟识。

在避免和文学圈接触这方面，门罗算是宗师级的人物——她几乎不认识什么作家（阿特伍德除外），有起码二十多年，她的生活方式与其说是作家式的，不如说是妻子和家庭主妇式的：她最多要同时照顾四个孩子（有一个是朋友的），还要每周在书店（就是她和前夫詹姆斯·门罗开的门罗书店，位于温哥华岛上的维多利亚市）工作两天。她只能在孩子们下午小睡的时间写小说，在怀孕时发疯一样写个不停，因为她担心做母亲之后就不能再写小说。

如果在网上搜索爱丽丝·门罗现在生活的地方——安大略省的克林顿——你可能会觉得网站有问题：搜索结果只显示镇中心小小的一部分，其他地方都是空白。然后你才意识到，空白是因为那里真的什么都没有。离克林顿镇最近的书店，远在三十公里之外的斯特拉福德——很难想象会有作家生活在这种地方。

从空间的角度说，这才是加拿大真正的样子：大量地区人烟稀少，小镇零星散布，北方还有未被开垦的广阔无人区。在上世纪六七十年代的加拿大，城市人口远比现在稀少，而生活在寒冷空旷的乡村的人，选择做艺术家会被认为不负责任，女性尤其如此。门罗大学只读了两年，因为奖学金就是两年的。她认为大学时期是自己人生中最快乐的两年，"我这辈子唯一不用做家务活的时候"。

和詹姆斯·门罗结婚后，她搬去维多利亚——几乎是她当时所知道的最远的地方。她知道自己迟早要结婚——"这样的话不如就赶快把这件事办完。"很像她小说中的人物的口吻。

门罗笔下的休伦县类似福克纳笔下的约克纳帕塔法县，或者莫言笔下的高密乡。这个"只有邮票大小"的虚构小镇，却成了加拿大文学的地标。这里有着类似美国中西部的风光，也有很多像门罗一样年纪轻轻就必须肩负生活重担的女性。门罗有本小说集《女人与女孩的生活》，讲述的就是小镇里有着种种梦想的一个漂亮女孩，最后如何面对现实生活，结婚生子，成为一个女人的故事。

在她的故事中，女性的逃离是一个常见的主题。《逃离》中，卡拉在上大学前遇见英俊的克拉克，为了选择一种"更加真实"的生活，他俩私奔到克拉克那称不上家的住所；《空间》里，多利生活在丈夫的阴影下，一场悲剧之后，她改名换姓离开家乡试图重新开始，却无法摆脱之前的生活和回忆。总是有女人试图逃离那即将淹没自己的生活。

门罗和自己笔下的很多人物一样，首先要履行作为妻子和母亲的义务，然后才是其他。或许因为如此，她谈起文学时总是诚惶诚恐、小心翼翼，永远像一个文学新人。即便得过总督奖、布克奖和诺贝尔文学奖，她仍然对自己的作品不太自信：她认为自己所做的事情绝不简单，但也不是遥不可及，仿佛任何人只要足够努力都能有所成就。或许她家庭主妇的身份让她觉得自己成为作家不是理所当然，而是靠几十年的"既不绝望也不抱希望地写下去"的打磨和坚持。

这种时间和沉淀，让门罗的作品不涉及政治，有着近乎完美的精确、细腻和简单。她经常被称为我们这个时代的契诃夫。或许追逐潮流的读者不太会追捧她，但我和很多人一样，相信她的作品会比同时代的其他作家流传得更久。

虽然阿特伍德作品题材多变，但她很早就认定"生存"是自己的作品乃至加拿大文学的主题。

玛格丽特·阿特伍德和爱丽丝·门罗在很多方面几乎完全相反。

门罗只读过两年大学，而阿特伍德本科毕业于多伦多大学，在哈佛大学读硕士，后来博士肄业，迄今为止荣誉学位有 24 个。门罗 21 岁结婚，第一段婚姻持续了二十多年，第二段婚姻持续了四十多年；阿特伍德结过一次婚，5 年后离婚，和现在的男友同居至今。门罗 37 岁才出版第一本书，而阿特伍德 22 岁出版的第一本诗集就拿到了总督奖；门罗大部分时间生活在小镇，而阿特伍德从离开学校之后就一直生活在多伦多——这里有大联盟球队、天际线，房价高到经常上新闻，大城市的标签一应俱全。门罗在文学圈离群索居，而阿特伍德就在出版社工作，对于参加各种文学活动有一整套心得：从如何参加朗读会到解释自己为什么不愿意写腰封，一应俱全。形象上，两人也有些两极：阿特伍德睿智犀利，甚至可以说有点毒舌——她让人想起上世纪六七十年代从男人堆中脱颖而出的成功女性；门罗则既神秘却又非常害羞，和世界保持着某种距离，然后敏锐、细腻地剖析生活。

阿特伍德以诗作出道，后来写长篇小说。她的作品聪明、睿智、角度独特，后现代风格明显，经常涵盖历史、神话、宗教和符号学。相比于门罗，她是更容易被贴上标签的作家——关于阿特伍德作品的文学评论数量和花样繁多，她的作品似乎很受高校师生欢迎。

阿特伍德小说的类型也比门罗的丰富得多。《使女的故事》最近被改编成了电视剧。当年这部小说获得了 1985 年的加拿大总督奖，还得到了 1987 年的阿瑟·克拉克奖——颁给当年英国出版的最好的科幻小说的奖项。这个故事里，美国在一系列变故之后退化成一个政教合一的宗教国家，女性都变成资产；抵抗命运的姑娘从底特律逃脱，试图奔向自由世界最后的灯塔——不是别处，正是多伦多。阿特伍德本人也不忘强调：小说的故事虽然乍看起来遥远，但是每一个典故几乎都在真实的历史中发生过。考虑到目前美国的状况，电视剧的上映显得特别应景。

不过，她在推特上并不掩饰自己对多伦多的厌倦："我几十年前来到这里的时候就不太喜欢，现在仍然不太喜欢，大概是时候离开这里了。"

从作品体裁来说，门罗的所有作品都是短篇小说——她一度认为这些短篇小说只是练习，自己终究要写一部长篇小说，直到后来她意识到她的思维方式更适合写短篇小说。阿特伍德的作品则涵盖各个类型：短篇小说，诗歌，长篇小说，非虚构，甚至还有童书和绘本——按照她自己的说法，当年写短篇小说，是因为"在加拿大出版长篇小说太难了"。

虽然阿特伍德作品题材多变，但她很早就认定"生存"是自己的作品乃至加拿大文学的主题。她的解释是：当你的童年生活在魁北克北部的荒原的时候，生存是一个非常现实的问题。如何在寒冷的气候下生存，是每个加拿大人头上笼罩的阴云。动辄长达半年的冬天，是每个人生活中都无法回避的话题，也将生存变成了加拿大文学的主题。

无论作家如何书写，永远不会改变的大概是加拿大本身。

从气候上说，加拿大是寒冷冬天的受害者；从地缘上说，加拿大是和强大邻居这段不对等关系中的受害者。

阿特伍德认为，加拿大不是一个被占领的国家，却是一个被统治的国家：加拿大对前殖民地美国保持着一种温驯的顺服关系，这或许对加拿大人的心态和潜意识产生了某种影响。阿特伍德说，如果用一种精神疾病来分别形容美国和加拿大，美国是自大狂，加拿大则是妄想性精神分裂。美国的自大来自其强大，这强大是客观存在的；加拿大的妄想性精神分裂则源于和强邻的不对等关系——在国际上，加拿大几乎在所有方面都受美国影响和牵制，所有大城市几乎都分布在邻近美国的国境线上；与此同时，加拿大还长期受国内魁北克分裂主义的侵扰。某种程度上说，加拿大的受迫害妄想，可以说是对自身脆弱又分裂的现状的一种清醒认识。

有一种说法认为，美国和加拿大虽然文化上非常近似，本质上却不尽相同：同样是追求独立，美国诉诸武力，加拿大靠的是外交。美国的文化深植暴力因子，而无论是对待原住民、黑人还是同性恋，加拿大的方式都要温和许多。

阿特伍德说，生活在加拿大多少像生活在一个小镇：当你摔断了腿，大家都会围过来；但是当你成功了，人们对你的态度就转变为"你以为你是谁，总统吗？"。

类似文化在寒冷地区的国家多少都有存在。在斯堪的纳维亚地区，有一个专门的词用来描述这种文化——詹代法则（Janet Law），意指"不要以为你很特别，不要以为你比'我们'优秀"。它让人们彼此帮助，度过漫长的冬天，但是也反过来在有些时候限制个人发展。加拿大不像美国那样迫切地崇拜和拥抱成功，这让一些有足够才华和能力的加拿大人不得不去美国寻找更大的舞台：从史蒂夫·纳什到瑞安·雷诺兹、詹姆斯·卡梅隆，甚至阿特伍德自己。

从某个角度来说，门罗和阿特伍德笔下几乎存在着两个加拿大，这两个加拿大彼此相似却又截然不同。门罗笔下是一个现实主义的加拿大，她精确地描述着自己父亲当年养水貂的农场，乡间小路尽头的空地，那片空地上可能停着的飞机。小说里那些飞行员从天而降，带走乡下的情人。阿特伍德笔下的加拿大则是另一个境况：它可能是在未来反乌托邦的美国退化成原教旨主义国家、女性全都变成男人资产的情况下，最后的自由灯塔。多伦多的 CN 塔耸立在安大略湖旁边，女主角在底特律隔湖相望，希望寻找一个自己被当作人而不是两腿子宫的地方。

但是无论作家如何书写，永远不会改变的大概是加拿大本身：或许有朝一日国民的文化会改变，就像千百年来无数国家、无数文化都会改变一样；或许有朝一日加拿大和它南边的邻居的关系会有所改变，力量对比会有所变化，让加拿大作为一个国家变得不那么敏感多疑，受害妄想（也或许会变得更加妄想）。但不会改变的，是加拿大宽广寒冷、未被征服的国土，和那些在这个广阔北方国家生活的人。

怡人温哥华，全世界最宜居的地方

文 / 宋爽

自然景观、时髦街区、多元文化、户外风光和舒适气候，让温哥华连续多年被评为"全球最适宜人类居住的城市"。

温哥华这座城市就像它的名字一样不温不火。

如果在市区闲逛一圈，你可能会暗自嘀咕，这里似乎不像欧洲城市那般精致，也没有美国大都会的繁华，但这座加拿大第三大城市却常年被评为"全球最适宜人类居住的城市"，仔细探究一番你会发现，这些荣誉并非浪得虚名。

1792 年，乔治·温哥华（George Vancouver）船长来到巴拉德湾，也就是如今的温哥华市区沿岸探访时，用"数不尽的怡人美景"来形容这座城市。事实上，温哥华这座城市的一切属性都可以用"怡人"这个词来定义。

作为沿海城市，温哥华有着温和的温带海洋性气候，夏季气温徘徊在 20 摄氏度左右，冬季则在 0 摄氏度以上，罕有极端天气出现；和中国的大城市相比，温哥华人口"稀少"，2011 年，温哥华市的总人口约为 603502 人，其所在的大温哥华地区人口则是 230 万以上，这和中国任何一个一二线城市相比，都显得"松快"了很多；由于天气舒适，温哥华人热爱户外运动，各式各样的水上和陆上运动贯穿全年，随处可见人们骑着海上自行车，划着皮划艇，或乘坐快艇在港口里消磨时光。运气好的话，你还能遇见突然从海里冒出脑袋的海豹。

此外，著名的"赏鲸之旅"是所有来到温哥华的游客不可错过的经典项目，成群黑白相间的杀人鲸在海里游弋，一会儿浮出水面，一会儿又沉入海中。这种海洋动物生性调皮，运气好的话还能看见它们一跃而起，像是故意要引起人们注意似的。

不仅赏鲸有趣，温哥华的自然景观也是世界顶级的。巨大的红杉遍布的斯坦利公园是全球最大的城市公园，这里罕有人造景观，总面积为 6070 亩，几乎占据了整个温哥华市北端。这里距温哥华市区只有十五分钟步行路程，但你可以在这里遇见憨态可掬的浣熊。建于 1956 年的温哥华水族馆是加拿大最大的水族馆，它也位于斯坦利公园内，共有 8000 多种水中生物供游客们观赏。

冬季时节，从温哥华市区驱车 20 分钟，就能享受到滑雪的乐趣，格劳斯山（Grouse Mountain）、赛普里斯山（Cypress Mountain）和西摩山（Seymour Mountain）都是著名的滑雪胜地。若你无心滑雪，那不如选择来一趟森林中踏着积雪的健行，雪上飞碟、越野滑雪、溜冰及雪橇游都是不可错过的户外体验。

从市中心出发，搭乘酷似澡盆一样的小型客运渡轮便可到达格兰维尔岛，这里以大型的公共集市闻名，人们尽可以在工艺市场琳琅满目的商品中挑选原住民礼品、珠宝首饰以及种类繁多的书籍，再去海鲜市场品尝新鲜的海产品或租赁皮划艇去港湾里畅游。儿童市集是所有孩子的天堂，玩具、糖果等应有尽有，手工艺品工作室里可以买到具有当地特色的小商品，送给亲友再合适不过。

和任何大城市一样，温哥华也有颇具时尚气息和小资情调的街区。基斯兰奴，这个以史夸米希族的基斯兰奴酋长为名的社区是温哥华著名的嬉皮士居住地，如今更是时尚发源地，大量的年轻人聚集在此，超过 45.3% 的居民年龄处于 20 至 39 岁之间，300 多家咖啡馆、精品店和高级餐馆沿街排开，正是追求时髦的年轻人最热衷的去处。

然而，除了景色和地理因素之外，温哥华最吸引人的是这里的多元文化。2016 年人口普查显示，加拿大三分之二的人口增长来自移民，三分之一来自出生率。如果目前的趋势持续下去，自 2031 年起，加拿大 80% 的人口增长要靠移民。加拿大统计局数据显示，加拿大每 5 个人中就有 1 人是在外国出生的，这足以说明加拿大的人口现状，而温哥华则是加拿大最多元化的地区之一，包括原住民、英裔、华裔、日裔、德裔、印巴民族、法裔、意大利裔等。这些来自世界各地的人让温哥华更具有大都市的包容魅力，从某种角度看，这也是温哥华作为全球宜居城市的最佳佐证。

加拿大让全球美食团结起来

文 / 陈婷婷

"加拿大 150 年本土经典小吃"清单有 18 种，分别是：普丁、枫糖蛋糕、奶油蛋挞、豌豆培根三明治、豌豆汤、纳奈莫棒、薄麦饼、脆皮馅饼、海狸尾、猪肉酱、蒙特利尔熏肉三明治、蒙特利尔百吉饼、萨斯卡通浆果馅饼、哈利法克斯烤肉、牡蛎、阿尔伯塔牛肉、枫糖浆以及卡夫晚餐。

加拿大从来不缺美食，但如果你问加拿大特色美食是什么，恐怕连加拿大人都难以给出答案。

《多伦多美食主义》特约撰稿人杰西卡·多蒂（Jessica Dawdy）回忆起自己在日本工作时，同事常常好奇地围观她从家里带来的盒饭，以为里面一定是地道的加拿大美食。杰西卡·多蒂每次都尴尬不已：其实，我也不知道加拿大美食是什么。

加拿大拥有丰富的物种资源，新鲜食材自然不会匮乏。

要了解加拿大美食，得先从加拿大的地理环境说起。作为世界上国土面积第二大的国家，加拿大幅员辽阔，三面临海；地形地貌丰富，有高原、平原、山地、湖泊；气候多样，绝大部分地区四季分明，阳光充沛。

如此丰富的地理环境，让加拿大拥有齐全的物种资源，新鲜食材自然不会匮乏。两大洋是鲑鱼、鳕鱼的宝库，淡水湖和河流中则盛产鳟鱼、鲈鱼。在大西洋沿岸的纽芬兰岛和爱德华王子岛，龙虾、大西洋鲑、贻贝、海扇等海鲜更是桌上常客。

其中，又称三文鱼的鲑鱼堪称加拿大深海鱼中的"冰海之皇"。鲑鱼肉质鲜美，营养丰富，热量较低，大快朵颐也丝毫没有罪恶感。在加拿大，常见的做法有烟熏鲑鱼、焗鲑鱼、腌制鲑鱼等。拥有 23 年历史的 The Salmon House 便是温哥华最有名的品尝鲑鱼的餐厅。

在 BBC 纪录片《自然大事件》中，专门有一集是关于鲑鱼洄游的奇观。每年秋季，超过 5 亿条鲑鱼逆流而上，离开太平洋，回到出生地的淡水河中繁殖产卵。从古至今，鲑鱼一直是加拿大原住民重要的食物来源，同时，鲑鱼也被视为逝去亲人返回家园的灵魂，代表着家族的扩展和延续，成为原住民的信仰与精神象征。

来到加拿大，不可不尝的还有当地的枫糖浆。1600 多年前，加拿大原住民发现枫树富含甜汁液，便在树干上挖槽、钻洞，采集枫糖浆。那是他们过冬不可或缺的食物。

枫糖浆吃法多样，可以搭配松饼、牛奶、鸡尾酒、冰淇淋、咖啡、培根等。有加拿大人甚至将枫糖浆浇在雪上，可谓冬季特供甜品。

加拿大美食是世界各国美食的组合。

15、16 世纪，英国探险家约翰·卡伯特（John Cabot）和法国航海家杰克斯·卡蒂埃尔（Jacques Cartier）首次踏足加拿大，将英式、法式餐饮风格带到了大洋彼岸。至今，加拿大美食仍保留着英法两国的印记。

在大西洋沿岸的英系地区，早餐为吐司、鱼类、油煎土豆片、烤饼、小松

2017 年 7 月 28 日，惠斯勒山脚下的 Teppan 村日式牛排馆，一位来自日本的铁板烧大厨正在烤制牛排。据说，这里食材新鲜，有 AAA 级艾伯塔牛排、海鲜、寿司和素菜。图—何雄飞

糕，尤其在首都渥太华，英式烤饼随处可见。在法系地区，人们则喜欢吃月牙面包、长面包和蛋糕。

而在华人聚集的温哥华和多伦多，中餐馆随处可见。当然，加拿大的中餐经过了本土化改良，口味偏甜，也引入了西餐中常用的奶制风味，深受本地人欢迎。

基本上，加拿大美食在不同的省份呈现出不同的特点。东部地区省份深受英国饮食文化影响，当然魁北克的主流仍是法式菜；西部地区省份与美国接壤，饮食上偏爱牛肉、鱼、蔬菜等；北部地区接近因纽特人的饮食风格，腌制食物较多；而在西海岸的 BC 省，来自欧洲、亚洲、加勒比地区的移民从 19、20 世纪起带来独特的家乡味道。这都造就了当今加拿大汇聚八方的饮食文化。

知乎上有网友开玩笑说，加拿大拥有世界上第二好吃的 × 国菜。"加拿大有 × 国之外最好吃的 × 国菜，比如中国之外最好吃的中国菜、韩国之外最好吃的韩国菜、黎巴嫩之外最好吃的黎巴嫩菜、土耳其之外最好吃的土耳其菜……"

正因如此，很难简单断定加拿大美食到底是什么。加拿大前总理乔·克拉克（Joe Clark）认为，加拿大美食其实是世界各国美食的组合，是"大杂烩"。

"加拿大 150 年本土经典小吃"有 18 种。

那么，加拿大就没有特色美食了吗？就此问题，加拿大《环球邮报》曾采访三位美食界的知名人士，分别是 BC 省教授、《加拿大美食之旅》作者丽诺尔·纽曼（Lenore Newman），《加拿大最受欢迎食谱》作者罗丝·默里（Rose Murray），蒙特利尔大厨、《真实的北方》作者德里克·达曼（Derek Dammann）。

丽诺尔·纽曼说，加拿大人喜欢使用野生、当季食材，这是高纬度加拿大的烹饪习惯；罗丝·默里认为，加拿大饮食充满多样性，东部和西部吃得大相径

庭；德里克·达曼则补充，加拿大菜色越来越鲜明，跟世界上很多美食大国相比，加拿大还很年轻，但文化多样性使得加拿大人可以享尽世界各地的美食。

三位美食家给出了"加拿大 150 年本土经典小吃"清单，足足有 18 种，分别是：普丁（肉汁奶酪薯条）、枫糖蛋糕、奶油蛋挞、豌豆培根三明治、豌豆汤、纳奈莫棒、薄麦饼、脆皮馅饼、海狸尾、猪肉酱、蒙特利尔熏肉三明治、蒙特利尔百吉饼、萨斯卡通浆果馅饼、哈利法克斯烤肉、牡蛎、阿尔伯塔牛肉、枫糖浆以及卡夫晚餐。

排在第一位的普丁是源于魁北克的经典美食。普丁的做法是在炸薯条上加奶酪块，然后浇上肉汁或肉卤，有时还会加入火腿、香肠或者鲑鱼。加拿大很多城市每年举办普丁节，几乎遍地都有最好的普丁餐馆。有一种说法是，没有看过冰球，没有吃过普丁，就不算一个真正的加拿大人。

当然，一千个食客有一千种对"美食"的定义。无论是便宜的街头小食，还是全球顶级的高档餐厅，加拿大美食提供了无限的可能，并且创造出越来越多健康、美味的烹饪方式。在这里，你的味蕾一定不会感到麻木。